Henry A. Kissinger

# Die sechs Säulen der Weltordnung

Henry A. Kissinger

# Die sechs Säulen der Weltordnung

Siedler Verlag

# Inhalt

## Deutschland auf dem Weg zur Wiedervereinigung



## Der Krieg gegen Saddam Hussein



## Israel / Palästina – Voraussetzungen für einen Frieden im Nahen Osten



## China und Japan: Eine neue Herausforderung für die Vereinigten Staaten in Asien

# Die Wiederkehr der Geschichte

Mit dem Zerbrechen der Sowjetunion ist nicht nur die Übermacht der einen der beiden Mächte geschwunden, die im letzten halben Jahrhundert die große Politik bestimmten. Auch die andere globale Kraft ist in ihrem Wesen verändert. Die Vereinigten Staaten werden in Zukunft nicht mehr die »Supermacht« sein, die im Mit- und Gegeneinander mit dem Kreml das Schicksal der Welt in ihren Händen hielt. Die Bipolarität der Welt ist aller Vorraussicht nach ein Zwischenspiel gewesen. Vorher gab es andere Machtkonstellationen – zum Beispiel die Pentarchie der fünf europäischen Großmächte –, hinterher wird es wiederum andere geben. Nicht das heute immer wieder beschworene Ende der Geschichte ist gekommen, sondern deren Rückkehr zum Altvertrauten, dem Spiel der Kräfte und Interessen. Die Geschichte hört nicht auf, sie tritt wieder in jenes geregelte Chaos ein, das ihr Gesetz ist.

Die gegenwärtige Lage gibt daher weder die Hoffnung auf die baldige Herstellung jenes einheitlich regierten Weltstaates, der seit der Antike bis zu den Denkern unserer Zeit immer wieder als Ziel aller Geschichte erträumt worden ist. Aber es steht auch nicht das Versinken der Welt in einen Dschungel vor uns, in dem jeder gegen jeden kämpft. Die Konvulsionen der Gegenwart, die mit den Bürgerkriegen in dem früheren Jugoslawien dramatische Formen angenommen haben und die wir vielleicht demnächst auch in anderen Regionen der Welt zu erwarten haben, sind vielmehr jene Erschütterungen, die uns aus dem Zerfall aller Imperien bekannt sind, dem des untergehenden Römischen Reiches wie dem des alten China, das sich in Herrschaftsgebiete von einander befehdenden Warlords auflöste. Die Geschichte geht nicht zu Ende, sie kommt vielmehr wieder zu ihrem Recht.

Insofern ist keine Zukunft weltweiter Harmonie zu erwarten, die in den »ewigen Frieden« mündet. Die Politik wird im Gegenteil wieder in ihre alten Rechte eingesetzt; mit neuen Konzepten muß sie das alte Beziehungsgeflecht zwischen den Mächten herstellen, und das wird aller Voraussicht nach wieder eine Pentarchie sein – wenn auch nicht mehr im europäischen, sondern im globalen Maßstab. Anstelle der Bipolarität einer Welt, die auf Washington und Moskau bezogen war, wird man es jetzt in der alten Manier mit einer Multipolarität zu tun haben, die vermutlich von den traditionellen Mächten bestimmt wird: den Vereinigten Staaten, einem aus den gegenwärtigen Wirren neu geborenen Rußland, einem Europa, in das die alten antagonistischen europäischen Staaten einmünden werden, und schließlich die beiden asiatischen Großmächte China und Japan. Es ist denkbar, daß in näherer oder ferner Zukunft auch Indien in diesen Kreis tritt, wenn man sich auch vorläufig keine Illusionen über die Handlungsfähigkeit machen darf, die der achthundert Millionen Einwohner zählende Subkontinent in der Weltpolitik besitzt. Der südamerikanische Kontinent aber wird noch auf lange Zeit draußen bleiben, und es ist sehr fraglich, ob die Welt Schwarzafrikas jemals dazugehören wird.

Dies sind die Mächte oder Kräfte, die für die internationale Ordnung als Faktor der Stabilität gebraucht werden. Emotionen spielen dabei keine Rolle, und Vorlieben oder Abneigungen oder gar Tabus dürfen die Außenpolitik der Staaten nicht bestimmen. China blieb auch nach dem Massaker auf dem Platz des Himmlischen Friedens ein Faktor der Weltpolitik, und es läßt sich voraussehen, daß sein Gewicht in Zukunft noch wachsen wird. Die Politik muß lernen, die Welt zu entideologisieren, so angenehm pazifistische moralische Überzeugungen auch sind. Nicht nur die Technik der Kriegsführung muß gelernt sein, auch die Kunst des Friedensschlusses muß beherrscht werden.

Damit ist gesagt, daß eine Macht auch nach einem Krieg im politischen Kräftespiel erhalten bleiben muß, und diese Lehre haben sowohl Metternich im Wiener Kongreß als auch Bismarck in den Friedensschlüssen nach den Kriegen gegen Österreich und Frankreich gegeben. Es war nicht die Tragödie des zwanzigsten Jahrhunderts, daß verheerende Kriege geführt wurden – so war es zu allen Zeiten. Es war die tragische Lehre des zwanzigsten Jahrhunderts, daß man die

Kunst des Friedensschlusses verlernt hatte, nach dem Ersten wie nach dem Zweiten Weltkrieg.

Die Großmächte haben am Ende dieses Jahrhunderts der Weltkriege und Weltbürgerkriege die Chance und die Aufgabe, wenigstens einige Lehren aus der Geschichte zu ziehen. Dazu gehört die Erkenntnis, daß Politik nicht die Herstellung des absolut Guten, sondern das Handeln aufgrund des Möglichen ist, das in einem bestimmten Augenblick beschädigt oder befördert werden kann. Damit ist gesagt, daß Politik in allererster Linie Außenpolitik von Staaten ist, nicht aber Innenpolitik oder Sozialpolitik, die eine ganz andere Aufgabe und Funktion in der Staatenwelt haben. Die Kunst des Staatsmannes besteht darin, Interessen zu definieren, die eigenen wie die des anderen, um dann ihren Ausgleich zu betreiben. Es müssen aber Probleme formuliert, also ausgesprochen werden. Der Ausgleich, auf den alle Politik hinausläuft, kann nur aus solcher Erkenntnis kommen, nicht aber aus ständigen Konferenzen, auf denen die Probleme lediglich zerredet oder hin und her geschoben werden. Tatsächlich hat die Zahl der internationalen Kongresse in dem Maße zugenommen, in dem Lösungen, weil zu heikel oder zu gefährlich, vermieden werden. Das macht mein Mißtrauen gegen Institutionen des Zerredens aus, dem man in den nachstehenden Beiträgen immer wieder begegnen wird.

Das vorliegende Buch besteht aus der Sammlung jener essayistischen Kommentare, in denen ich in den vergangenen Jahren die Weltereignisse zu begleiten suchte – von den Ereignissen in Peking, über die – zuletzt kriegerischen – Entwicklungen im Mittleren Osten bis zu jener Überdehnung der sowjetischen Macht, die am Ende zu deren Kollabierung führte, was für alle Zeiten mit dem Namen Gorbatschow verbunden sein wird. Sein Versuch der vorsichtigen Modernisierung der Sowjetunion hatte schließlich deren Zerfall zur Folge, der noch lange nicht an sein Ende gekommen sein dürfte. Es gehört in diesen Rahmen, daß Deutschland seine Wiedervereinigung erlangte; nicht die Diplomatie der Bundesrepublik erlangte sie, noch die Politik der alliierten Partner Bonns. Es war die Auflösung des sowjetischen Imperiums, das die Vereinigung der beiden Hälften Deutschlands möglich machte.

Alle Geschichte neigt zur Wiederholung, und es wäre eine Illusion, an das endgültige Ausscheiden Moskaus aus dem Kräftespiel der Großmächte zu glauben. Wie die Welt zwischen Euphrat und Tigris seit Jahrtausenden eine der großen Konstanten der Weltgeschichte ist, so wird auch die Ländermasse im Osten ihre traditionelle Funktion wiedergewinnen – in welcher Form und in welchen Zeiträumen das auch immer geschehen mag.

Die Gegenwart hat viele Beweise für die Unberechenbarkeit aller Geschichte gegeben. Das gilt auch für die zwei Kräfte, denen sie unterworfen zu sein scheint – dem Gesetz des steten Wandels und der Tendenz zur Wiederholung des Immergleichen. Die Historiker der letzten Jahrzehnte haben die Möglichkeit, ja, die Wahrscheinlichkeit des Wandels in der Geschichte stärker betont als die Kraft des Gleichbleibenden. Wie man weiß, neige ich demgegenüber der Betonung der Wiederholung der Geschichte zu: Ein »Nationalcharakter« triumphiert über alle politischen Systeme, und eine »politische Physiognomie« erweist sich als dauerhafter als die mit der Zeit wechselnden Bedingungen. So ist der russische Nationalismus eine immer wiederkehrende Kraft, und der Westen sollte auf das Zentralisierungsbestreben seiner östlichen Gegenmacht gefaßt sein. Die gegenwärtige Schwächung Rußlands bedeutet nicht dessen Verschwinden aus der Geschichte, und es wird sich über kurz oder lang erweisen, daß Rußland stärker und dauernder ist als seine jüngste Erscheinungsform in Gestalt der Sowjetunion.

Aber es gibt auch Gegenbeispiele, mit denen uns gerade im letzten Jahrhundert Deutschland versorgt hat. Stets hatte Deutschland auf seiner Mittellage zwischen dem Westen und dem Osten beharrt und seinen Sonderweg betont, der dem Koloß in der Mitte des Kontinents sein Zwielichtiges, mitunter Gefährliches, Unwägbares und Bedrohliches gegeben hat. Aber dieses alte Deutschland ist in den Stürmen und Katastrophen dieses Jahrhunderts offensichtlich für immer untergegangen; das Land zwischen Rhein und Oder hat sich für dauernd dem Westen zugewendet, dem, was man in Deutschland immer wieder die westliche Wertegemeinschaft nannte. Wenn es so ist – und es spricht alles für die Dauerhaftigkeit dieses Wandels –, ist Adenauer ein Staatsmann gewesen, der nicht nur seinem eigenen Land, sondern

Europa ein anderes Gesicht gegeben hat. Die erbitterten Gegner der Adenauerschen Westbindung haben längst seine Politik zu der ihren gemacht, Brandt wie Schmidt. Was einst Gegenstand heftiger Auseinandersetzung war, ist inzwischen unbezweifelte Grundlage aller deutschen Außenpolitik. So ist die ein Beispiel dafür, daß nicht nur das Dauernde, sondern auch der Wandel sein Recht in der Geschichte hat.

*

Was Die Anordnung der Beiträge in diesem Band betrifft, so mache ich den Leser darauf aufmerksam, daß die Reihenfolge der Artikel zu jedem Themenkomplex in umgekehrter chronologischer Reihenfolge verläuft, das heißt, die jüngsten Kommentare stehen voran, die früher geschriebenen Aufsätze folgen. Diese vom neuesten Datum ausgehende Reihenfolge wurde gewählt, um den aktuellen Wissensstand über die weltpolitischen Ereignisse zum Ausgangspunkt zu nehmen und das Schwergewicht auf die Analyse der allerjüngsten Gegenwart zu legen. Dagegen sollen die früheren Aufsätze den Hintergrund der Entwicklung erklären und die prinzipiellen Gesichtspunkte meiner Beurteilung der internationalen Situation erkennen lassen.

*New York im Sommer 1992*
*Henry A. Kissinger*

# Erster Teil

# Die neue Machtbalance nach dem Zusammenbruch des Kommunismus

# Die Weltordnung ruht künftig auf sechs Säulen

Präsident Bush hat die neue Weltordnung, die er aus der Asche des Kalten Krieges erstehen sah, als Ordnung definiert, »unter der keine Nation auch nur den kleinsten Teil ihrer Souveränität preisgeben muß; eine Ordnung, deren wichtigstes Merkmal die Herrschaft des Rechts anstelle des Rückgriffs auf Gewalt ist; eine Ordnung der gemeinschaftlichen Regelung von Auseinandersetzungen statt Anarchie und Blutvergießen; eine Ordnung, die durchdrungen ist vom grenzenlosen Glauben an die Rechte des Menschen«.

Es war US-Präsident Woodrow Wilson, der 1918 bereits ungefähr dieselben Prinzipien verkündet hatte. Er verlangte, daß die Normen des nationalen Egoismus, »die einst die Absichten der Nationen bestimmten«, ersetzt werden sollten durch »eine neue Ordnung der Dinge, unter der es nur noch folgende Fragen geben wird: ›Ist es richtig? ›Ist es gerecht?‹ ›Liegt es im Interesse der Menschheit?‹«

Mit wenigen Ausnahmen haben alle amerikanischen Präsidenten und Politiker seit Wilson ebenfalls die Neigung gehabt, die nationalen Interessen als Motivation ihrer Politik zu verleugnen. Doch ist eine uneigennützige Außenpolitik wirklich die Voraussetzung für eine internationale Führungsrolle? Besteht nicht die Gefahr, daß andere Gesellschaften den Anspruch der Uneigennützigkeit als Vorwand für Unberechenbarkeit oder als Blankoscheck für Launenhaftigkeit fehlinterpretieren können?

Amerika braucht keine uneigennützige Außenpolitik, sondern eine Definition seiner nationalen Interessen, die innenpolitisch konsensfähig ist und zugleich den Interessen anderer Gesellschaften gerecht wird. Der Präsident ist viel zu bescheiden, wenn er seinen Erfolg am Golf der Doktrin der kollektiven Sicherheit zuschreibt: »Die Mitglieder bestimmten das Ziel – die Befreiung Kuwaits – und ersannen einen mutigen, einigen Weg zur Durchsetzung dieses Ziels.« In Wahrheit bestimmte die amerikanische Führung, ohne welche die UNO zweifellos unschlüssig umhergezappelt hätte, das Ziel.

Was die kollektive Unterstützung möglich gemacht hat, war die allgemeine Befürchtung eines Alleingangs der Vereinigten Staaten. In anderen Worten: Einige dieser kollektiven Entscheidungen hatten das Ziel, die USA von gewissen Handlungen abzuhalten oder doch zumindest einen stärkeren Einfluß auf den Handlungsverlauf zu gewinnen.

Wenn man sich ernsthaft über eine neue Weltordnung Gedanken macht, so kommt man nicht um die Prämisse herum, daß die historischen Erfahrungen der verschiedenen Länder der Erde notgedrungen verschiedene außenpolitische Ansätze haben entstehen lassen, ebenso wie die Geographie und die Ressourcen. Aus diesem Grund ist die Doktrin der kollektiven Sicherheit für so gut wie alle Herausforderungen an die internationale Ordnung irrelevant, mit Ausnahme einiger weniger gewaltiger Problemkomplexe. Es läßt sich sagen, daß die beiden Voraussetzungen des Prinzips der kollektiven Sicherheit – daß alle Nationen alle Bedrohungen und Gefahren in der gleichen Weise wahrnehmen und daß sie bereit sind, die gleichen Risiken auf sich zu nehmen –, für die meisten vorhersehbaren Situationen einfach nicht zutreffen.

Ironischerweise hat der Sieg Amerikas im Kalten Krieg eine Welt entstehen lassen, die schwer mit den jüngeren amerikanischen Erfahrungen in Einklang zu bringen ist. In der Periode des Kalten Krieges waren die Industriedemokratien vom amerikanischen Schutz und für fast zwei Jahrzehnte auch vom US-Kapital abhängig. Der ideologische Konflikt verlieh der amerikanischen Vorliebe für Kreuzzüge eine gewisse Plausibilität. Heute jedoch sind unsere Verbündeten nicht mehr in dem gleichen Maße wie früher auf unseren Schutz angewiesen; als Folge davon werden sie immer weniger bereit sein, ihre Einschätzungen und Ansichten automatisch denen Washingtons unterzuordnen.

Unabhängig von den formalen Erklärungen zur Einheit der Verbündeten im Rahmen von NATO-Treffen oder anderen Zusammenkünften läßt sich feststellen, daß das Fehlen einer alles in den Schatten stellenden globalen Sicherheitsbedrohung die Bandbreite der Themen reduzieren wird, in denen sich diese vielbeschworene Einigkeit manifestiert. Vor allem Europa und Japan werden in Verteidigungsfragen zu immer größerer Autonomie finden.

Natürlich hängen viele Länder vom amerikanischen Markt ab. In einer Welt, die sich unter der Anleitung Amerikas zum freien Handel bekennt, ist das Recht des Zugangs zu gewissen Märkten jedoch kein besonders effektives Pfand für Verhandlungen. Aus diesen Gründen geht die weitverbreitete Einschätzung, daß der Sieg am Golf die Rolle Amerikas als letzte verbleibende Supermacht zementiert hat, an der wahren Bedeutung dieses Konfliktes vorbei. Dieser Krieg stellte einen wunderbaren Sonnenuntergang der Welt des Kalten Krieges dar, nicht die Morgendämmerung einer Periode amerikanischer Vorherrschaft. Amerika bleibt auch weiterhin die militärisch stärkste Nation, doch die Verbreitung der Technologie und immer knappere Militärhaushalte lassen diesen Aktivposten kontinuierlich abnehmen. Wir sollten nie wieder einen Krieg mit dem Geld anderer führen, Amerika kann nicht der Söldner einer neuen Weltordnung sein; die USA sollten ihre eigenen Ressourcen zur Durchsetzung ihrer eigenen Ziele einsetzen. Wenn die Verbündeten bereit sind zu helfen, sollen sie dasselbe Risiko tragen wie die USA selbst. Wirtschaftliche Potenz wird ein ebenso wichtiges Element nationaler Macht werden wie militärische Stärke. Macht wird eine Verbindung aus politischer, militärischer und wirtschaftlicher Stärke sein.

Das neue internationale System wird durch einen scheinbaren Widerspruch geprägt sein: Auf der einen Seite wird die Zersplitterung zunehmen, auf der anderen Seite wird ein Prozeß der wachsenden Globalisierung zu verzeichnen sein. Was die Beziehungen der Staaten untereinander angeht, so wird die neue Ordnung eher dem europäischen Staatensystem des 18. und 19. Jahrhunderts ähneln als den rigiden Mustern der Phase des Kalten Krieges. Sechs große Kräfte werden neben einer Vielfalt kleinerer Länder die Hauptrollen spielen: die USA, Europa, China, Japan, ein neues, aus der Sowjetunion entstehendes Staatengebilde und wahrscheinlich auch Indien.

Was Amerika betrifft, so wird der Prozeß des Ausgleichs zwischen Staaten mit geringfügig verschiedenen Werten und völlig verschiedenen historischen Erfahrungen, die jedoch alle mehr oder weniger gleich stark sind, ein vollkommen neues politisches Ergebnis haben im Vergleich zur Phase des Isolationismus im letzten Jahrhundert oder zur faktischen Hegemonie in den Tagen des Kalten Krieges. Gleichzeitig sind die internationalen Beziehungen nun nach dem Zusammenbruch der in zwei Mächte geteilten politischen Welt erstmals in der Geschichte wirklich global. Noch wichtiger ist die Tatsache, daß es eine ganze Reihe von Themengebieten gibt, die nur auf einer weltweiten Basis erfolgreich behandelt werden können. Dazu zählen die Verbreitung atomarer Waffen, Umweltfragen, moderne elektronische Kommunikation und wirtschaftliche Interdependenz. Die amerikanischen Erwartungen und Erfahrungen sind für diese Problemfelder äußerst relevant.

Die Aufgabe, ein neues internationales System zu errichten, wird durch die Tatsache kompliziert, daß die historischen Erfahrungen der anderen Hauptakteure wenig mit den amerikanischen Einschätzungen zu tun haben. Seit dem Westfälischen Frieden von 1648 basierten die verschiedensten Regelungen in Europa auf dem Konzept der Balance of Power, eines Gleichgewichts der Macht. Der Grund dafür liegt darin, daß Europa die einzige Region auf der Welt war, in der ein multistaatliches System existierte. Alle anderen Großmächte dominierten ihre jeweiligen Sphären. Nur in Europa koexistierten ähnlich starke Staaten, deren Überleben von der bewußten Manipulation eines Gleichgewichts abhing, das periodisch neu justiert wurde, wenn sich gewisse Änderungen eingestellt hatten. Dieser Ansatz hat in Amerika jedoch weder Anklang gefunden, noch ist er überhaupt je wirklich begriffen worden. Präsidenten und Meinungsmacher haben das Prinzip des Gleichgewichts der Macht so sehr verdammt, daß es schwierig ist, es in einem amerikanischen Buch erwähnt zu finden, ohne daß ihm ein herabsetzendes Adjektiv vorangeht. Die dritte Säule des neuen internationalen Machtgefüges wird Rußland sein. Der russische Ansatz der Außenpolitik läßt sich wohl zu Recht als schizophren bezeichnen. Geographisch ein Teil Europas und Asiens, ist das Land historisch stets ein Teil der europäischen »Balance of Power« gewesen. Gleichzeitig war es ein Weltreich und als solches eine besondere Gefährdung des Gleichgewichts der Kräfte. Hin- und hergerissen zwischen quälender Unsicherheit und missionarischem Eifer, zwischen den Notwendigkeiten Europas und den Versuchungen Asiens, spielte das russische Reich stets eine Rolle im europäischen Gleichgewicht, ohne emotional ein Teil desselben zu sein.

Obwohl es in der neueren Geschichte gleich zweimal überrannt wurde, lernte es nicht die entscheidende Lektion, daß der Prozeß des Eroberns beiden, Eroberern wie Eroberten, die Substanz entzieht. Tatsächlich schickte das russische Reich nach dem Wiener Kongreß 1815 seine Truppen so oft auf fremden Boden wie keine andere Großmacht, und es zögerte nie, das Wohlergehen seines Völkergemisches dem Zwang der Einheit unterzuordnen. War Rußland einmal auf dem Marsch, kannte es keine Schranken mehr. Waren seine Pläne durchkreuzt, zeigte es mürrischen Verdruß. Den Großteil seiner Geschichte hindurch ist Rußland ein heiliger Zweck gewesen, der nach Möglichkeiten suchte.

Ebensowenig Erfahrung mit einer internationalen Ordnung hat China. Genauer gesagt, die chinesische Definition des Begriffes Ordnung beschränkte sich auf jene Teile der Welt, welche die chinesische Kultur erreichen und transformieren konnte. Über Tausende von Jahren einte das chinesische Weltreich seine eigene Welt unter seiner Herrschaft. Das Konzept der souveränen Gleichheit der Staaten erreichte China erst im 19. Jahrhundert durch die westlichen Kolonialmächte; eine Erfahrung, die der Entstehung eines Konzeptes der globalen Ordnung wenig dienlich gewesen sein dürfte. Bis dahin hatte das Riesenreich keinen Nachbarn, der die chinesische Vormachtstellung angefochten hätte, mehr noch: niemand in China hätte sich vorstellen können, daß so ein Staat überhaupt irgendwo existieren könnte. Die chinesische Außenpolitik bestand darin, die näheren gegen die entfernteren Barbaren auszuspielen. Das war jedoch nur ein System für Notfälle und nicht die tagtägliche Politik.

Japan hatte sich genauso vom Rest der Welt isoliert. Im Gegensatz zu China ließ sich Japan über einen Zeitraum von 500 Jahren nicht einmal dazu herab, die Barbaren gegeneinander auszuspielen oder Tributbeziehungen zu entwickeln, bis es 1854 von Commodore Perry gewaltsam geöffnet wurde. Abgeschnitten vom Rest der Welt, waren die Japaner stolz auf ihre Einzigartigkeit; sie befriedigten ihre militärische Tradition mit Bürgerkriegen und gründeten die innere Struktur des Landes auf das Bewußtsein, daß ihre einzigartige Kultur allen fremden Einflüssen überlegen sei.

Ein Land mit so stolzer Vergangenheit wird seine Außenpolitik nicht unbegrenzt Sicherheitskonzepten unterordnen, die Tausende von Kilometern entfernt ausgearbeitet worden sind. Die neunziger Jahre werden wahrscheinlich eine selbstbewußtere japanische Außenpolitik und eine Beschleunigung der vorsichtigen, aber beständigen Aufrüstung der Streitkräfte des Landes bringen mit dem Ziel, wieder die Macht über das eigene Schicksal zu erlangen.

In Südasien läßt sich derzeit das Entstehen einer neuen Großmacht beobachten: Indien. Die indische Außenpolitik ist in vielerlei Hinsicht das letzte Überbleibsel der Großtage des europäischen Imperialismus, durchdrungen von den Traditionen einer uralten Kultur. Vor der Ankunft der Briten ist der Subkontinent über Jahrtausende nicht als politische Einheit regiert worden. Doch nach der Errichtung einer einheitlichen britischen Kolonialherrschaft wurde die britische Position von eben jenen demokratischen Werten und kulturellen Nationalismen unterminiert, die die Kolonialmacht selbst erst ins Land gebracht hatte. Neben ihrem Demokratieverständnis hat sich die indische Nation nach ihrer Selbstbefreiung auch den feinen britischen Sinn für Vorherrschaft bewahrt. Sie besteht auf der Herrschaft über alle Gebiete, die die Briten auf dem Höhepunkt ihrer Kolonialherrschaft von Neu-Delhi aus kontrollierten.

In einer Welt, deren Akteure so unglaublich verschiedene historische und politische Hintergründe aufweisen, können die Prämissen des Konzepts der kollektiven Sicherheit einfach nicht funktionieren. Die großen Mächte können unmöglich zu denselben Gefahreneinschätzungen gelangen. Noch weniger werden sie bereit sein, die Risiken gleichermaßen zu teilen, wenn man den unwahrscheinlichen Fall gelegentlicher identischer Lagebeurteilungen voraussetzt. Wenn man die globale kollektive Sicherheit zu wörtlich nimmt, werden regional angelegte Institutionen wie die NATO schrittweise verfallen, und es wird eine Schwelle geschaffen, unterhalb derer lokaler Druck und vielleicht sogar lokale Aggression aufblühen und Amerika erneut in ihren Strudel ziehen könnten.

Ebensowenig ist internationales Recht ein umfassendes Handlungsprinzip. Natürlich fallen Verletzungen ins Gewicht. Doch wenn die USA versuchen, jeder Verletzung internationalen Rechts mit Gewalt entgegenzutreten, werden sich unsere materiellen und psychologischen Ressourcen bald erschöpft haben. Wir haben uns im Golf teilweise aus Prinzip engagiert, hauptsächlich jedoch aufgrund der Bedeutung des Öls für das nationale Interesse Amerikas.

Natürlich wird uns unsere Tradition stets auf die Seite der um Freiheit und Menschenwürde Kämpfenden drängen. Doch diese Kämpfe werden wohl ebenso fortdauern, wie die Demokratievorstellungen von Kultur zu Kultur schwanken werden. In jedem Fall führt eine Ausbreitung der Demokratie nicht automatisch zu einer friedlicheren Welt.

Der Erste Weltkrieg wurde von einer damals noch ausschließlich männlichen Wählerschaft enthusiastisch aufgenommen. Und um ein Beispiel aus der Gegenwart zu wählen: Würde man in Serbien und Kroatien Plebiszite durchführen, würde man mit großer Wahrscheinlichkeit Mehrheiten für den Bürgerkrieg verzeichnen.

Dem Versuch, die Welt den Erwartungen der USA anzugleichen, wohnt die Gefahr der Überanstrengung inne; sich zurückziehen, hieße aber aufgeben. Und doch droht sich unsere innenpolitische Debatte, die nun den aus den zwanziger Jahren bekannten Konflikt zwischen dem Utopismus Wilsons und einem selbstgerechten Isolationismus wiederholt, auf diese beiden Extrempositionen zu beschränken.

In Wirklichkeit repräsentieren diese beiden Extreme zwei Seiten derselben Münze: Die eine Gruppe behauptet, wir hätten nach der Niederwerfung des Kommunismus keine verbleibenden Interessen mehr an der Weltpolitik; die andere Gruppe setzt unsere nationalen Interessen mit den Menschenrechten gleich und verficht die Ansicht, die Ausbreitung der Demokratie werde alle internationalen Probleme lösen. Beide Konzepte werden scheitern.

Was wir brauchen, ist etwas vollkommen Neues: Wir müssen Unterscheidungen vornehmen zwischen dem, was unbedingt notwendig, und dem, was wünschenswert ist; wir müssen eine Trennung vornehmen zwischen dem, was möglich ist, und dem, was uns aufgrund unserer begrenzten Mittel unerreichbar bleiben wird. Dieses neue Konzept muß differenzierter bezüglich seiner Ziele sein, seine Strategie muß weniger umstürzend und, vor allem, sein Design muß stärker regionalbezogen sein. Jeder andere Ansatz wird gegen Ende dieses Jahrzehnts, das mit der Illusion Amerikas als einzig verbleibender Supermacht begann, zur Irrelevanz verdammt sein.

Es gibt jedoch eine Reihe von Themen, die noch niemals zuvor im globalen Rahmen geregelt worden sind und zu denen die historischen amerikanischen Erwartungen einen großen Beitrag leisten können. Es geht um die Bevölkerungs-, die Umwelt- und die Atompolitik. Die Weltbevölkerung hat von einer Milliarde Menschen in der Zeit um 1850 auf sechs Milliarden zu Beginn des 21. Jahrhunderts zugenommen. Diese gewaltigen Bevölkerungsmassen machen ein bislang unvorstellbares Wirtschaftswachstum unumgänglich, und sie sind zugleich der Vernichtung durch die der Kerntechnologie innewohnenden Gefahren ausgesetzt. Diese beiden Probleme sind so neu, komplex und global in ihren Folgewirkungen, daß die Notwendigkeit einer internationalen Ordnung zu einer Herausforderung wird.

Werden die Staatsführer so viel Energie auf die Gewinnung der Unterstützung durch riesige Wählergruppen verwenden müssen, daß ihnen zu wenig Energie zur Errichtung eines stabilen Friedens bleibt? Wird es möglich sein, die Zukunft zu meistern, wenn durch den Druck der Wählerschaft jedes Problem zu einem Spezialfall wird? Werden Gesellschaften mit so unterschiedlichen kullturellen Ursprüngen in der Lage sein, wenigstens die wirklichen globalen Angelegenheiten auf eine vernünftige Weise zu definieren? Die Antworten darauf werden nicht besser ausfallen können, als die Fragen, die wir stellen.

# Die Diplomatie wird flexibler werden

Für die Sowjetunion stellt sich nun die Frage, ob das über 300 Jahre von Zaren und Kommissaren aufgebaute russische Reich weiterhin bewahrt werden kann. Die Unruhe in der Sowjetunion wirft zugleich Zweifel auf, ob sich die Erwartung, Demokratie und Marktwirtschaft könnten zu einer friedlichen Sowjetunion führen, erfüllen kann. Gleichwohl werden alle absehbaren Ergebnisse der Entwicklung in der Sowjetunion die seit den Tagen Peters des Großen über den Nachbarländern schwebende Gefahr einer russischen Invasion verringern.

Am Ende könnte eine Revolution der Nachkriegsdiplomatie stehen, die den Schwerpunkt der sowjetischen Politik in die Gebiete ostwärts des Urals und den Schwerpunkt der amerikanischen Politik in die westliche Hemisphäre verlagert.

Die Schwächung der zentralen Macht des strategischen Hauptrivalen der Vereinigten Staaten bietet sicherlich zumindest kurzfristig geopolitische Vorteile. Die unmittelbare militärische Bedrohung wird gemindert, während zugleich neue Möglichkeiten zur Beseitigung lokaler Krisenherde entstehen.

Gleichzeitig jedoch würde ein Zusammenbruch der Sowjetunion neue Gefahren heraufbeschwören, wenn auch anderer Art. Fast alle sowjetischen Republiken haben Probleme mit großen, unzufriedenen Minderheiten. Ein Bürgerkrieg könnte eine Massenabwanderung in die noch zerbrechlichen neuen Demokratien Osteuropas oder in Nachbarländer der Sowjetunion im Nahen und Mittleren Osten zur Folge haben.

Und wer wird am Ende die sowjetischen Streitkräfte kontrollieren, vor allem das nukleare Potential? Zudem darf man die Bedeutung Rußlands in der Vergangenheit nicht unterbewerten, wenn es darum ging, die Hegemonie eines Staates in Europa zu verhindern – auch wenn Rußland diese Vorherrschaft zeitweilig selbst anstrebte. Die Niederringung Napoleons, des wilhelminischen Deutschland und Hitlers wären ohne russische Hilfe unmöglich gewesen.

Rußland stellt den Westen vor ein Paradoxon: Hat es eine starke Zentralgewalt, dann droht eine russische Vorherrschaft, ist es jedoch ohnmächtig, droht der Zerfall des Gleichgewichts.

Das ideale Ergebnis für den Weltfrieden wie auch für die Sowjetunion wäre ein Staat, der stark genug ist, sich selbst zu verteidigen, der jedoch nicht so zentralistisch ist, um geopolitische Offensiven durchführen zu können. Der Zusammenhalt dieses Staates müßte stark genug ausgeprägt sein, um die all seinen Völkern wirklich gemeinsamen Wünsche umsetzen zu können, ohne jedoch Alleinherrschern zu unterstehen, die sich auf internationale ideologische Kreuzzüge begeben.

Ein so beschaffenes Rußland hat es bisher nie gegeben. Doch jede der beschriebenen möglichen Entwicklungen wird die sowjetische Fähigkeit, außerhalb der eigenen Grenzen größere Militärkontingente einzusetzen, nachhaltig reduzieren, vor allem, wenn es um einen Krieg gegen technologisch fortgeschrittene Länder geht. Die Armee wird, wenn sich die Führung zur Repression mißliebiger Entwicklungen entschließt, dazu gebraucht werden, innere Unruhen zu kontrollieren. Wenn sich die Sowjetunion zu einer Konföderation entwickelt, werden die strukturellen Gegebenheiten Aggression unterbinden. Denn dann würde es keinen Konsens mehr für Expansionismus geben.

Ein Kurs der inneren Repression würde die wirtschaftlichen und kulturellen Beziehungen zu den Demokratien des Ostens aufs äußerste strapazieren. Doch die Auswirkungen auf die internationale Sicherheit wären ganz andere als in den Tagen des Kalten Krieges. Zum einen würde die der Repression folgende Isolierung den technologischen Abstand zwischen der Sowjetunion und den Industriedemokratien vergrößern, wodurch auch stufenweise das sowjetische Militärpotential reduziert würde.

Vielleicht erkennt die sowjetische Führung sogar, daß der Expansionismus verderblich war und Sicherheit am besten durch eine defensive Haltung erreicht werden kann. Denn nur so wird die Sowjetunion Zugang zu Wirtschaftshilfe, Investitionen und Technologien erhalten, ohne die sie kein wirklich moderner Staat werden kann.

In jedem Fall sind bedeutende Veränderungen in der sowjetischen Außenpolitik wahrscheinlich.

Ein technologisch fortgeschrittenes Europa und ein Japan, das auf dem Weg ist, eine wirtschaftliche Supermacht zu werden – beide militärisch von den Vereinigten Staaten unterstützt –, sind zu mächtig, als daß sie direkt herausgefordert werden könnten. Die russische Außenpolitik wird sich deshalb wahrscheinlich auf die weniger entwickelten Regionen Asiens und vor allem des Nahen Ostens konzentrieren. Diese Verschiebung ist durch die jüngsten Verhandlungen über Abrüstung auf konventionellem Gebiet noch beschleunigt worden. Sie haben die Sowjetunion – unter Verletzung des Geistes der Vereinbarungen – in die Lage versetzt, mehr als 10 000 Panzer aus Mitteleuropa hinter den Ural zu verlegen.

Die Hypothese liegt nahe, daß die südliche Flanke Rußlands in wachsendem Maße empfindlich wird. Auch die in der Sowjetunion lebenden 60 Millionen Moslems können von den radikalen Strömungen, die die islamische Welt bewegen, nicht unberührt bleiben.

All dies macht es unumgänglich, daß die Vereinigten Staaten ihre Politik überdenken. Die Allianz mit Europa und Japan, die über vier Jahrzehnte die Grundlage amerikanischer Außenpolitik war, wird sich ihrem Charakter nach ändern. Die Verbündeten der USA werden zu dem Schluß kommen, daß eine Aggression seitens der Sowjetunion weniger wahrscheinlich geworden ist, daß sie immer rascher in eine Lage hineinwachsen, in der sie Druck selbständig aushalten können, und daß schließlich eine sowjetische Herausforderung, die sie in ihrer nationalen Existenz bedroht, von einem solchen Ausmaß sein würde, daß die Vereinigten Staaten gar keine andere Wahl hätten, als ihnen zu Hilfe zu eilen.

Darum wird die Bereitschaft der Europäer und Japaner, ihre Außenpolitik mit der Außenpolitik Washingtons in Gleichklang zu bringen, stark nachlassen. Zwar wird Japan seinen Zugang zum amerikanischen Markt nicht leichtsinnig aufs Spiel setzen. Deutschland wird auf den amerikanischen Schutz vor sowjetischer Nuklear-Erpressung nicht verzichten wollen und sich in jedem Fall lieber auf amerikanische als auf britische oder französische strategische Waffen verlassen. Großbritannien und Frankreich ihrerseits werden in den Vereinigten Staaten eine Art Versicherung gegen eine mögliche Übermacht eines wiedererstarkten Deutschland sehen.

Doch keiner dieser Tatbestände wird die Verbündeten davon überzeugen, daß sie innerhalb der Allianz eine amerikanische Führungsrolle akzeptieren müssen, die derjenigen gleicht, die die USA in den Zeiten des Kalten Krieges innehatten. Auch wird Amerika selbst diese Funktion nicht anstreben. Vielmehr wird die Diplomatie flexibler werden, der Schwerpunkt amerikanischer Außenpolitik wird sich nach und nach in die westliche Hemisphäre verlagern.

Sollte die Sowjetunion tatsächlich ihre historische Politik aufgeben, Druck auf ihre Nachbarn auszuüben, so könnte dies wirklich zu einer vollständigen Veränderung der amerikanisch-sowjetischen Beziehungen führen. Die Vereinigten Staaten werden mit einer Sowjetunion, die sich vor allem mit Entwicklungen in ihrem Inneren befaßt, wenige Interessenkonflikte haben, die so ernst wären, daß sie zu militärischer Konfrontation führen könnten. Dies wird sich sicherlich auch in einer Reduzierung der Rüstungsanstrengungen beider Seiten niederschlagen.

In den Verhandlungen über die Abrüstung konventioneller Waffen sind alle Möglichkeiten bereits ausgeschöpft worden, die Bedrohung Europas zu reduzieren. Die nächste Phase von Verhandlungen aber könnte die Bedrohung wieder vergrößern, nämlich indem sie die für die atlantische Sicherheit notwendige Minimalpräsenz amerikanischer Kräfte in Europa unterminiert. Es kann aber nicht im Interesse der USA liegen, eine weitere Verlegung sowjetischer gepanzerter Streitkräfte an die Grenzen der Sowjetunion mit schwachen Nachbarländern zu fördern. Der größte und wichtigste Effekt von Verhandlungen über die Reduzierung strategischer Waffen liegt in dem Umstand, daß sie der sowjetischen Zentralregierung einen Vorwand liefern, ihre strategischen Waffen in Gebiete zu verlegen, die ihrer uneingeschränkten politischen Kontrolle unterliegen.

Gleichzeitig jedoch werden Einschränkungen der strategischen Verteidigung angesichts der Erfahrungen aus dem Golfkrieg überdacht werden müssen: Kein verantwortlicher Staatsführer kann in Zukunft die Zivilbevölkerung ohne Not in einem Zustand der Schutzlosigkeit belassen.

Ein Ost-West-Sicherheitsdialog sollte jedoch fortgesetzt werden, um in jedem Fall mit der an Macht und Einfluß gewinnenden sowjetischen Militärführung in Kontakt zu bleiben.

Die Vereinigten Staaten dürfen die Notwendigkeit nicht außer acht lassen, ein eigenes Militärpotential aufrechtzuerhalten, das stark genug ist, um das sowjetische Potential aufzuwiegen, das auch nach seiner Reduzierung immer noch die zweitgrößte Militärmaschinerie der Welt darstellt. Zudem ist es von entscheidender Bedeutung, daß die Vereinigten Staaten angesichts der sich abzeichnenden verbesserten Zusammenarbeit zwischen Ost und West den Eindruck vermeiden, ihr Ziel sei eine gemeinsam mit den Sowjets ausgeübte Vorherrschaft.

Die chinesisch-amerikanischen Beziehungen sind in diesem Punkt besonders empfindlich. In einer Zeit wachsender diplomatischer Flexibilität kann es nicht im Interesse der Vereinigten Staaten liegen, sich selbst gewisser Optionen zu berauben oder der zweitgrößten Atommacht der Welt den bevölkerungsreichsten Staat der Erde in die Arme zu treiben. Ein strategischer Dialog mit China ist nicht ein Gefallen, den wir Peking erweisen, sondern er spiegelt mehr denn je die Notwendigkeiten einer multipolaren Welt wider – vor allem jetzt, da alle Demokratien des Westens das Gespräch mit der Volksrepublik China auf höchster Ebene wiederaufgenommen haben.

Die Unruhe in der Sowjetunion sollte den USA vor Augen führen, wie notwendig es ist, die nationalen Interessen und den Umfang der amerikanischen Führungsrolle neu zu definieren. Dies ist eine Phase des Übergangs von einer Zeit, da die Vereinigten Staaten versuchten, jedes lokale Ungleichgewicht auszugleichen, zu einer Zeit, in der die Herausforderungen, die das globale Gleichgewicht bedrohen, überwunden werden müssen.

# Die Fehler des Westens in den Jahren vor dem Zweiten Weltkrieg

Die vorherrschende Ansicht geht dahin, daß die Politik des sogenannten Appeasement – die Beschwichtigungspolitik gegenüber Hitler – den Zweiten Weltkrieg unvermeidbar gemacht hat. Dies ist sowohl wahr als auch oberflächlich. Zwar begann Hitler den Krieg, aber die internationale Ordnung war deshalb seiner Willkür ausgeliefert, weil in den zwei Jahrzehnten nach dem Versailler Vertrag von 1919 ein völliger Verzicht auf Staatskunst stattgefunden hatte.

Ein internationales System muß, um Stabilität zu haben, auf zwei Säulen ruhen: auf einem Gleichgewicht der Kräfte und einem allgemein anerkannten Prinzip der Legitimität. Ein Gleichgewicht der Kräfte macht es schwer, die internationale Ordnung durch Machtmittel umzustürzen. Ein allgemein anerkanntes Prinzip der Legitimität wirkt Angriffen auf die internationale Ordnung entgegen. Beide Prinzipien wurden in den Verträgen von Versailles und Saint-Germain, die den Ersten Weltkrieg beendeten, mißachtet.

Der Vertrag von Saint-Germain führte zur Auflösung eines der großen europäischen Staaten, des österreichisch-ungarischen Kaiserreiches. Aus ihm wurde ein Übermaß kleiner Nationalstaaten in Osteuropa und auf dem Balkan geschaffen. Der Vertrag von Versailles erniedrigte Deutschland und nahm ihm jedes Interesse und jeden Anteil an der internationalen Ordnung. In gleicher Weise wurde Sowjetrußland – wegen der Ergebnisse der Revolution – aus der Nachkriegsordnung verbannt.

Solange Deutschland unbewaffnet blieb, existierte so etwas wie ein Gleichgewicht in Europa. Doch es hatte in der Geschichte noch nie den Fall gegeben, daß eine Großmacht auf Dauer unbewaffnet blieb.

Der Vertrag von Versailles war zu hart, als daß Deutschland ihn akzeptiert hätte; er war jedoch nicht hart genug, um zu verhindern, daß Deutschland ihn anfocht. Deutschland war aber nicht das einzige Land, das eine Revision anstrebte. Die Sowjetunion, die aus der europäischen Diplomatie ausgeschlossen war, zielte stets darauf ab, die kapitalistischen Staaten gegeneinander auszuspielen. In den Nachfolgestaaten des österreichisch-ungarischen Kaiserreiches wiederum kollidierte das Prinzip der Selbstbestimmung der Völker häufig mit den Sicherheitsinteressen dieser Staaten. Siedlungsgebiete von Deutschen, Polen und Ungarn wurden der Tschechoslowakei, Wohngebiete von Ungarn, Rumänien und einer Anzahl weiterer Minderheiten wurden Jugoslawien einverleibt. Dies führte zu dem Ergebnis, daß fast so viele Menschen unter fremder Herrschaft lebten, wie in der österreichisch-ungarischen Doppelmonarchie.

Im Rückblick mutet es seltsam an, daß kein einziger Staatsmann in dieser Zeit die Frage aufwarf, ob es denn möglich sei, eine Regelung aufrechtzuerhalten, die die beiden bevölkerungsreichsten Staaten des Kontinents ausgrenzte, nämlich die Sowjetunion und Deutschland. Großbritannien hätte es wahrscheinlich vorgezogen, sich mit Deutschland zu versöhnen, doch konnte es für eine solche Politik nicht die Unterstützung Frankreichs gewinnen. Frankreich wollte Deutschland in einem Zustand der Machtlosigkeit halten, wofür es wiederum Großbritanniens Unterstützung nicht gewinnen konnte. Das Ergebnis läßt sich in zwei Worten zusammenfassen: Unentschlossenheit und eine Politik der Ausflüchte.

Die Vereinigten Staaten waren für das Prinzip der Selbstbestimmung eingetreten und gedachten, dem Umstand, daß es nur unvollkommen angewandt wurde, durch eine Art kollektiver Sicherheit zu begegnen. Eine »Weltgemeinschaft«, im Völkerbund zusammengeschlossen, sollte sich mit Gefahren für den Frieden befassen. Vertragliche Vereinbarungen sollten in Übereinstimmung aller Beteiligten friedlich geändert werden. Diese Doktrin der Amerikaner ging davon aus, daß unter den Beteiligten stets unstrittig war, was tatsächlich eine Gefahr für den Frieden bedeutete, und daß alle Nationen ein übereinstimmendes Interesse an der Bekämpfung und Beseitigung solcher Bedrohungen hätten und somit sich auch über die geeigneten Gegenmaßnahmen einig werden würden.

Diese Annahmen erwiesen sich als falsch, in der Geschichte finden sie keine Bestätigung.

So geschah es, daß der Erste Weltkrieg, der der »Krieg zur Beendigung aller Kriege« sein sollte, einen Frieden hervorbrachte, dem es sowohl an einem Gleichgewicht der Mächte als auch an einem allgemein anerkannten Prinzip der Legitimität mangelte. Das Vertragswerk von Versailles mußte zwangsläufig zusammenbrechen, entweder zu einem neuen Krieg oder zur deutschen Hegemonie über Osteuropa führen.

Frankreich befand sich in einer besonders tragischen Lage. Von Erinnerungen und Vorahnungen befallen, verfiel Frankreich auf eine Politik, die darauf abzielte, dem Deutschen Reich Zusicherungen abzuringen. Ein Ergebnis dieser Politik war der Vertrag von Locarno 1925, der zu seiner Zeit als ein Durchbruch zum Frieden gepriesen wurde. In diesem Vertrag garantierte Deutschland die Westgrenze mit Frankreich. Das Reich lehnte es jedoch ab, dieselbe Garantie auch gegenüber seinen Nachbarn im Osten abzugeben. Mit anderen Worten: Was sich wie ein Akt der Versöhnung ausnahm, stellte in Wirklichkeit die Nachkriegsordnung in Frage. Die Deutschen ließen erkennen, daß der Vertrag von Versailles nur dann seine Gültigkeit behalten würde, wenn es mit der stillschweigenden Zustimmung Großbritanniens und Frankreichs künftig in Europa zwei Arten von Grenzen geben würde: die von Deutschland garantierten und die von Deutschland nicht garantierten.

Osteuropa, so schien es, wurde zunehmend sich selbst überlassen – eine Entwicklung, die durch den Bau der Maginot-Linie in Frankreich noch unterstrichen wurde. Frankreich konnte eine revisionistische Ostpolitik Deutschlands nur dann verhindern, wenn es glaubhaft machte, daß französische Streitkräfte gegebenenfalls in Deutschland einmarschieren würden.

Die Maginot-Linie jedoch signalisierte, daß Frankreich, sollte es Deutschland überhaupt entgegentreten, nur einen Zermürbungskrieg führen würde. Militärische Strategie und Außenpolitik waren vollkommen aus dem Gleichklang geraten.

Hitler beutete unbarmherzig sowohl die Schwachstellen des internationalen Systems als auch die Schuldgefühle seiner Gegenspieler aus. Eine Reihe westlicher Politiker kam von Treffen mit Hitler zurück und erklärte zu Hause, was er gesagt hatte. Er wünsche Frieden. Innerhalb von zwei Jahren nach seiner Machtergreifung 1933 hatte Hitler jene Klauseln des Versailler Vertrags, die Rüstungsbeschränkungen für Deutschland vorschrieben, gebrochen – mit der Begründung, daß die anderen Staaten ihre Zusicherung, dem Deutschen Reich auf dem Wege der Abrüstung zu folgen, nicht eingehalten hätten. In einer Welt, die mehr dazu geneigt hätte, die Sache des Friedens in Begriffen des Gleichgewichts zu analysieren, hätte dies als Alarmsignal wirken müssen. Europa flüchtete sich statt dessen in den Glauben, daß Hitlers Infragestellung der internationalen Ordnung aus speziellen Mißständen resultiere und nicht aus strukturellen Mängeln des internationalen Systems sowie der Bereitschaft der Nationalsozialisten zur Aggression. Daraus entsprang der Gedanke, daß die Beseitigung bestimmter Ursachen für deutsche Forderungen oder die »Beschwichtigung« den Frieden bewahren würde.

Ich bin der Ansicht, daß der Punkt, von dem an der Krieg unumgänglich wurde, nicht München 1938 war, sondern bereits die deutsche Wiederbesetzung des Rheinlandes 1936. Solange das Westufer des Rheins entmilitarisiert war, lief Deutschland Gefahr, daß eine Offensive nach Osten die Besetzung des Rheinlandes durch Frankreich zur Folge haben würde, ungeachtet der Maginot-Linie. Doch sobald Deutschland erst einmal in der Lage war, seine Westgrenze zu befestigen, konnten Großbritannien und Frankreich die osteuropäischen Länder nur dadurch schützen, daß sie einen langwierigen Zermürbungskrieg androhten. Zunächst aber würden die Staaten im Osten von den Deutschen mit Sicherheit überrannt werden.

Ein Grund für die Hilflosigkeit der westlichen Reaktion war, daß das Prinzip des Gleichgewichts der Kräfte mit den moralischen Überzeugungen der Demokratien kollidierte. Das Prinzip des Gleichgewichts der Kräfte riet zum entschlossenen Widerstand. Die moralischen Prinzipien der Demokratien brachten außenpolitische Zurückhaltung hervor, und sie führten auch dazu, daß man allzu bereitwillig den Friedensbeteuerungen Hitlers Glauben schenkte. Das Prinzip des Gleichgewichts hätte es geboten, daß Frankreich bei der Wiederbesetzung des Rheinlandes reagierte, notfalls auch allein, denn die Wiederbewaffnung Deutschlands war noch nicht sehr weit fortgeschritten. Vom Standpunkt der Legitimität aus gesehen – und dieser beherrschte die britische Denkweise –, machte Deutschland jedoch nur von seinem Recht Gebrauch, sein Hoheitsgebiet zu verteidigen, ein Recht, welches auch jedem anderen Staat zugebilligt wurde. Da Frankreich ohne Großbritannien nicht handeln wollte, mußte es sich mit einer Beistandsversicherung Großbritanniens für den Fall eines deutschen Angriffs zufriedengeben.

Der sogenannte Anschluß Österreichs unterminierte das Gleichgewicht der Kräfte noch mehr. Die Grenzen Deutschlands wurden nun in Richtung des Balkans ausgeweitet. Die Tschechoslowakei, ein Verbündeter Frankreichs, war eingekreist. Andererseits sprach die österreichische Bevölkerung deutsch, und die überwältigende Mehrheit der Bevölkerung favorisierte den Anschluß Österreichs an das Deutsche Reich.

»München« ist in die Geschichte als Bezeichnung einer besonderen Schmach eingegangen. Doch tatsächlich wurde nur nach den außenpolitischen Prämissen verfahren, die seit beinahe zwei Jahrzehnten gegolten hatten. Ein weiteres Mal überwog das Prinzip der Selbstbestimmung – der Wunsch von 3,5 Millionen Deutschen in der Tschechoslowakei, sich mit ihren Landsleuten jenseits der Grenzen zu vereinigen – gegenüber dem Prinzip des Gleichgewichts.

Die schicksalhaften Worte, die der britische Premierminister Chamberlain bei seiner Rückkehr aus München sprach – »Frieden in unserer Zeit« –, haben in den Hintergrund treten lassen, daß Chamberlain nicht entsprechend handelte. Vielmehr trieb er die Rüstungsproduktion Großbritanniens voran, vor allem auf dem Gebiet der Luftwaffe. Als Hitler dann nicht-deutsche Bevölkerungen unter seine Gewalt brachte, indem er die Rest-Tschechoslowakei zerstückelte, geriet Großbritannien nicht ins Wanken. Innerhalb einer Woche nach der Annexion gab die britische Regierung eine Garantieerklärung für Polen ab. Denn nun waren die Prinzipien der Legitimität und des Gleichgewichts der Mächte zugleich in Frage gestellt. Großbritannien kehrte zu seiner Tradition des Widerstandes gegen eine Hegemonie auf dem Kontinent zurück. Nun war keine weitere Expansion Deutschlands ohne einen größeren Krieg mehr möglich.

Aber nach zwei Jahrzehnten des Ausweichens und der Ausflüchte sahen sich die westlichen Demokratien nunmehr dazu verurteilt, sich dem Krieg allein zu stellen. Denn Stalin sah keinen Unterschied zwischen den Demokratien und Hitler, und er war am bestehenden System nicht beteiligt. Seine Besorgnis war, daß sich die demokratischen Staaten gegen den Osten wenden könnten. Eine Zeitlang fürchtete er, das Münchener Abkommen hätte diesen Kurs eingeleitet. Die britische Garantie für Polen beruhigte ihn, denn Deutschland konnte die Sowjetunion nicht angreifen, ohne Polens Grenze zu überschreiten. Also brauchte Stalin keinen Preis dafür zu zahlen, daß England und Frankreich in den Krieg eintraten, um Deutschlands Expansion nach Osten zu verhindern – der einzige Krieg, in dem Stalin sich zu engagieren bereit war. Der Hitler-Stalin-Pakt besiegelte das Schicksal des instabilen Friedens, für den 1914-18 Millionen Menschen gestorben waren: Die beiden Staaten, deren Interessen in den Versailler Verträgen unberücksichtigt geblieben waren, machten ihnen gemeinsam den Garaus.

Wir können Lehren aus der Geschichte ziehen. Doch die Geschichte lehrt uns nicht, was zu tun ist. Sie führt uns die möglichen Konsequenzen in vergleichbaren Situationen vor Augen; doch muß jede Generation entscheiden, welche Situationen tatsächlich vergleichbar sind und welche nicht.

Man kann sagen, daß unsere Generation einem Problem gegenübersteht, das schon die Staatsmänner vor sieben Jahrzehnten beschäftigte: Wie ist eine stabile internationale Ordnung zu schaffen? In der Zeit seit dem Ende des letzten Krieges hat in Europa ein relativ stabiles Gleichgewicht geherrscht. Nun löst sich diese Zwei-Blöcke-Welt auf. Wenn es etwas aus der Geschichte zu lernen gibt, dann dies: Wir dürfen diesen Prozeß nicht dem Zufall überlassen. Die Staatsmänner unserer Tage brauchen ein Konzept, in dem Struktur mit Zielen und Gleichgewicht mit Legitimität in einem sinnvollen Zusammenhang zueinander stehen.

Man kann nur hoffen, daß die allgemeine Einschätzung der politischen Geschehnisse unserer Tage nicht in fünfzig Jahren genauso kurzsichtig erscheint, wie uns heute die Beurteilungen und Handlungen jener Generation erscheinen, die in dem Zeitraum zwischen den beiden Weltkriegen die politische Verantwortung trug.

# Mythen und Realitäten amerikanischer Außenpolitik

In einer Zeit, da fast jedes außenpolitische Thema in den Vereinigten Staaten zum Streitobjekt wird, wächst die Nostalgie für jenen Geist des Kompromisses und der Gemeinsamkeit der Parteien, der den Eintritt Amerikas in die Weltpolitik im ersten Jahrzehnt nach dem Zweiten Weltkrieg kennzeichnete. Doch diese Nostalgie mißdeutet das augenblickliche Dilemma, in dem sich die Vereinigten Staaten befinden. In der Zeit der Gemeinsamkeit der beiden Parteien bestand Übereinstimmung in den Grundfragen; Kompromisse glichen unterschiedliche Auffassungen über die Methoden aus. Heute sind die Konflikte philosophischer Natur; Kompromisse kombinieren die Nachteile aller möglicher Handlungsweisen. Bestes Beispiel dafür ist der gegenwärtige Kurs in der Politik gegenüber Nicaragua.

Jede Nation muß mindestens drei Fragen beantworten, wenn sie die Konzeption für ihre Außenpolitik entwickelt: Wie sieht ihr Konzept von nationaler Sicherheit aus? Was ist ihre nationale Zielvorstellung? Welche Ressourcen sind für ihre Vorhaben verfügbar?

In der Ära der Gemeinsamkeit der Parteien nach dem Zweiten Weltkrieg haben Amerikas Staatsmänner diese Fragen mit großer Selbstsicherheit beantwortet. Ihr Sicherheitskonzept war geformt durch die Aggression Hitlers und das Versagen der Demokratien, ihr zu einem frühen Zeitpunkt Widerstand zu leisten. Ihre politischen Ziele waren die Vermächtnisse des New Deal, dessen nachhaltigste Erfahrung die Bedrohung politischer Institutionen infolge einer weltweiten Depression war.

Die Staatsführer dieser Zeit konnten die damaligen Postulate in Politik umsetzen, weil die Vereinigten Staaten zuerst über ein nukleares Monopol verfügten und danach für zwei Jahrzehnte noch eine große Überlegenheit hatten, die es ihnen ermöglichte, die Rolle des

Weltpolizisten wahrzunehmen, ohne deren langfristige Implikationen zu analysieren. Überdies konnte Amerika internationale wirtschaftliche Probleme leicht überwinden, denn es produzierte 52 Prozent des Bruttosozialprodukts der Welt.

Die Nachkriegsära schien das historische Bild Amerikas von sich selber zu rechtfertigen: vom Schicksal auserkoren, seine Tugenden in den Rest der Welt hinauszutragen.

Die letzten zwei Jahrzehnte innenpolitischer Unstimmigkeit haben diese Selbstsicherheit ausgehöhlt, und die Geschichte hat die Umstände verändert, unter denen sie praktiziert wurde. Eine Nation, die mehr als die Hälfte des Bruttosozialproduktes der Welt produzierte, konnte das Machtgleichgewicht ganz alleine sicherstellen. Doch heute, da die Vereinigten Staaten kaum ein Viertel des Bruttosozialproduktes der Welt hervorbringen, wird es in einem Maße erforderlich, sich mit dem globalen Machtgleichgewicht und dem Setzen von Prioritäten zu befassen, wie es der traditionellen amerikanischen Einstellung zu internationaler Politik zuwiderläuft.

Das innenpolitische Drama Amerikas während der letzten zwanzig Jahre bestand in der Unfähigkeit, traditionelle Erwartungen mit den Realitäten in Gleichklang zu bringen.

Seitdem die Regierung Nixon mit dem Versuch scheiterte, die Außenpolitik auf ein Konzept permanenten nationalen Interesses zu gründen, ist die öffentliche Debatte polarisiert: Die einen versuchen aus sämtlichen internationalen Konflikten eine Konfrontation zwischen Gut und Böse zu machen, die anderen glauben, Amerikas Beitrag zur Weltpolitik bestehe nicht in Macht, sondern in Tugend. Beide Denkschulen sind einer geopolitischen Analyse feindlich gesonnen.

Dieser Sachverhalt offenbart sich beispielhaft in den Ost-West-Beziehungen. Sie werden entweder wie ein Moralschauspiel behandelt oder wie eine Verirrung, bedingt durch vorübergehende Umstände, durch den beschädigten Charakter sowjetischer Staatsmänner oder durch deren ideologisch begründeten Argwohn. Was immer auch ihr Ausgangspunkt war, am Ende haben Amerikas Präsidenten stets für die psychologische Erklärung sowjetischen Verhaltens optiert. Sie strebten danach, verbesserte persönliche Beziehungen zu ihren sowjetischen Kontrahenten als Schlüssel zum Weltfrieden zu kultivieren. Von Chruschtschow bis Gorbatschow hat dies dazu geführt, daß im Brennpunkt der inneramerikanischen Debatte über Außenpolitik die Bedeutung von Reformen in Moskau stand sowie die Frage, ob die sowjetischen Führer aufgeklärter geworden seien – anstelle der Frage nach dem internationalen Verhalten der Sowjets.

In der gesamten Nachkriegszeit hat es erstaunlich wenige Analysen des Inhaltes friedlicher Koexistenz gegeben, die doch das erklärte Ziel der amerikanischen Außenpolitik unter allen Regierungen darstellte. Was genau ist es, womit die Sowjets aufhören sollen? Was ist die amerikanische Auffassung von kooperativem Verhalten? Ist Glasnost oder der Fortschritt in Menschenrechtsfragen in der augenblicklichen Situation genug, oder sind andere Veränderungen notwendig? Können vier Jahrhunderte russischen Expansionismus persönlichkeitsbedingt sein, oder reflektieren sie dauerhafte geopolitische und strategische Elemente? Das Fehlen von Kriterien verursacht schwärende innenpolitische Dispute. Das Widerstreben, friedliche Koexistenz mit politischem Inhalt auszustatten, führt zu einer Art Abrüstungsbesessenheit, die Symptome mit Ursachen verwechselt und einen Graben aufzureißen droht zwischen Strategie und Abrüstungspolitik, in der das eine das andere konterkariert.

Seit mindestens zwei Jahrzehnten ist das Dilemma nuklearer Parität offenkundig. In der Vergangenheit ließen sich Nationen auf Kriege ein, weil die Konsequenzen einer Niederlage schlimmer schienen als die Konsequenzen eines Konflikts. Doch wenn ein allgemeiner Nuklearkrieg Millionen Tote binnen Stunden garantiert, ist diese Gleichung alles andere als selbstverständlich. Und doch verfolgen Strategen und Abrüster inkompatible Kurse bei dem Versuch, dem Dilemma zu entkommen. Die Strategen suchen die Periode der atomaren Überlegenheit wiederaufleben zu lassen, während die Abrüster wenig Vorsorge treffen für den Fall, daß Abrüstung für die Sowjets kein kooperatives Unternehmen darstellt, sondern eine Strategie zur Schwächung der Demokratien, die sie nach wie vor für Feinde halten.

Bis vor kurzem hatten die Strategen das Übergewicht in der Exekutive, sie stritten für präzise nukleare Gegenschlagwaffen, was vom Kongreß weithin blockiert wurde, sowie für die Strategische Verteidigungsinitiative, die im günstigsten Falle noch ein Jahrzehnt entfernt ist. Die Abrüster haben das Übergewicht im Denken des Kongresses, und zu viele von ihnen widersetzen sich zielgenauen Gegenschlagwaffen der Strategischen Verteidigung sowie jeder anderen begrenzten Anwendung nuklearer Waffen; sie argumentieren, dies öffne das Tor zu einem Atomkrieg, der schließlich nicht mehr zu begrenzen sei.

Dabei ist es einfach nicht möglich, die Auslösung eines Atomkrieges zum Absurdum zu machen und sich gleichzeitig eben darauf als Hauptabschreckungsmittel gegen die sowjetische Übermacht bei den konventionellen Streitkräften zu verlassen. Entweder muß man den einen oder den anderen Kurs modifizieren. Wenn die laufenden Rüstungskontrollverhandlungen abgeschlossen sein werden, wenn die Anzahl der Sprengköpfe vermindert und die Strategische Verteidigung um mindestens zehn Jahre verschoben und danach ungewiß sein wird – wie wollen die Vereinigten Staaten dann ihre erklärte Strategie in die Realität umsetzen?

Glaubt irgend jemand, daß die Demokratien ihre konventionellen Kräfte angesichts der momentan herrschenden Bedingungen fiskalischer Knappheit verstärken werden, da doch bereits der neue US-Verteidigungsminister weithin Lob erntet für seine Bereitschaft, das Verteidigungsbudget zu kürzen? Kurz gesagt, Strategie und Abrüstung bewegen sich in unterschiedlichen, prinzipiell nicht zu vereinbarenden Bahnen, jede mit ihrer eigenen Anhängerschaft. Früher oder später werden die USA einen hohen Preis für die überragende Bedeutung der Innenpolitik gegenüber Erwägungen der nationalen Sicherheit zahlen müssen.

Eine Gesellschaft, die bereits gespalten ist über die Frage, wie man mit dem relativ schlichten Problem offener militärischer Aggression fertig werden soll, wird notwendigerweise noch größere Schwierigkeiten mit komplizierteren Herausforderungen haben. Amerika verfügt deshalb nicht länger über eine von beiden Parteien gemeinsam getragene Außenpolitik, weil das Land entweder über fundamentale Ziele geteilter Meinung ist, oder weil die Ziele, über die ein Konsens herrscht, keine erkennbare internationale Realität reflektieren.

Wenn es überhaupt eine Übereinstimmung beider Parteien über ein Thema gibt, so über die Notwendigkeit, die Ausbreitung der Demokratie weltweit zu fordern. Doch wie realistisch ist dieses Ziel? Daß die Vereinigten Staaten demokratische Regierungen repressiven vorziehen, bedarf kaum der Erwähnung. Daß Amerika bereit sein sollte, einen Preis für diese seine Präferenz zu zahlen, ist gleichfalls offenkundig. Doch gefährlich ist es zu vergessen, daß die westliche Demokratie nur in einem kleinen Teil des Globus hausgemacht ist und daß sie mehrere hundert Jahre benötigte, um sich dort heranzubilden. Begünstigt wurde sie von speziellen Besonderheiten der westlichen Zivilisation, die bis jetzt noch nirgendwo anders auf der Welt dupliziert worden sind.

Keine andere Zivilisation hat derart absolute Konzepte der Gerechtigkeit und der Insistenz auf Beschränkungen einer Machtausübung auf Zeit entwickelt. Keine andere Geschichtsschreibung gibt Zeugnis von so nachhaltigen Kämpfen um Freiheit in immer neuen Formen. Im Westen ist die Akkumulation exzessiver Macht in den Zentralen die Hauptsorge politischer Theoretiker; in den meisten anderen Gesellschaften gilt die Hauptsorge der Frage, wie man die Zentralgewalt verstärken und nicht, wie man sie abschwächen oder ausbalancieren kann.

Inwieweit indes sind diese Konzepte Wegweiser für die Tagespolitik? Kaum ein Tag vergeht ohne eine tadelnde Bemerkung aus dem Kongreß gegen das eine oder andere fremde Land oder einen Aufruf der Regierung zu zivilisiertem Benehmen rund um den Erdball. Merkwürdigerweise scheint der Drang zu globaler Intervention in einer Zeit zu wachsen, da Amerikas Ressourcen weniger ausschlaggebend werden. Sicher, es gibt entsetzliche Menschenrechtsverletzungen, gegen die man protestieren muß und die es, wenn notwendig, auch zu bestrafen gilt. Aber können wir im Ernst die Rolle des Schulmeisters für Innenpolitik überall in der Welt aufrechterhalten? Wissen wir wirklich genug, um Ratschläge zur Innenpolitik anderer Länder zu erteilen und Druck auf diese Innenpolitik auszuüben, und das manchmal auch noch gleichzeitig von Asien bis Lateinamerika?

Die Prämisse, die innere Reform auswärtiger Staaten sei Amerikas überragendes außenpolitisches Ziel, hat zweierlei zur Folge. Aktuelle Verhandlungen, zum Beispiel mit Nicaragua, nehmen die abstrakte Form von Seminaren der Politischen Wissenschaft über schlüssige oder reversible Konzepte zur Demokratisierung an, während mehr handfeste Themen der nationalen Sicherheit – wie die kubanischen und die Ostblock-Berater und das Ausmaß der nicaraguanischen Streitkräfte – vernachlässigt werden. Auf längere Sicht wird diese Einstellung zum Alibi für einen beginnenden Isolationismus, der die Ausflucht in Alternativen mit erkennbar niedrigem Risiko eröffnet.

Der globale Interventionismus funktioniert am besten gegenüber befreundeten Regierungen, die von amerikanischer Unterstützung abhängig sind, und am schlechtesten gegenüber feindlichen Regierungen, die geschützt werden durch das Widerstreben der Vereinigten Staaten, Gewalt anzuwenden. In beiden Fällen ist Amerikas Fähigkeit zum Unterminieren ungleich größer als die Fähigkeit zum Aufbau. Revolutionen entstehen durch eine Koalition von Ressentiments. Doch wenn die Zerstörung vollbracht ist, wird ein erbitterter Kampf zwischen den ehemaligen Verbündeten nahezu unausweichlich. Groß ist das Risiko, daß Amerika die Welt sicher macht, nicht für Demokratie, sondern für die am besten organisierten militanten und rücksichtslosen Gruppen.

Amerikas unaufgelöste Widersprüche bergen das Risiko, eine riesige Lücke aufzureißen zwischen Zwecken und den Mitteln zur Erreichung inkompatibler Ziele. Dies wäre schon in einer bipolaren Welt schwerwiegend genug. Tatsächlich jedoch werden Japan, Westeuropa, China und möglicherweise Indien bis Ende dieses Jahrhunderts in der Lage sein, Hauptrollen zu spielen. In dem Maße, wie die militärische und wirtschaftliche Überlegenheit Amerikas zu Ende geht, werden sie wahrscheinlich immer weniger auf amerikanische Ratgeber hören und geneigt sein, zu einer Politik des Gleichgewichts zurückzukehren, die ihre Geschichte geformt hat. Dieses wiederum könnte die Hinwendung Amerikas zum Isolationismus beschleunigen und damit die kreativen Anstrengungen einer ganzen Generation zunichte machen.

Vor drei Jahren, als Präsident Reagan seinen überwältigenden Wiederwahlsieg errang, schrieb ich, daß er die einzigartige Gelegenheit habe, die innenpolitische Debatte Amerikas zu befrieden und die Gemeinsamkeit der beiden Parteien über den kleinsten gemeinsamen Nenner zu erheben. Dies ist nicht geschehen. Doch der Präsident kann immer noch ein historisches Vermächtnis hinterlassen, indem er die Debatte auf eine konzeptionelle Ebene hebt. Gerade weil er einer Lame-Duck-Regierung vorsteht, kann er es sich erlauben, Amerika seine Visionen und Verpflichtungen ins Gedächtnis zu rufen. Er hat nichts zu verlieren, wenn er das Verhältnis von Macht und Diplomatie, die Inhalte von Frieden und die Natur globalen Fortschritts thematisiert. Präsidentschaftskandidaten, die nun behaupten, sie hätten »Lösungen«, können ihrem Land besser dienen, indem sie an einer Debatte über Philosophie und Konzepte teilnehmen als über Mätzchen. Geschieht dies nicht, kann Amerika zum Hausdrachen der internationalen Politik werden, während es die Fähigkeit verliert, Ereignisse zu gestalten.

# Zweiter Teil

# Europa und die NATO – Grundsätze für die Allianz in einer veränderten Welt

# Die Einigung Europas darf nicht auf Kosten der NATO erfolgen

Während die dramatischen Ereignisse in der Sowjetunion allgemeine Aufmerksamkeit finden, werden die transatlantischen Beziehungen – über den Zeitraum einer Generation Eckpfeiler der amerikanischen Außenpolitik – durch Vernachlässigung ausgehöhlt. Die transatlantischen Institutionen werden für selbstverständlich gehalten, obwohl die Prämissen, aus denen sie ihre Existenzberechtigung ableiten, in sich zusammenbrechen. Eine Angleichung an die neuen Realitäten muß noch vorgenommen werden.

Die Atlantische Allianz wurde 1949 geschaffen, als die Rote Armee an der Elbe stand und eine sowjetische Invasion Westeuropas bevorzustehen schien. Deutschland war geteilt und entmilitarisiert, und Europa begann gerade erst, sich wirtschaftlich zu erholen. Die Bedeutung der NATO nahm mit der Aufgabe zu, das sich wiederbewaffnende Deutschland in einem größeren Rahmen als dem nationalstaatlichen zu verankern.

Ähnliches galt für die Europäische Gemeinschaft, konzipiert als Nebenstruktur zur Atlantischen Allianz, die versuchte, ein wiedererstarkendes Deutschland zu integrieren und dem vom Krieg angeschlagenen Kontinent durch die Überwindung uralter Rivalitäten ein neues Identitätsgefühl zu geben.

Heute stehen die sowjetischen Armeen 1600 Kilometer weiter östlich, und die amerikanische Truppenpräsenz in Europa wird drastisch reduziert.

Die Wiedervereinigung Deutschlands und der daraus resultierende Machtzuwachs haben die unausgesprochene Prämisse der atlantischen Institutionen zum Einsturz gebracht. Solange zwei deutsche Staaten existierten, besagte das stillschweigende Abkommen, daß die Bundesrepublik ihre wachsende wirtschaftliche und militärische Stärke nicht in politisches Gewicht ummünzen und ihr dafür im Gegenzug von ihren Partnern ein höherer Status als ihrem ostdeutschen Rivalen eingeräumt würde. Die sogenannte französische Führung der EG resultierte aus der Bonner Abstinenz von machtpolitischer Herausforderung.

Ein wiedervereinigtes Deutschland braucht keine französische Bestätigung mehr, daß es ein »guter Europäer« ist. Osteuropa und die ehemalige Sowjetunion hängen von Deutschland und seiner Wirtschaftshilfe ab. Die westeuropäischen Partner sind sich der wirtschaftlichen, finanziellen und militärischen Stärke des Landes nur allzu bewußt. Unter diesen Umständen könnte aus der auch zur Beschränkung Deutschlands gedachten EG ein Mechanismus werden, der die deutsche Vorherrschaft über Europa akzeptabler macht. Dies macht andererseits einsichtig, warum die im Prinzip allseits gepriesene europäische Integration in der Praxis auf wachsenden Widerstand stößt. Die Ansicht der ehemaligen britischen Premierministerin Margret Thatcher, wonach Europa auf den Nationalstaaten und nicht auf übernationalen Institutionen aufgebaut werden sollte, wird wohl allgemein geteilt, auch wenn sie öffentlich noch überwiegend negativ beurteilt wird.

Was die Beziehungen zwischen der EG und den Vereinigten Staaten angeht, so war ein gewisses Maß an Diskriminierung seitens der EG gegen Amerika von Anfang an unverkennbar. Schließlich sind die äußeren Barrieren eines gemeinsamen Marktes definitionsgemäß höher als die im Inneren. Aufgrund der gemeinsamen Sicherheitsinteressen Europas und Amerikas fielen diese gegenläufigen Interessen den größten Teil der Zeit seit dem Zweiten Weltkrieg allerdings nicht besonders ins Gewicht.

In den kommenden Jahren wird Europa nicht mehr so ein starkes Bedürfnis nach amerikanischem Schutz verspüren, und Amerika wird nicht mehr bereit sein, so viel für die Sicherheit Europas zu opfern. Des weiteren wird Deutschland schließlich auf dem politischen Einfluß bestehen, der dem Land aufgrund seiner militärischen und wirtschaftlichen Macht zusteht. Die EG zeigt bereits alle Symptome einer ausschließlich an den eigenen europäischen Interessen orientierten Wirtschaftspolitik – auch auf Kosten des transatlantischen Zusammenhalts.

Aus diesen Tatsachen zu folgern, daß die Atlantische Allianz ihren Zweck erfüllt habe, wäre ein verhängnisvoller Fehler. Die neue weltpolitische Lage macht sie notwendiger denn je, auch wenn klar ist, daß sie nicht weiterhin in den alten Gleisen fahren kann.

Zum einen bedeutet der Zusammenbruch der Sowjetunion nicht, daß nun aus dem Osten keine potentiellen Gefahren mehr drohen. Selbst wenn sich die ehemalige Sowjetunion dauerhaft in ihre 15 Teilrepubliken auflösen würde, wäre die russische Republik weitaus größer und verfügte über eine größere Bevölkerung als jeder andere Staat in Europa. Außerdem würde sie auch weiterhin im Besitz Tausender atomarer Sprengköpfe sein; eine Dimension, die jedes denkbare europäische Atomwaffenpotential bescheiden wirken läßt.

Zweimal im Zeitraum von nur einer Generation führte Amerika Kriege, weil amerikanische Staatsführer davon überzeugt waren, daß die Vorherrschaft einer einzelnen feindseligen Macht in Europa eine Bedrohung der amerikanischen Sicherheits- und Wirtschaftsinteressen darstellte. An dieser Realität hat sich nichts geändert. Auch wenn es heute scheinbar keine für die Vereinigten Staaten feindlichen Mächte in Europa mehr gibt, könnte die Entstehung einer neuen hegemonialen Mächtekonstellation schnell als feindlich angesehen werden.

Herausforderungen könnten sich aus dem Chaos auf dem Gebiet der ehemaligen Sowjetunion, aus ethnischen Konflikten und politischer Instabilität in Osteuropa sowie der Neudefinition der Rolle Deutschlands ergeben. Die große Leistung der westlichen Staatsführer in der Nachkriegsära bestand im Erkennen der Tatsache, daß Amerika gezwungen sein würde, das Gleichgewicht unter verheerenden Umständen wiederherzustellen, wenn es nicht von Beginn an maßgeblich an der Aufrechterhaltung der Stabilität beteiligt würde.

Dies gilt heute sogar in verstärktem Maß. Deutschland ist so stark geworden, daß die existierenden europäischen Institutionen alleine nicht mehr ausreichen, um ein Gleichgewicht zwischen Deutschland und seinen Partnern und noch weniger zwischen Deutschland und der ehemaligen Sowjetunion zu gewährleisten. Es kann in niemandes Interesse liegen, wenn sich Deutschland und Rußland gegenseitig als Hauptverbündete betrachten. Wenn sich beide Mächte zu nahe kommen sollten, besteht die Gefahr der Hegemonie; wenn sie in Konflikt geraten sollten, könnten sie die Welt in eine eskalierende Krise stürzen. Jedem europäischen Land muß an der Vermeidung einer rein nationalen Politik gelegen sein, denn die Geschichte dürfte hinreichend bewiesen haben, daß kein europäisches Land eine solche Politik im Zentrum des Kontinents zu tragen vermag.

Ohne Amerika sind Großbritannien und Frankreich nicht in der Lage, das politische Gleichgewicht in Europa zu gewährleisten; Deutschland hätte keinen Anker, um nationalistischen Versuchungen und möglichem Druck von außen entgegenzuwirken. Zusätzlich hätte Rußland keinen Langzeitpartner in der Weltpolitik. Amerika wiederum braucht Europa, um nicht zu einer Insel vor Eurasien zu werden, die schrittweise zu einer zweitklassigen Wirtschaftsmacht absinkt.

Dieser Debatte abträglich ist der dauerhafte Konflikt zwischen der amerikanischen und der französischen Sicht der atlantischen Beziehungen. Amerika hat die NATO unter dem Banner der Integration dominiert. Frankreich, das die europäische Unabhängigkeit betont, hat die EG gestaltet. Folge dieser Pattsituation ist die Tatsache, daß die amerikanische Rolle für den Zusammenhalt der NATO zu groß ist, während sie gleichzeitig für die Vitalität der EG zu klein ist. Die französische Rolle dagegen ist zu klein für die NATO und zu aufdringlich für die EG.

Wenn sie ihre wirklichen Interessen verstehen, werden die Vereinigten Staaten und Frankreich erkennen, daß sie keine andere Wahl haben, als ihre Position zu überdenken. Für Amerika ist das integrierte NATO-Kommando das Symbol der Einheit der Alliierten, für Frankreich dagegen ist es von jeher ein rotes Tuch gewesen. Amerikanische Staatsführer verstehen nicht, warum ein Land auf seinem Recht auf unabhängiges Handeln beharrt, es sei denn, es hätte die Option, den Verbündeten im Stich zu lassen, im Hinterkopf. Für Frankreich dagegen stellt die amerikanische Nichtanerkennung des Rechts auf unabhängiges Handeln einen verdeckten Versuch der Dominanz dar.

Die Vereinigten Staaten sind stets gegen eine autonome europäische Streitmacht innerhalb der NATO gewesen, weil sie, so das amerikanische Argument, wegen der Übereinstimmung amerikanischer und europäischer Interessen überflüssig sei. Bestünde jedoch diesbezüglich keine Übereinstimmung, käme es zu einer gefährlichen Situation, da Amerika sich nicht in einen Krieg zwingen lassen würde. So hat sich Frankreich stets für eine europäische Streitmacht ausgesprochen, die praktisch außerhalb der NATO zu stehen scheint und die im Prinzip nichts weniger als ein Mittel ist, um die USA aus der NATO herauszudrängen.

Auf manchen Gebieten ist dieser Disput von einem äußerst theoretischen Aspekt geprägt. Der NATO »assignierte« Truppen unterstanden in Friedenszeiten stets dem nationalen Kommando der jeweiligen Macht, die somit frei über ihre Einheiten und Verbände verfügen kann. Dieses Recht nahmen sich Frankreich in Algerien, die USA in der Golfkrise und Großbritannien während des Falkland-Konfliktes, um nur einige Beispiele zu nennen. Die Integration stellte im wesentlichen einen Planungsmechanismus und eine gewisse Sicherheit dar. Im Endeffekt ist es jedoch nicht das integrierte Kommando, sondern eine Gemeinsamkeit der sicherheitspolitischen Interessen, die Einigkeit herstellt. Dieses Bindemittel, das die Allianz zusammenhält, muß heute erneuert und verstärkt werden.

Die französische Haltung im Hinblick auf die politische Struktur der Europäischen Gemeinschaft – daß Amerika von den Entscheidungsprozessen innerhalb der EG ausgeschlossen bleiben soll – ist von den Ereignissen ebenfalls längst überrollt worden. Sie basiert auf drei Annahmen, von denen jede einzelne immer irrelevanter wird: erstens, eine geteilte französisch-deutsche Führungsrolle in der EG ist beizubehalten, damit Frankreich sein Vetorecht über die deutsche Politik behält; zweitens, die amerikanische Karte ist in der Hinterhand zu behalten, falls der französisch-deutsche Ansatz scheitert, amerikanisches Engagement wird jedoch erst dann von französischer Seite genehmigt, wenn Frankreich selbst es anfordert; schließlich – oder gleichzeitig – ist auch eine russische Option offenzuhalten, falls den beiden erstgenannten Ansätzen kein Erfolg beschieden sein sollte.

Das Konzept ist klug ausgedacht, es läßt nur einen maßgeblichen Faktor völlig außer acht: Frankreich verfügt weder über die Bevölkerung noch über die Mittel, um ein so kompliziertes Spiel spielen zu können. Deutschland wird sich mit Sicherheit nicht mit der zweiten Position zufriedengeben, noch wird Amerika bereit sein, eine so passive Rolle zu akzeptieren. Dauerhaft vor die Wahl zwischen Amerika und Frankreich gestellt, werden in Deutschland nationalistische Tendenzen an Dynamik gewinnen. Wenn Frankreich von Amerika erwartet, die Rolle des Mitwirkenden im zweiten Glied zu spielen, wird das dem Isolationismus in den USA weiteren Auftrieb geben. Wenn Rußland sich einen Partner im Westen sucht, wird es sich wohl eher für Deutschland als für Frankreich und am ehesten für die Vereinigten Staaten entscheiden. Sollten sich alle oder auch nur einige dieser Möglichkeiten ereignen, hätte das Streben Frankreichs nach Identität den Alptraum wahr werden lassen, den es seit den Tagen Richelieus vor 300 Jahren zu verhindern sucht: ein Frankreich, das sich mächtigen Nachbarn unterordnen muß.

Die NATO wird gebraucht, weil sie die einzige institutionelle Verbindung zwischen Amerika und Europa und der beste Schutz gegen nukleare Erpressung ist. Doch die Vereinigten Staaten sollten einer europäischen Identität innerhalb der NATO zustimmen; Frankreich sollte seine kompromißlosen Anstrengungen aufgeben, eine europäische Verteidigungsstruktur außerhalb der NATO zu errichten; die EG sollte die Vereinigten Staaten stärker in ihre Entscheidungsfindungsprozesse einbauen; und es müßte eine Wirtschaftsübereinkunft erzielt werden, damit sich die transatlantischen Beziehungen nicht in Querelen über Handelsfragen erschöpfen.

Eine flexiblere Struktur der NATO ist wünschenswert, weil die wahrscheinlichsten Gefahren von ethnischen Konflikten wie in Jugoslawien oder den Republiken der ehemaligen Sowjetunion und von Unruhen in der islamischen Welt ausgehen. Was diese Problemfelder angeht, so scheint es möglich, daß das Muster des Golfkrieges – Amerika trägt die militärische Hauptlast, während die europäischen Partner, mit der ehrenvollen Ausnahme Großbritanniens und, im geringeren Ausmaß, Frankreichs, sich auf politische und wirtschaftliche Unterstützung beschränken – ebensogut umgekehrt werden kann, wie bereits im Fall Jugoslawiens geschehen.

Eine flexiblere Sicherheitsstruktur ist jedoch nur möglich, wenn Frankreich – und der Teil Europas, der Frankreich folgt – aufhört, eigene Identität in der Opposition gegen die Vereinigten Staaten zu suchen. Frankreich darf den Weg zu einer größeren Rolle Amerikas in den politischen Konsultationen Europas nicht blockieren. In der gegenwärtigen Form der Entscheidungsfindung haben die Vereinigten Staaten erst dann eine formell mitwirkende Rolle, wenn die Entscheidung bereits getroffen ist. Diese Verfahrensweise ist in Wirtschaftsfragen schon kaum erträglich, erst recht ist sie angesichts der vor uns liegenden politischen Herausforderungen oder der europäischen Identität in Verteidigungsfragen vollkommen unakzeptabel. Was die Vereinigten Staaten und Westeuropa jetzt brauchen, ist nicht noch mehr Struktur, sondern etwas so schwer Greifbares wie die Special Relationship, die von jeher zwischen den Vereinigten Staaten und Großbritannien existierte.

Ein mit neuem Leben erfüllter politischer Dialog innerhalb der Atlantischen Allianz muß vor allem versuchen, die Vision einer gemeinsamen Zukunft zu umreißen. Die amerikanische Europapolitik ist bisher zu passiv und nur allzu bereit, Kontroversen zu vermeiden, indem sie jeder multilateralen Initiative jedes Verbündeten ihren Segen erteilt. Ironischerweise verstärkt der Buchstabensalat der Institutionen von EG (Europäische Gemeinschaft), KSZE (Konferenz über Sicherheit und Zusammenarbeit in Europa), WEU (Westeuropäische Union) und dem neuesten Anwärter, dem noch unetikettierten Europa von Wladiwostok bis Vancouver, die nationalistischen Tendenzen in Europa. Diese Vielfalt der Institutionen erlaubt es jedem europäischen Land, sich in der Institution zu engagieren, in der die eigenen nationalen Interessen am besten verwirklicht werden können – so geschehen im Fall Jugoslawiens.

Besonders verwirrend in diesem Zusammenhang sind die zahlreichen positiven Bezugnahmen der Bush-Administration auf das Konzept eines Europa von Wladiwostok westwärts bis Vancouver. Dieses Europa umfaßt dann alle Länder der ehemaligen Sowjetunion, Osteuropas, Westeuropas und Nordamerikas im Rahmen einer nebulösen Institution undefinierbaren Zweckes. Welches gemeinsame Ziel soll diese Staaten vereinen? Wo bleiben China und Japan? Ist es ein Block von europäischen gegen asiatische Völker? Wenn in diesem gewaltigen Gebiet alle mit allen verbündet sind, hat dann irgend jemand überhaupt irgendwelche besonderen Verpflichtungen gegenüber irgend jemand anderem? Das Schlagwort des Europa von Wladiwostok bis Vancouver wird am Ende vor allem stark nationalistische Tendenzen schüren – was gerade seine Attraktivität für einige seiner europäischen Befürworter ausmacht.

Es ist nun wichtig, daß man auf beiden Seiten des Atlantiks über die bloße Taktik hinausgeht. Vor dem Hintergrund der Reduzierung der amerikanischen Streitkräfte werden die Vereinigten Staaten erklären müssen, warum das, was übrigbleibt, hinsichtlich welcher Gefahren und im Zusammenspiel mit welchen europäischen Kräften von Bedeutung ist. Europa muß die eigenen Grenzen definieren und seine Position hinsichtlich der Entwicklungen in der ehemaligen Sowjetunion, einschließlich gemeinsamer Hilfsprogramme, festlegen.

Das dringendste Thema bleibt jedoch die Anbindung der ehemaligen osteuropäischen Satellitenstaaten der Sowjetunion an Westeuropa und die NATO. Wenigstens Polen, der Tschechoslowakei und Ungarn sollte ein rascher Beitritt in die EG ermöglicht werden. Es gereicht dem Westen mit Sicherheit nicht zur Ehre, daß, nachdem eine Generation lang über Freiheit für Osteuropa geredet wurde, nun so wenig unternommen wird, um den Worten von damals gerecht zu werden. Die NATO sollte außerdem die Entstehung eines Niemandslandes in Osteuropa verhindern, indem sie keinen Zweifel daran läßt, daß die Ausübung von politischem oder militärischem Druck auf diese Länder als eine direkte Bedrohung der Sicherheitsinteressen des Westens betrachtet würde – auf die formalen Aspekte der Verwirklichung dieses Belanges sei hier nicht eingegangen.

In der ehemaligen kommunistischen Welt vollziehen sich historische Veränderungen. Die von ihr einmal ausgegangene Bedrohung einte die atlantischen Nationen. Mit der Auflösung dieses Machtblocks stehen sie nun vor der Herausforderung, neue Ziele zu finden, die ihrem Sieg im Kalten Krieg würdig sind.

# Erleben wir den Anfang vom Ende des westlichen Bündnisses?

Selten hat sich eine Gruppe von Staatsführern getroffen, die ihre politischen Ziele in einem Ausmaß erreicht hat wie die Teilnehmer des jüngsten NATO-Gipfels in London. Der Kommunismus als operative Weltanschauung ist selbst in der Sowjetunion so gut wie begraben, der Warschauer Pakt löst sich auf, Deutschland steht unmittelbar vor der Wiedervereinigung, und der Kalte Krieg ist wohl endgültig beendet. Diese Entwicklung gipfelt in der sowjetischen Zustimmung zur NATO-Mitgliedschaft eines vereinten Deutschlands.

In der Euphorie der Ereignisse mag ein Wort der Vorsicht wie spitzfindige Krittelei wirken. Und doch werde ich das beunruhigende Gefühl nicht los, daß der grundlegende Zusammenhalt des Westens ausgehöhlt wird, noch während er seine Erfolge feiert.

Natürlich müssen die bestehenden Institutionen angesichts der dramatischen Entwicklungen des letzten Jahres umgestaltet werden. Der Prozeß der Wiedervereinigung Deutschlands ist sehr viel schneller abgelaufen als der Prozeß, für die grundlegenden strukturellen Probleme Lösungen zu finden.

Ich sehe eine Reihe von Gefahren im NATO-Kommuniqué von London: Erstens setzt das Sicherheitskonzept der NATO künftig voraus, daß die Sowjetunion auf Dauer schwach sein wird. Zweitens besteht die Gefahr, daß Deutschland auf lange Sicht gesehen hin- und hergerissen sein könnte zwischen seinen Westverbindungen und Ostträumen. Drittens befürchte ich, daß die Vereinigten Staaten für die weitere Entwicklung in Europa immer unwichtiger werden könnten.

Ein Grund, warum die Alliierten diesen Trends in ihrer Konzeption nicht gerecht werden, liegt in dem Ausmaß, in dem Gorbatschow die öffentliche Meinung im Westen in seinen Bann geschlagen hat. Gorbatschow wird ohne Zweifel als eine höchst schöpferische

Persönlichkeit, die das Schicksal des sowjetischen Volkes in einschneidendem Maße verändert hat, in die Geschichte eingehen. Aber verstehen wir im Westen wirklich, wie man Gorbatschow in diesen verwickelten, verzerrten politischen Prozessen in Moskau unterstützen kann? Und helfen westliche Staatsführer Gorbatschow auf lange Sicht wirklich, wenn sie sich in diesen geheimnisvollen und schwer durchschaubaren Machtkämpfen in der Sowjetunion für gewisse Gruppen entscheiden, die sie unterstützen?

Viele der Punkte des Abschluß-Kommuniqués des NATO-Gipfels sind als Maßnahmen bezeichnet worden, die Gorbatschow helfen sollen, sein Gesicht zu wahren. Helfen diese fast substanzlosen Punkte Gorbatschow wirklich, oder schaden sie ihm vielleicht nicht sogar? Wird nicht Gorbatschow, der schließlich ein erfahrener Staatsmann ist, versuchen, diesen Worten, die primär für eine bestimmte öffentliche Wirkung abgefaßt worden sind, auch eine operative Bedeutung zu geben? Muß die NATO nicht vielmehr angesichts der so unbeständigen politischen Lage ein konkretes Rahmenprogramm ausarbeiten, das aufgrund seiner Inhalte von allen Gorbatschow-Nachfolgern getragen werden kann – welcher politischen Richtung sie auch angehören mögen?

Klar erkennbar war in London die Tendenz, die Sowjets zu beruhigen. Mehrere Vortragende argumentierten, das Kommuniqué werde Gorbatschow in die Lage versetzen, seinen Gegnern klarzumachen, daß die NATO keine Bedrohung mehr für die Sowjetunion darstellen würde. Aber in welcher Weise war die NATO jemals eine Bedrohung für die Sowjetunion? Nötig ist jetzt die Antwort auf folgende wichtige Fragen: Gegen welche Bedrohung richtet sich die Allianz künftig? Wie soll das Bündnis geführt werden? Vor allem aber: Wie soll die zukünftige politische Rolle der NATO aussehen?

In London wurde eine drastische Reduzierung konventioneller Waffen und eine neue Nuklearstrategie angekündigt. Das Kommuniqué hat das Ausmaß der sowjetischen Bedrohung jedoch nicht klar umrissen, auf die die verschiedenen Maßnahmen im konventionellen Bereich zugeschnitten werden sollen. Dabei geht es speziell um die generelle Reduzierung der Streitkräfte, die Obergrenzen der zukünftigen gesamtdeutschen Streitkräfte, die Herabsetzung der Einsatzbereitschaft der NATO-Truppen und eine stärkere Gewichtung der Verstärkungs- und Nachschubkräfte. So bleibt das konkrete Ausmaß der Abrüstungsmaßnahmen weiterhin nur schwer einzuschätzen.

In jedem Fall macht die innenpolitische Situation in der UdSSR einen konventionellen Angriff der Roten Armee zumindest für die absehbare Zukunft äußerst unwahrscheinlich. Doch selbst nach einem Abkommen auf dem Gebiet der strategischen Waffen wird sich die Sowjetunion noch im Besitz eines atomaren Potentials befinden, das die atomare Schlagkraft von Briten und Franzosen zusammen um mehr als das Zehnfache übersteigt. Darin liegt die augenscheinlichste Gefahr, die von den Sowjets ausgehen wird.

Unter diesem Aspekt betrachtet ist die neue NATO-Doktrin recht verwirrend. Auf dem Londoner Gipfel wurden die Modifizierung der Strategie der Flexible Response, die Bereitschaft zum Abzug aller Kurzstreckenraketen vom europäischen Kontinent und eine klare Festlegung auf den Einsatz von Atomwaffen nur als allerletzte Möglichkeit genannt.

Warum ist die Flexible Response auf einmal so ein kontroverses Thema? Die Doktrin der »flexiblen Reaktion« hat schlicht und einfach immer nur bedeutet, daß die NATO das mindestmögliche Ausmaß an Gewalt anwenden wird, um einer Aggression entgegenzuwirken. Selbst im Falle eines Atomkrieges hätte man noch einmal versucht, auf dem Verhandlungsweg das Schlimmste abzuwenden, ehe man zu den letzten Mitteln gegriffen hätte. Auf welche Weise unterscheidet sich die neue Doktrin von der bisher geltenden? Was sind ihre konkreten Inhalte? Was sind die letzten Mittel? Wessen letzte Mittel? Die letzten Mittel Deutschlands? Der Vereinigten Staaten? Welche Veränderungen haben sich aus der Sicht Gorbatschows in der NATO-Doktrin ergeben? Schließlich nannte er sie einen der Gründe, seinen Standpunkt in der Frage der Bündniszugehörigkeit des vereinten Deutschlands zu ändern. Wird es weiterhin Atomwaffen geben, die der direkten Kontrolle des NATO-Oberbefehlshabers unterstehen?

Tatsächlich befinden wir uns zur Zeit inmitten eines Entnuklearisierungsprozesses des europäischen Kontinents, der seine Triebkräfte größtenteils aus der deutschen Innenpolitik bezieht: Dieser Prozeß begann mit dem Abzug der Mittelstreckenraketen und ist jetzt bei der

Reduzierung der atomaren Artillerie angelangt. Nach dem Abbau aller Kurzstreckenwaffen wird es nur noch die Atombomben auf den taktischen Bombenflugzeugen geben. Wann werden auch diese weggerüstet?

Doch wie auch immer – mit der Entnuklearisierung Europas werden die Dinge wohl kaum erledigt sein. Wenn es Deutschland ernst meint mit der Abschaffung eines Atomrisikos, das von deutschem Boden ausgehen könnte, wird es die Doktrin über den Einsatz von Atomwaffen als allerletztes Mittel als eine Verzichtserklärung auf den Ersteinsatz interpretieren.

Dies bedeutet: An die Vereinigten Staaten könnte die Erwartung gerichtet werden, sich dem Risiko der atomaren Verwüstung im Namen eines Landes auszusetzen, das dazu selbst nicht bereit ist. Ist genau dies nicht die Definition der Abkopplung Amerikas von Europa, also einer Entwicklung, die die NATO vierzig Jahre zu vermeiden bestrebt war und die die sowjetische Politik über den gleichen Zeitraum stets verfolgt hat? Wirft uns dies nicht auf die Doktrin der massiven Vergeltung zurück, der jede amerikanische Administration seit den fünfziger Jahren zu entkommen bemüht war, da es ihr aufgrund ihrer beiden einzigen Entscheidungsvarianten – Selbstmord oder Selbstaufgabe – an wirklicher Glaubwürdigkeit zu fehlen schien?

Würde das amerikanische Volk, das innerlich mit dem Kalten Krieg abgeschlossen hat, eine solche Politik noch unterstützen? Die Franzosen und die Briten haben sich bereits von diesem neuen Nuklear-Konzept distanziert. Andere Europäer scheinen verwirrt zu sein. In ihrer Einschätzung des neuen Konzepts schwanken sie zwischen der Meinung, daß es nichts wirklich bedeutsames Neues enthalte, und der Ansicht, es mit einer Garantie des Verzichts auf den Ersteinsatz atomarer Waffen gleichsetzen zu können.

Ist eine solche Zweideutigkeit nicht ein negativer Faktor für das Prinzip der Abschreckung? Soll dieses undurchsichtige Konzept verdecken, daß ihm die Einschätzung zugrunde liegt, es gebe keinen Grund zur Sorge, da die Sowjetunion dauerhaft schwach bleiben werde? Ist das nicht eine seltsame Position für eben jene Staatsmänner der NATO, die erklärterweise eine Perestroika unterstützen, deren Ziel es ist, die Sowjetunion stark zu machen?

Wie sieht es mit einer stärker politischen Rolle der NATO aus? Nur zwei für die Allianz konkret relevante politische Vorschläge sind gemacht worden: Gorbatschow soll vor dem NATO-Rat reden, und es sollen Verbindungsstellen zwischen NATO-Rat einerseits und der Sowjetunion sowie anderen osteuropäischen Staaten andererseits eingerichtet werden.

Welchem Zweck dienen diese Maßnahmen? Seit den Tagen Stalins versucht die Sowjetunion, die NATO zu einer irrelevanten Größe zu machen, indem sie vorschlägt, ihr beizutreten. Was erwartet die NATO von einem Treffen mit dem sowjetischen Staatsführer? Kann sie mehr erwarten, als daß erneut die alte Litanei von der vermeintlichen Gefährlichkeit der Atlantischen Allianz heruntergebetet wird? Es liegt auf der Hand, daß dieses Treffen vollkommen überflüssig ist, da Gorbatschow fast gleichzeitig dem Gipfeltreffen der Konferenz über Sicherheit und Zusammenarbeit in Europa (KSZE) beiwohnen wird, wo er ebenfalls alle wichtigen NATO-Führer treffen wird. Wie lange noch wird die öffentliche Meinung diesseits und jenseits des Atlantiks ein Militärbündnis unterstützen, das seinen früheren Gegner nun einen »Sicherheitspartner« nennt?

Wirklich bedeutsam am Londoner NATO-Kommuniqué ist nur eines: Eine neue politische Rolle der NATO wird nicht beschrieben. Ich denke dabei zum Beispiel an gewisse Mechanismen, Institutionen und Rahmenplanungen für NATO-Positionen bei Konflikten außerhalb des eigentlichen NATO-Gebiets.

Der Verzicht darauf, eine ernsthafte politische Rolle der NATO zu definieren, wird noch beunruhigender, wenn man sieht, daß das Kommuniqué die Rolle der KSZE demgegenüber vergleichsweise genau dargestellt hat. Das Kommuniqué weist der Konferenz zwar einen untergeordneten Status zu, doch ist das tatsächlich nichts weiter als ein Lippenbekenntnis. Die Europäische Sicherheitskonferenz, der 35 Staaten Europas und Nordamerikas angehören, ist von den Sowjets und von Gegnern der NATO stets als Alternative zum Atlantischen Bündnis gepriesen worden.

Innerhalb eines Zeitraums von sechs Monaten wird es zwei NATO-Gipfel, eine Europäische Sicherheitskonferenz, einen Wirtschaftsgipfel und die regulären EG-Gipfeltreffen geben. Da sich bei diesen Veranstaltungen mehr oder weniger dieselben Staatsmänner unter wechselnden Etiketten treffen, wird der besondere Charakter jeder einzelnen Veranstaltung in zunehmendem Maße ausgehöhlt. Dieses reichhaltige Angebot an Gipfeln und Institutionen wird die Teilnehmerstaaten in die Lage versetzen, sich vorher in Ruhe umzuschauen, zu vergleichen und sich dann die Veranstaltungen auszusuchen, auf denen sie ihre jeweiligen Interessen am besten verwirklichen können. Auf den einzelnen Gipfeln werden dann eher nationale Entscheidungen ratifiziert, anstatt daß dort die Dinge gemeinsam gestaltet werden.

So kündigte zum Beispiel Deutschland ein umfangreiches Hilfsprogramm für die Sowjetunion kurz vor dem Gipfeltreffen der NATO an; Japan erklärte die Aufhebung von Sanktionen gegen die Volksrepublik China unmittelbar vor dem Wirtschaftsgipfel; und die Europäische Gemeinschaft stimmte einem Gipfeltreffen der KSZE zur selben Zeit zu – trotz der bekannten Skepsis der Vereinigten Staaten gegenüber allen diesen Plänen und ohne jede Konsultation auf den verschiedenen Spitzentreffen. Selbst die Viermächtetreffen der Außenminister über die Wiedervereinigung Deutschlands sind auf ein Forum zur bloßen Ratifizierung von Entscheidungen reduziert worden, die vorher bilateral zwischen Deutschland und der Sowjetunion ausgehandelt worden sind.

Eine Erklärung für diese Sachlage liegt darin, daß die internationale politische Lage ungewöhnlich komplex ist. Jeder Staatsführer muß über die politischen Implikationen jedes einzelnen Problems hinaus auch die Machtverhältnisse im eigenen Land und die Machtverhältnisse in den Ländern der Gegenspieler berücksichtigen. Und irgendwo gibt es immer wichtige Wahlen. So kann die Ausarbeitung eines Kommuniqués zum Selbstzweck werden. Verfahrensfragen und innenpolitische Sachzwänge drängen dann eine intelligente Langzeitplanung in den Hintergrund. So kam es zu einem der dramatischsten Resultate des jüngsten NATO-Gipfels, der dominanten Rolle Deutschlands. Kein westlicher Staatsführer steht augenblicklich vor so überwältigenden und drängenden Problemen wie Bundeskanzler Helmut Kohl, der mit erstaunlicher Zielstrebigkeit die außergewöhnliche Kraftanstrengung, innerhalb eines Jahres Deutschland zu vereinigen und eine Bundestagswahl zu gewinnen, zu bewältigen scheint.

Allerdings muß er jetzt politisch und auch wirtschaftlich bezahlen, um die Sowjets für seine Absichten zu gewinnen und um seine meisterhafte Deutschlandpolitik mit einem abschließenden Erfolg zu krönen. Aus seiner Sicht macht das alles Sinn. Er wird sich mit seinen Schuldscheinen dann befassen, wenn er diese vielleicht einmalige historische Chance zur Wiedervereinigung genutzt hat. Ich sage dies alles als ein alter Freund von Helmut Kohl. Ich habe bereits auf die Unvermeidbarkeit der Wiedervereinigung Deutschlands hingewiesen, als noch viele in Washington in dieser Frage eine sehr zurückhaltende Position vertraten, um das politische Überleben Gorbatschows nicht zu gefährden.

Wie dem auch sei, aus meiner Sicht besteht jetzt die akute Gefahr, daß die NATO-Mitgliedschaft Gesamtdeutschlands auf Kosten der militärischen Substanz der NATO geht und deren politische Rolle zunehmend von der Europäischen Sicherheitskonferenz übernommen wird. Wenn die gegenwärtigen Trends sich fortsetzen, wird die NATO bestenfalls zu einer Institution einer einseitigen amerikanischen Nukleargarantie, die es einzelnen europäischen Nationen, vor allem Deutschland, ermöglicht, ihre nationalen Ziele im Osten zu verfolgen. Im schlimmsten Falle könnte politischer Druck in den Vereinigten Staaten diese Garantie unterminieren.

Noch steht den westlichen Staatsführern jede Möglichkeit offen, ein wirklich neues Verhältnis zur Sowjetunion zu definieren, Deutschland in ein größeres Sicherheitssystem zu integrieren und die Bindungen zwischen Europa und den Vereinigten Staaten zu stärken. Dazu ist ein neues Sicherheitskonzept nötig, neue politische Ziele müssen gesetzt werden. Vielleicht ist das Problem unlösbar. Wenn es so ist, dann allerdings wird der NATO-Gipfel von London nicht als Beginn der Erneuerung der westlichen Allianz in Erinnerung bleiben, sondern als Beginn ihres Niedergangs.

# Die Europäer wollen atomaren Schutz ohne atomares Risiko

Es liegt in der Natur von Revolutionen, daß sie das Gleichgewicht zwischen Konzepten und der Wirklichkeit zum Einsturz bringen. Zu Zeiten des Kalten Krieges schienen die Gefahren für die Sicherheit des Westens klar erkennbar und vorwiegend militärischer Natur zu sein. Man war sich darin einig, daß man die Sowjetmacht eindämmen müsse. 40 Jahre lang zitterte die nichtkommunistische Welt vor der vermeintlich überwältigenden Überlegenheit der Sowjetunion auf dem Gebiet konventioneller Waffen. Nun jedoch erscheint es aufgrund der innenpolitischen Spannungen und ethnischen Konflikte unwahrscheinlich, daß die Sowjetunion größere Truppenbewegungen ohne gewisse warnende Anzeichen vornehmen könnte. Dies gilt zumindest für die absehbare Zukunft. Sehr wahrscheinlich wird sie sogar ihre besten Truppen dafür bereithalten müssen, innere Unruhen und Aufstände niederzuschlagen.

Doch auch nach einem START-Abkommen (über die Reduzierung strategischer Waffen) wird die Sowjetunion noch ungefähr zehntausend Sprengköpfe besitzen. Dem steht auf amerikanischer Seite ein ebenfalls sehr umfangreiches und vielschichtiges Atomwaffenpotential gegenüber, das jeden möglichen Gegner von einem direkten nuklearen Angriff auf die USA abschrecken dürfte.

Aber es sind genau diese Faktoren, die andere Länder, die im atomaren Einflußbereich der Sowjets liegen, noch verwundbarer machen, zumindest psychologisch. Die Sowjetunion besitzt gegenüber den meisten dieser Länder ein Atomwaffenmonopol, und sie verfügt gegenüber all diesen Ländern über eine möglicherweise zermalmende nukleare Überlegenheit.

Wie ist die politische Bereitschaft des Kreml einzuschätzen, unter diesen Umständen auf sein militärisches Potential zurückzugreifen?

Wie kann die atomare Abschreckungskraft der USA gegenüber den Sowjets auch für geographisch weiter entfernte Länder glaubwürdig gemacht werden, gleichgültig wie eng sie mit den Vereinigten Staaten verbündet sind? Wird eine Periode der inneren Schwäche der Sowjetunion und eine sichere gegenseitige Vernichtung im Kriegsfall sowjetische Erpressungsversuche hervorrufen oder zu einer Phase des Ausgleichs führen? Wird die innere Krise der Sowjets von Dauer sein? Gilt das Axiom immer noch, daß die Sowjetunion niemals so mächtig ist, wie sie wirkt, daß sie aber auch niemals so schwach ist, wie sie wirkt?

Unglücklicherweise hat die Ausarbeitung strategischer Doktrinen noch nie zu den besonderen Stärken amerikanischer Politik gehört. In Zeiten, in denen das Geld für Rüstungsausgaben in den USA reichlich floß, gab es einen sowohl qualitativen als auch quantitativen Zuwachs auf dem Gebiet der Waffensysteme. In mageren Jahren hingegen nahm das amerikanische Militär zuerst Einsparungen beim Personal vor, da das Personal der kostenintensivste Faktor ist und sich Einsparungen auf diesem Gebiet am leichtesten rückgängig machen lassen. Kurz gesagt: Der Schwerpunkt amerikanischer Verteidigungsplanung lag nicht so sehr auf der Erarbeitung von Strategien, sondern vielmehr auf der Bewahrung der Waffensysteme. Der Trend im militärischen Establishment geht in Richtung auf immer komplexere Waffensysteme und immer weniger einsatzbereite Truppen. Aber: Eine zehnprozentige Kürzung der Verteidigungsausgaben führt normalerweise zu einer 25prozentigen Verringerung einsatzbereiter Kräfte, eine zehnprozentige Steigerung der Ausgaben hingegen keinesfalls zu einem 25prozentigen Anwachsen der Einheiten. Der Trend zu einer Verringerung amerikanischer militärischer Schlagkraft wird noch verstärkt, wenn Abgeordnete des Kongresses einzelnen Waffensystemen den Garaus machen wollen, ohne sich im geringsten mit möglichen politischen Entwicklungen der Zukunft auseinanderzusetzen.

Ein ähnliches Problem gibt es in der NATO, wo gewisse innere Prozesse den politischen Realitäten immer stärker zuwiderlaufen. In der NATO werden militärische Themen behandelt, während politische Fragen hauptsächlich in der EG besprochen werden, ein Trend, der durch den Prozeß der europäischen Einigung noch verstärkt wird.

Die Vereinigten Staaten haben versucht, dieser Tendenz entgegenzuwirken, indem sie eine Diskussion über eine neue politische Rolle der NATO angeregt haben. Doch dem steht der europäische Argwohn entgegen, daß die USA die NATO zur Unterminierung der europäischen Einigung gebrauchen könnten. In der NATO stehen den USA die Länder Europas einzeln gegenüber, die Europäische Gemeinschaft als Institution ist dort nicht vertreten. Gleichzeitig haben die USA am Prozeß der Entscheidungsfindung in der Europäischen Gemeinschaft überhaupt keinen Anteil. Nach gegenwärtiger Praxis übermittelt der Ministerrat der EG der amerikanischen Regierung seine Beschlüsse durch seinen Vorsitzenden, der alle sechs Monate wechselt. Dieser Außenminister ist de facto ein instruierter Botschafter ohne Verhandlungsspielraum, der seine Kollegen höchstens über die amerikanischen Ansichten unterrichten kann. Aber weil ihre Beschlüsse überwiegend nach Monaten mühseliger Beratungen und heikler Kompromisse zustande kommen, scheuen sie verständlicherweise vor einer Änderung ihrer Position zurück.

So werden Sicherheitsfragen in einem Forum behandelt, in dem es so etwas wie europäische Identität nicht gibt, während politische Fragen in einem Forum geklärt werden, in dem die USA über so gut wie gar kein Mitspracherecht verfügen.

Dieser Zwiespalt macht es für Amerika und Europa immer schwieriger, ihre Rollen und Strategien auf wichtigen Gebieten zu definieren. Es besteht zum Beispiel weitestgehend Übereinstimmung in der Frage der fortdauernden Präsenz amerikanischer Truppen in Europa. Hier hört man vor allem zwei Argumente recht häufig: daß die NATO die einzige institutionelle Verbindung zwischen den USA und Europa sei und daß die NATO eine ausgezeichnete Möglichkeit darstelle, Deutschland auf Dauer an den Westen zu binden.

Doch Einrichtungen wie die NATO können nur dann wirklich funktionieren, wenn sie auf einem gemeinsamen Zweck beruhen. Diesen Zweck hingegen schaffen solche Einrichtungen kaum. Die NATO kann nur dann die Verbindung zwischen den Vereinigten Staaten und Europa und zwischen Deutschland und dem Westen sein, wenn sie die Antwort auf ein gemeinsames Anliegen und das Ergebnis einer von allen Mitgliedsstaaten getragenen Strategie ist.

Dies wirft zwei Fragen auf: Wie hoch soll die Stärke amerikanischer Truppen in Europa sein, und was wird aus den Atomwaffen? Sicher ist, daß die Truppenstärke groß genug sein muß, um keinen Zweifel daran zu lassen, daß im Falle eines konventionellen Angriffs auf Europa die USA involviert wären. Läge die Truppenstärke deutlich unter 100 000 Mann, würde dies die Glaubwürdigkeit der amerikanischen Reaktion in Frage stellen.

Die Frage der künftigen atomaren Bewaffnung der NATO ist fast ausschließlich psychologischer Natur. Die amerikanische Öffentlichkeit muß davon überzeugt werden, daß die Verteidigung Europas gegen eine atomare Bedrohung, die sich nicht zugleich auf die USA erstreckt, auch im nationalen Interesse des Landes liegt. Europa wiederum muß erkennen, daß eine atomare Schutzgarantie nur dann glaubhaft ist, wenn es amerikanische Atomwaffen auf europäischem Boden gibt.

Die nach dem INF-Abkommen noch auf europäischem Boden verbleibenden Atomwaffen sind entweder überflüssig für die strategische Verteidigung oder eine Peinlichkeit. Sie sind überflüssig, weil sie kein wirkliches Gegengewicht zur atomaren Bedrohung darstellen, die von sowjetischem Gebiet ausgeht. Sie sind eine Peinlichkeit, weil sie keinen Aggressor bedrohen, sondern das Territorium von verbündeten oder freundlich gesonnenen Ländern.

Um dem sowjetischen Atomwaffenpotential ein wirksames Gegengewicht entgegenzusetzen, wären luft- oder seegestützte Waffensysteme mittlerer Reichweite notwendig, die unter dem operativen Kommando des NATO-Oberbefehlshabers stünden. Selbst eine kleine NATO-Atomstreitmacht könnte den Sowjets unerhörte Schäden zufügen. Zusätzlich würde die strategische Pattsituation es unwahrscheinlich werden lassen, daß die Sowjets Druck auf die Vereinigten Staaten und Europa zugleich ausüben. So bestünde weiterhin eine organische Verbindung zwischen der Verteidigung der USA und derjenigen Europas.

Es dürfte sich jedoch als sehr schwierig erweisen, eine solche Atomstreitmacht aufzustellen, die sowohl den politischen als auch den militärischen Bedürfnissen gerecht wird. Es könnte zur psychologischen Trennung Europas von den USA führen, wenn die Europäer, und hier vor allem die Deutschen, in der Diskussion über die Entwicklung und Aufstellung einer solchen taktischen Atommacht nicht sehr viel Fingerspitzengefühl an den Tag legen. Allzu viele Deutsche rechtfertigen ihre Opposition gegen die Stationierung von Atomwaffen auf ihrem Boden mit dem Ziel der Abschaffung des atomaren Risikos für Deutschland.

In den Vereinigten Staaten favorisiert eine wichtige Gruppe eine Stationierung aller strategischen Atomwaffen auf amerikanischem Gebiet oder auf See, damit die USA die alleinige und ausschließliche Kontrolle über die Frage haben, ob und wann sie sich auf einen Atomkrieg einlassen.

Das Dilemma, in dem sich die Atlantische Gemeinschaft befindet, besteht darin, daß die Europäer atomaren Schutz ohne atomare Risiken wollen. Die Amerikaner aber fragen sich, warum sie in der Verteidigung anderer Länder Gefahren und Risiken auf sich laden sollen, die diese Länder selbst nicht zu tragen bereit sind. Am Ende dieses Weges steht die Abkehr voneinander.

All dies legt nahe, daß die Frage nach einer zukünftigen atomaren Strategie der NATO explizit und ohne Aufschub diskutiert werden muß. Es muß eine Definition politischer und strategischer Zwecke vorgenommen werden. Ansonsten wird die Allianz zwischen der Entnuklearisierung Mitteleuropas und einer Strategie, die die NATO selbst zum Diskussionsgegenstand macht, hin und her schwanken.

Hinsichtlich der Abrüstung existieren dieselben Schwierigkeiten. Je stärker eine Reduzierung von Sowjettruppen auf Territorien außerhalb ihres Heimatlandes fortschreitet, desto näher kommt man dem Prinzip der symmetrischen Truppenstärken in Europa. Eine Abrüstungsvereinbarung dieser Art beinhaltet jedoch das Risiko, daß sie Truppenstärken in Osteuropa legitimiert, die die »Gastländer« gar nicht wollen. Ebenso könnte auf diese Weise Druck auf die USA entstehen, sich vollständig aus Mitteleuropa zurückzuziehen. Es wird sich mit der Zeit wahrscheinlich erweisen, daß der Gedanke der Symmetrie bei den Truppenstärken in Mitteleuropa im Gegensatz zu den politischen Realitäten steht. Offensichtlich kann man gewichtige Probleme nicht auf verfahrenstechnische Weise zu lösen versuchen.

Es muß ein Weg gefunden werden, die Europäische Gemeinschaft institutionell in der NATO zu verankern und zugleich den Vereinigten Staaten Zugang zu den politischen Entscheidungsprozessen und Diskussionen der EG zu ermöglichen.

Es ist äußerst wichtig, daß ein zusammenhängendes Bild der Ost-West-Beziehungen, der Strategie und der Abrüstungsverhandlungen erwächst. Es sollte eine Verhandlungspause auf dem Gebiet der konventionellen Rüstungskontrolle geben, damit der Westen sich über ein angemessenes Verhältnis zwischen politischen und sicherheitspolitischen Aspekten seiner Verhandlungsposition und des von ihm gewünschten Ergebnisses dieser Gespräche klar wird. Das Konzept der Neutralität der früheren sowjetischen Satellitenstaaten sollte genauestens geprüft werden. An beiden Seiten dieses Cordon Sanitaire könnte man dann noch näher auszuhandelnde Sicherheitskonzepte realisieren.

Eine Zeit der Umwälzungen und Veränderungen wirft viele Herausforderungen und Fragen auf, so daß es oft schwer ist, auch die richtigen Antworten zu finden. Doch wir dürfen nicht zulassen, uns unsere Handlungen von Verfahrensweisen vorschreiben zu lassen, die es uns am Ende nicht einmal erlauben, die richtigen Fragen zu stellen.

# Der Abrüstungstrend beschleunigt die Erosion der NATO

Der amerikanische Außenminister James A. Baker hat in einem Gespräch mit Reportern zwei Ansätze für die Ost-West-Beziehungen in Europa vorgetragen: Der erste ermutigt die Sowjetunion, ihre politische Vorherrschaft über Osteuropa zunehmend abzubauen. Dafür soll ihr vertraglich zugesichert werden, daß sich die NATO militärisch nicht über die gegenwärtigen Teilungslinien hinwegbewegt. Der zweite hält Verhandlungen für nicht notwendig, da sich das sowjetische Imperium in Europa – und vielleicht sogar die Sowjetunion selbst – von alleine auflösen werde. Auch wenn Außenminister Baker zum Ausdruck brachte, daß er den Verhandlungsansatz bevorzuge, so schien er doch anzudeuten, daß er beide Optionen verfolgen wolle. Diplomatie sei dabei nur vonnöten, »wenn die Anarchie ausbräche und es zu einer Reaktion der Sowjets käme«.

Eigentlich hätte man die ganze Angelegenheit auf diesem im wesentlichen theoretischen Niveau beruhen lassen können – hätten Bakers Bemerkungen nicht eine Flut von Kommentaren beiderseits des Atlantik ausgelöst, die von der Brandmarkung solcher Verhandlungen als einem zweiten Jalta bis zu der Argumentation reichten, daß Verhandlungen hauptsächlich Sache der Europäer sein sollten, nicht der Amerikaner.

Selbstredend sollte das Ziel amerikanischer Politik die Abkehr von Jalta und nicht seine Wiederbelebung sein. Die Möglichkeit dafür ist durchaus gegeben, da die Desillusionierung Osteuropas zunimmt, die Politik von Glasnost es möglich macht, diese Unruhe zu artikulieren, und da sich die Sowjets vielleicht in zunehmendem Maße darüber klar werden, daß die Überwachung und Niederhaltung feindseliger Bevölkerungen Ressourcen und Energien kosten, die zur erfolgreichen Durchführung der Perestroika benötigt werden.

Doch es ist nicht möglich, die Sowjetunion aus Osteuropa hinauszukomplimentieren, ohne daß Moskau das merkt. Daher wird die Auflösung von Jalta sicherlich sehr kompliziert. Die Strategie sollte darin bestehen, daß man die Länder Osteuropas in die Lage versetzt, sich eines nach dem anderen der Europäischen Gemeinschaft zu assoziieren, während NATO und Warschauer Pakt mit reduzierten Kapazitäten in Mitteleuropa fortbestehen.

Die dafür erforderlichen Verhandlungen könnten in bereits existierenden Einrichtungen geführt werden: Die Europäische Gemeinschaft hätte die Rahmenbedingungen für die Assoziierung der Länder Osteuropas auszuarbeiten, die Wiener Abrüstungsrunde hätte die sicherheitspolitischen Rahmenbedingungen für diesen Prozeß zu schaffen.

Da eine derartige Evolution schwierige und für die Sowjetunion schmerzhafte Neuorientierungen und Angleichungen verlangt, muß ihre Richtung von allen Hauptbeteiligten auch vollständig begriffen werden. Ein vertraulicher Dialog zwischen Moskau und Washington wird daher nicht nur unvermeidlich, sondern auch wünschenswert sein. Sein Zweck sollte konzeptionell sein: er muß Ziele und Methoden des Prozesses zur Einigung Europas klären. Die Europäische Gemeinschaft müßte als ein integraler Partner an diesem Prozeß beteiligt werden.

Sicher, wenn sich das sowjetische Imperium in Osteuropa von selbst auflöst, ist Diplomatie vielleicht unnötig. Auf der anderen Seite wird es bereits zu spät sein für Diplomatie, wenn die Anarchie erst einmal ausbricht und die Panzer rollen.

In Wirklichkeit ist eine Politik des aufmerksamen Abwartens einer Desintegration Osteuropas eine nur auf dem Papier bestehende Option. Denn es ist höchst unwahrscheinlich, daß die Einheit des Westens einen solchen Prozeß überleben wird. Ironischerweise könnte jede der beiden Seiten auf die Desintegration der Gegenseite setzen. Sollte sich erweisen, daß beide Seiten sich geirrt haben, wird Stagnation die Folge sein, sollten jedoch beide Seiten recht behalten, wird es zum Chaos kommen. Wenn wir nicht aufpassen, könnten die regionalen Konflikte beigelegt werden, während Europa erneut zum Krisen-Brennpunkt wird.

Daß der Kreml auf zentrifugale Tendenzen im Westen setzt, spiegelt sich in vielen Erklärungen und Äußerungen wider, die darauf hinauslaufen, daß sich die Einheit des Westens schon noch auflösen wird, wenn erst einmal das gemeinsame Feindbild beseitigt ist. Aus dieser Sicht wird der Abzug amerikanischer strategischer Waffen vom europäischen Kontinent gemäß dem INF-Vertrag die Verbindung zwischen der nuklearen Verteidigung Europas und Amerikas schwächen. Und wenn die START-Verhandlungen die Gesamtzahlen reduzieren, wird das Zurückgreifen auf strategische Atomwaffen, die in den USA oder aber auf See stationiert sind, weniger verläßlich oder legitim erscheinen.

Der wahrscheinliche Trend in den Verhandlungen zur konventionellen Abrüstung könnte die Erosion des westlichen Bündnisses beschleunigen. Es gibt eine Reihe von Punkten, die zu Unstimmigkeiten führen müssen: Es gilt, ein angemessenes militärisches Gleichgewicht herzustellen, das von seiten des Westens der geographischen Nähe der Sowjetunion, ihrer zentralen Lage und deren mobilisierbaren Reserven Rechnung trägt sowie dem Problem, Vertragsverletzungen in den endlosen Weiten der Sowjetunion zu verifizieren. Noch wichtiger ist die Tatsache, daß dieser Prozeß nicht sehr weit gehen kann, ohne daß er zum Rückzug von Teilen der amerikanischen Truppen aus Europa führt, eine Bewegung, die sich wahrscheinlich im Laufe der Zeit beschleunigen wird.

Die Anwesenheit amerikanischer Truppen ist so sehr zu einem Fixpunkt im europäischen Bewußtsein geworden, daß sich selbst ein teilweiser Abzug psychologisch äußerst nachteilig auswirken wird. Die Europäer – besonders die Deutschen – mögen sich über Tiefflüge und andere Belästigungen beklagen. Doch es ist eine ganz andere Reaktion zu erwarten, wenn klar wird, daß die verbleibenden NATO-Streitkräfte aufgrund ihrer erfolgten Ausdünnung große Mühe haben werden, eine glaubhafte Verteidigungslinie gegen einen Feind aufzubauen, der in der Lage ist, seine Kräfte an einem entscheidenden Punkt zu konzentrieren.

Dies würde genau zu dem Zeitpunkt klar werden, da der Abzug amerikanischer Atomwaffen in Verbindung mit dem Widerstreben der Bundesrepublik, die verbleibenden Atomwaffen zu modernisieren, die NATO zu einer De-facto-Denuklearisierung Mitteleuropas führen würde. In diesem Fall wäre Osteuropa nicht der einzige Teil Europas, der einen Gärungsprozeß zu gewärtigen hätte.

Die Sowjetunion hat einen Vorschlag ins Spiel gebracht, um diesen Gärungsprozeß zu beschleunigen: das Konzept des »Gemeinsamen europäischen Hauses« vom Ural bis zum Atlantik. Viele europäische Außenminister beziehen sich zustimmend auf diese Idee, obwohl sie die Vereinigten Staaten auf einen Status zweiter Klasse zurückstuft, einen sowjetischen Anspruch auf wirtschaftliche Hilfe aufgrund geographischer Nähe begründet und eine Basis für eine sowjetische Vorherrschaft in einem denuklearisierten Europa schafft. Moskau weiß genau, daß ein Überleben der Allianz so gut wie ausgeschlossen ist, wenn der Gedanke eines gemeinsamen europäischen Hauses in Europa auf breiter Ebene Fuß faßt.

Daraus ergeben sich zwei Schlußfolgerungen:

Abrüstungsverhandlungen können nicht länger das gesamte Gewicht der Ost-West-Beziehungen tragen.

Es wird ein politisches Konzept für ein vereinigtes Europa benötigt, das zahlreiche separat geführte Verhandlungen über Abrüstung, über Handel und über Menschenrechte miteinander verbindet.

# Dritter Teil

# Von der Perestroika zur GUS – Ziele und Aussichten einer doppelten Revolution

# Demokratie in Rußland? Noch nicht

Vor knapp neun Monaten hieß es, ein Fünfjahresplan mit 30 Milliarden Dollar jährlich würde Gorbatschow retten und die Zukunft der Demokratie in der Sowjetunion sichern. Jetzt hören wir, daß ein ähnlicher Plan mit 20 Milliarden Dollar jährlich nötig sei, um Jelzin und die Sache der Demokratie in der ehemaligen Sowjetunion vor dem Untergang zu bewahren.

Doch wir tun den russischen Staatsführern keinen Gefallen und manövrieren uns selbst in eine extrem schlechte Position, wenn wir den Eindruck entstehen lassen, daß das Land durch Hilfe von außen um eine wahrscheinlich Jahre andauernde schmerzhafte Phase wirtschaftlicher Härten herumkäme. Im besten Fall kann eine solche Unterstützung diese Härten des Übergangs zur Marktwirtschaft ein wenig lindern.

Die Frage ist nicht, ob Hilfe geleistet werden sollte. Alle stimmen darin überein, daß eine gewisse Unterstützung nötig ist, schon aus humanitären Gründen. Das wirkliche Problem sind die übersteigerten Forderungen mancher Befürworter von Hilfsprogrammen und die einseitige Verteilung, die für diese Hilfsmaßnahmen vorgeschlagen wird.

Im nostalgischen Rückblick auf den Marshallplan wird vielfach übersehen, daß die Länder, in denen er erfolgreich war, über die Tradition demokratischer Regierung, ein effizientes Beamtentum und Verwaltung und über marktwirtschaftlich erfahrene Manager verfügten. Die ehemalige Sowjetunion erfüllt keines dieser Kriterien. Das erklärt auch, warum die insgesamt 40 Milliarden Dollar ausländischer Hilfe, die 1991 schätzungsweise in die Sowjetunion flossen, beinahe wirkungslos verpufft sind.

In der ehemaligen DDR erhält eine Bevölkerung von 16 Millionen

Menschen einen jährlichen Transfer von 90 Milliarden Dollar, dazu Unterstützung aus dem westdeutschen Verwaltungsapparat und der industriellen Führung. Für ein vergleichbares Programm, um den Nachfolgestaaten der ehemaligen Sowjetunion zu helfen, würde man Billionen Dollar benötigen, und es würden immer noch die menschlichen Ressourcen fehlen, die in Ostdeutschland zur Verfügung stehen. Für eine Hilfsoperation dieses Ausmaßes fehlen den Demokratien nicht nur die Mittel, sondern auch die innenpolitische Unterstützung. Sie sollten sich auf humanitäre und technische Hilfe auf bestimmten Gebieten wie der Landwirtschaft und dem Transportsystem konzentrieren. Dies kann nicht mehr sein als eine Unterstützung einheimischer Programme, die die Kapitalbildung im jeweiligen Land sowie ausländische private Investitionen fördern.

Amerika sollte dabei insbesondere einer Neigung nicht nachgeben, die Geschichte als eine Art Western zu sehen, in dem die Männer mit den weißen Cowboyhüten am Ende die mit den schwarzen Cowboyhüten besiegen. In der wirklichen Welt stellen sich Revolutionen eher in Grauschattierungen dar.

In der ehemaligen Sowjetunion vollziehen sich simultan zwei Revolutionen ungeheuren Ausmaßes: der Umsturz des 75 Jahre alten kommunistischen Systems und der Zusammenbruch des über 300 Jahre alten russischen Weltreiches.

Beide Revolutionen stehen auf mannigfaltige Weise in direkter Beziehung zueinander, sind jedoch alles andere als identisch: Nicht jeder Antikommunist ist gleichzeitig auch Demokrat; nicht jeder Demokrat ist ein Antiimperialist. Die Präsidenten der Nachfolgestaaten – einschließlich Boris Jelzin – entstammen alle den alten kommunistischen Kadern, mit Ausnahme des weißrussischen Präsidenten Stanislaw Suskewitsch. Sie wurden gewählt, und das war schon ein großer Schritt in die richtige Richtung; doch sie stehen für ein einzigartiges politisches System, in dem es keine etablierten politischen Parteien, effektive Parlamente oder Verfassungen gibt. Diese per Erlaß regierenden ehemaligen Apparatschiks »demokratisch« zu nennen, ist eher ein Ausdruck der Höflichkeit und der Hoffnung als eine zutreffende Beschreibung der Wirklichkeit.

Neue politische Umwälzungen würden wohl keine qualitativen

Veränderungen mit sich bringen. Der Jelzinismus würde fast sicher nicht durch zentrale Planwirtschaft und eine abenteuerliche Außenpolitik ersetzt werden. Die sogenannten neuen Despoten werden – wenn sie das System überhaupt ändern – sich wohl eher von einer Perestroika ohne Glasnost angezogen fühlen und somit dem Spanien unter Franco oder Pinochets Chile näherstehen als dem Stalinismus. Und sie werden auch weiterhin auf die Hilfe des Westens und seiner Partner angewiesen sein, so daß sich die Außenpolitik, wenn überhaupt, nur geringfügig ändern würde.

In Anbetracht des äußerst kargen demokratischen Nährbodens sollten wir uns davor hüten, der Öffentlichkeit im Westen und dem russischen Volk gegenüber die Möglichkeit überzubewerten, daß finanzielle Hilfen auch die Demokratie bringen würden. Wenn sich nämlich herausstellen würde, daß dies nicht der Fall ist, könnte damit eine Serie von unglücklichen Ereignissen ausgelöst werden. Der Westen würde zum Sündenbock russischer und anderer Nationalisten, die ihn für ihr eigenes wirtschaftliches Versagen verantwortlich machen würden. Gleichzeitig könnte sich die Öffentlichkeit im Westen, die sich in ihren großen Hoffnungen enttäuscht sieht, desillusioniert abwenden und vielleicht sogar auf Sanktionen und andere Druckmittel zurückfallen. Wenn dann der russische Nationalismus und der anderer Nationen überkocht, hätten diese Maßnahmen genau das bewirkt, was ihre Befürworter eigentlich verhindern wollten.

Paradoxerweise könnte eine gewisse Zurückhaltung bei den Hilfsprogrammen unsererseits ihre Wirkung noch verstärken. Sie können in keinem Fall ein Ersatz für einen offenen politischen Dialog mit den Nachfolgestaaten und dabei vor allem mit der Russischen Föderation sein.

Wir müssen alles tun, um der größten Gefahr für die internationale Stabilität zu begegnen: daß die Revolutionäre von gestern zu den Zentralisierern von morgen und die Führer der antikommunistischen Revolution zu den Zerstörern der antiimperialistischen Umwälzung werden. Nichts darf uns über die historische Wahrheit hinwegtäuschen, daß der russische Imperialismus nur allzu oft die internationale Stabilität untergraben hat. Zu seinen einzigartigen repressiven Zügen gehören der Mythos eines Konfliktes mit der Außenwelt, der angeblich noch schärfer ist als die inneren ethnischen Konflikte, und zum anderen eine Armee, die gewaltiger ist als jede andere eines vergleichbaren Landes. Tatsächlich begann das Russische Reich von Peter dem Großen bis zum Zusammenbruch des Kommunismus 17 Kriege – mehr als jedes andere große Land.

Die Demokratien sollten sich davor hüten, unbeabsichtigt eine Wiederholung solcher Verhaltensmuster zu fördern. Es lassen sich viele Tendenzen ausmachen, die Anlaß zur Sorge geben.

Die neue Russische Republik verhält sich nicht wie ein neuer Staat, sondern gebärdet sich, als sei sie der Nachfolgestaat des Russischen Reiches. Die Führer der neuen Staaten wiederum sind in Sorge vor einem Wiederaufleben des russischen Imperialismus. Gäbe es ernsthafte Versuche der Rezentralisierung und würde eine solche am Ende auch noch erfolgreich sein, so würden die historischen Ängste der Nachbarn Rußlands wiedererwachen. Mißtrauen würde die gegenseitigen Beziehungen prägen, ein Rüstungswettlauf einsetzen. Der Kalte Krieg würde wieder aufleben.

Die Länder des Westens fördern eine solche Entwicklung, wenngleich unbeabsichtigt: Jelzin wird als eine Art Rechtsnachfolger Gorbatschows und anderer Herrscher des Reiches behandelt. Hilfsprogramme sind auf die Bedürfnisse Rußlands zugeschnitten. Kontakte mit anderen Republiken – selbst mit einer so bedeutenden wie der Ukraine – sind formalistisch und selten.

Diese Haltung öffnet einer Wiederholung der russischen Geschichte Tür und Tor. Es gibt eine ganze Reihe von Vorwänden, auf die Moskau im Rahmen von Rezentralisierungsbemühungen zurückgreifen könnte: ungeklärte Grenzverläufe, der Schutz russischer Minderheiten und natürlich wirtschaftliche Druckmittel, die sich dann häufen werden, wenn Rußland bevorzugt mit Wirtschaftshilfe aus dem Ausland bedacht werden sollte.

Hilfsprogramme müssen ein Bestandteil des politischen Dialogs sein, vor allem mit der Russischen Republik, und sie sollten davon abhängig gemacht werden, daß Moskau die politische Souveränität der anderen Nachfolgestaaten vollständig anerkennt und akzeptiert.

Wir müssen die anderen Republiken in ein umfassendes Programm miteinbeziehen und uns davor hüten, den Eindruck zu erwekken, als betrachteten wir Moskau als Sprecher oder Schrittmacher der Entwicklung in der ehemaligen Sowjetunion.

Im Zeitalter der Atomwaffen ist die territoriale Expansion bei dem Bemühen um mehr Sicherheit ein anachronistisches Mittel. Selbst allein würde die Russische Republik noch über eine Bevölkerung von mehr als 150 Millionen Menschen – mehr als jeder andere europäische Staat – und ein Atompotential von 20 000 Nuklearwaffen verfügen. Sie braucht keine Pufferzonen mehr – falls sie sie je gebraucht hat.

Ein Rußland, das sich von einer Politik der Hegemonie lossagt, würde damit automatisch die Ursachen des Konflikts mit den Vereinigten Staaten beseitigen; es würde zu einem globalen Partner werden.

All das legt die folgenden Schlüsse nahe:

Hilfeleistungen müssen im Rahmen eines präzisen und realistischen Konzepts den nationalen Interessen Amerikas beziehungsweise anderer westlicher Länder dienen. Nur so kann in einer Zeit der knappen Mittel eine ausreichende innenpolitische Unterstützung gewonnen werden.

Wirtschaftshilfe sollte nicht auf einen einzigen der Nachfolgestaaten konzentriert werden, selbst wenn dieser so wichtig ist wie die Russische Republik. Statt dessen sollte sie Teil eines Gesamtkonzeptes sein, das alle Nachfolgestaaten umfaßt.

Wirtschaftshilfe sollte auf jenen Gebieten geleistet werden, wo sie am meisten nützt. Das wären zum Beispiel der Energiesektor mit seinen guten Aussichten auf rasche Deviseneinnahmen oder das Transportwesen und die Landwirtschaft.

Die amerikanische Politik darf ihre Aufmerksamkeit nicht auf die ehemalige Sowjetunion beschränken. Die Hauptursache der Konflikte in Europa in den letzten 150 Jahren war die Existenz eines Niemandslandes zwischen dem deutschen und dem russischen Volk. Die atlantischen Nationen dürfen einen solchen Zustand keinesfalls wieder zulassen, indem sie die Staaten Ostmitteleuropas vernachlässigen. Jahrzehnte hindurch sind die westlichen Nationen für die Freiheit Osteuropas eingetreten. Jetzt können die Industriedemokratien diese ersten Opfer der sowjetischen Aggression nicht im Stich lassen. Tun sie es doch, so schaffen sie damit bereits jetzt einen Brutplatz für künftige Konflikte. Die Nationen des Ostens sollten so schnell wie möglich an die Europäische Gemeinschaft angebunden werden und auf der Liste der Länder, denen Hilfe zu leisten ist, ganz oben stehen.

# Die alte Kommunisten-Garde nutzt die Krise

Bei meinem vorletzten Besuch in Moskau 1989 war Gorbatschow noch im Amt und sprach über Reformen nur im Rahmen eines liberalisierten kommunistischen Systems; die Satellitenstruktur der Warschauer Paktstaaten war noch existent, und jede Diskussion über ein Auseinanderbrechen der Sowjetunion wäre als absurd abgetan worden. Zum Zeitpunkt meines jüngsten Besuchs in Moskau und Kiew war die politische Landschaft nicht wiederzuerkennen.

Es ist das eigentliche Wesen von Revolutionen, daß sie den Menschen ihrer Zeit wie eine zusammenhanglose Serie von Ereignissen erscheinen. Besonders ein Land wie die Vereinigten Staaten, das Stabilität für selbstverständlich hält, neigt dazu, gesellschaftliche Umwälzungen als temporäre Abweichungen vom Vertrauten zu betrachten. Das ist auch der Grund, weshalb Jelzin als direkter Nachfolger Gorbatschows angesehen wird, weshalb die sogenannte Gemeinschaft Unabhängiger Staaten (GUS) behandelt wird, als sei sie die alte Sowjetunion, nur mit einem anderen Namen. Einige westliche Staatsmänner zeigen eine gewisse Ungeduld gegenüber der Vielzahl der neu entstehenden souveränen Staaten. Sie erwecken zum Teil den Eindruck, als würden sie den vergangenen Großstaat, geläutert durch demokratische Ideale und die Marktwirtschaft, vorziehen.

Diese Einstellung, so verständlich sie auch sein mag, negiert eine der wichtigsten Konsequenzen der zweiten russischen Revolution: den Zusammenbruch eines Weltreichs, das seit den Tagen Peters des Großen schwer auf seinen Nachbarländern lastete.

Jelzin läßt sich nicht mit Gorbatschow gleichsetzen. Die Russische Republik ist zwar der größte der Nachfolgestaaten und umfaßt drei Viertel der Fläche und die Hälfte der Bevölkerung der ehemaligen UdSSR, aber es existieren nun noch elf weitere Republiken. Die größte unter ihnen, die Ukraine, verfügt über eine Bevölkerung, die annähernd so zahlreich ist wie die Frankreichs.

Die amerikanische Politik hat zwar die Fakten anerkannt, sich jedoch als recht zögernd in der aktiven Auseinandersetzung mit den daraus resultierenden Folgen gezeigt. Diese ambivalente Haltung, die sich mit einer Überbetonung der Notwendigkeit von Stabilität in dieser Region paart, gefährdet die Aussichten auf einen dauerhaften Frieden, weil sie die historischen Neigungen Rußlands, eine Vormachtstellung einzunehmen, wieder ausbrechen lassen könnte. Eine Rückkehr zu dem Vielvölkerreich der Vergangenheit wäre aber nur mit militärischer Gewalt möglich. Friede und Fortschritt machen es notwendig, daß die Vereinigten Staaten am Ende nicht auf der falschen Seite stehen, wenn es zu einem Konflikt zwischen der Zentralmacht und den im Aufbruch befindlichen Nationalitäten kommen sollte. Alle Republiken machen schwere wirtschaftliche und politische Krisen durch, die die Spannungen zwischen ihnen noch verstärken. Jelzin hat einen mutigen Versuch unternommen, indem er die Preiskontrollen aufgehoben hat, wobei er darauf setzt, daß die Freigabe der Preise gehortete Güter auf den Markt bringen und die Produktion anregen werde. Die meisten anderen Republiken sind dem russischen Beispiel gefolgt. Die Kernfrage ist jedoch, ob dieser Prozeß Früchte trägt, ehe die unvermeidliche ökonomische Härtephase das politische System in die Knie zwingt.

Jelzins Berater verbreiten dabei ein fast mystisches Gefühl der Zuversicht, daß am Ende alles klappen wird. Jegor Gaidar, Jelzins Chefwirtschaftsplaner, und andere hoffen, daß die Preise langsam fallen würden. Ich konnte bei meinem Besuch keine Anzeichen einer solchen Tendenz feststellen. Die Preise sind unerhört: Ein Kilo Rindfleisch kostet in Kiew und Moskau die Hälfte einer Monatspension. Jelzin wird von allen Seiten attackiert und kritisiert selbst auf das heftigste die »Raubtiere«, die die Preise in die Höhe trieben.

Noch ist ein Vorrat an Ersparnissen und Waren vorhanden. Was passiert jedoch, wenn auch diese Reserven erschöpft sind? Es sind keinerlei Vorkehrungen getroffen worden, eine ausreichende Versorgung der Bevölkerung zu gewährleisten. Jelzin und andere hoffen, daß sich die Wirtschaft bis Oktober stabilisiert hat. Doch sein Berater

Gaidar räumt ein, daß es wohl eher zwei Jahre dauern wird, vorausgesetzt, man verfolgt eine verantwortungsvolle Politik. Andere Experten sagen einen weiteren Einbruch des Bruttosozialprodukts um 30 Prozent in diesem Jahr voraus und rechnen mit einer Stabilisierung der schwer angeschlagenen Wirtschaft gegen Mitte bis Ende 1993. Wird die politische Struktur die notwendige Belastbarkeit aufweisen?

Die alte Garde nutzt die Krise zu ihrem Vorteil. Ein Reformer bemerkte resigniert, der Putschversuch vom August letzten Jahres sei in mancher Hinsicht doch ein Erfolg gewesen. Die Bürokratie ist nach wie vor von Kommunisten durchsetzt. Ehemalige Apparatschiks sind nun in der beneidenswerten Position, die Regierungspolitik von innen sabotieren zu können, während ihre ideologischen Führer sie von außen kritisieren.

Die Entwicklung hat viele Menschen enttäuscht. Nationalistische Gefühle gewinnen an Kraft, sowohl in Rußland wie auch in der Ukraine. In der Ukraine drängen die Nationalisten Präsident Leonid Krawtschuk, eine härtere Gangart gegenüber Rußland anzuschlagen.

Die antiamerikanische Version des russischen Nationalismus erlebte ich bei einem Abendessen in Moskau mit einer zehnköpfigen Gruppe junger aufstrebender Russen. Sie waren der Ansicht die Vereinigten Staaten nutzten die augenblickliche Situation aus. Der Begriff der »neuen Weltordnung« sei sehr anmaßend, da er impliziere, daß Rußland keinen bedeutenden Faktor in der Weltpolitik mehr darstelle.

Vor allem aber drückt sich der russische Nationalismus in dem Wunsch aus, die traditionelle Vorherrschaft über die anderen Republiken wiederherzustellen. Eine wichtige Persönlichkeit des russischen Parlaments erklärte mir: »Wir hätten niemals eine Gemeinschaft Unabhängiger Staaten vorgeschlagen, wenn wir es auch nur im entferntesten für möglich gehalten hätten, daß die Ukraine tatsächlich unabhängig wird. Ich werde niemals Kiew als eine ausländische Stadt akzeptieren.«

Keiner der Russen, die ich traf, war bereit, eine wirklich unabhängige Ukraine anzuerkennen; kein Ukrainer wollte umgekehrt, daß auch nur ein einziges zentralstaatliches Kontrollorgan intakt bleibt. Die Ukrainer sprachen dabei von der Bedrohung durch den russischen Imperialismus – eine Einschätzung, die auch von mehreren Staatsführern anderer Republiken, mit denen ich zusammentraf, geteilt wurde. Die Russen verweisen darauf, daß die Ukraine ursprünglich einem gemeinsamen »Wirtschaftsraum« zustimmte, um dann umgehend eine eigene Währung einzuführen. Die Ukrainer wiederum heben hervor, daß die Russen ihre Unabhängigkeit anerkannt hätten, um unmittelbar darauf die ukrainischen Grenzen in Frage zu stellen. Die Russen sehen die Gemeinschaft Unabhängiger Staaten als einen Mechanismus, um die Zentralgewalt so weit eben möglich aufrechtzuerhalten, während die Ukrainer ihr keinerlei dauerhaften Status oder ständige Organe zubilligen wollen – nicht einmal ein Sekretariat, das die Treffen der Außenminister vorbereitet. Sie lehnen jedes Konzept einer gemeinsamen Streitmacht ab.

Wahrscheinlich sind Jelzin und Krawtschuk vernünftig genug, um einen offenen Ausbruch des Konflikts zu vermeiden. Doch keiner der beiden ist im Geist der Prinzipien des demokratischen Kompromisses herangewachsen.

Eine ganze Reihe von Meinungsverschiedenheiten in militärischen Fragen werden die Situation aller Voraussicht nach kurzfristig verschlimmern. Zuerst einmal existiert eine scheinbar unüberbrückbare konzeptionelle Kluft. Die Streitkräfte der GUS unterstehen der zentralen Kontrolle Rußlands. Zwei ranghohe Militärs in Moskau legten mir gegenüber dar, sie favorisierten eine zwei- bis dreijährige Übergangsphase, während der die Streitkräfte unter der Kontrolle Moskaus verbleiben sollten. Einer der beiden vertrat ganz offen die Ansicht, daß Jelzin per Dekret das formale Oberkommando über die gesamten Streitkräfte übernehmen und dann der Ukraine Verhandlungen anbieten sollte.

Die Ukraine sieht in den Streitkräften der GUS eine Bedrohung ihrer Unabhängigkeit. Die Meinungsverschiedenheiten betreffen drei Themengebiete: die Atomwaffen, die Zukunft der Schwarzmeerflotte und das Kommando und die Kontrolle über die konventionellen Waffen. Das schwierigste Problem ist die Zukunft der Armee. Rußland sieht in den Streitkräften der Ukraine nur eine Miliz, die Politiker und Amtsgebäude bewacht. Die Grenzen der Ukraine aber sollen von den Streitkräften der GUS geschützt werden. Ich traf keinen

Ukrainer, der bereit war, diese Ansicht zu tolerieren. In ihren Augen wären solche Verteidigungstruppen nichts anderes als eine Besatzerarmee.

Über all dem schwebt der Generalstab in Moskau, nun erstmals wirklich frei von politischer Kontrolle durch Partei, KGB oder Regierung. Er vertritt die GUS, die weder über politische Institutionen noch über Personal verfügt. Das politische Vakuum hat dem Generalstab eine noch nicht dagewesene Unabhängigkeit gebracht, allerdings hat er sich faktisch Jelzin unterstellt.

Was bedeutet dies alles für die Vereinigten Staaten? Zur Zeit scheint die amerikanische Politik gegenüber der ehemaligen Sowjetunion von zwei Hauptsorgen bestimmt zu sein: von der Krise in der Nahrungsmittelversorgung und von der Frage der Kontrolle des vormals sowjetischen Nuklearpotentials. Dies sind wichtige Themen. Wir müssen jedoch darauf achten, daß dieser Problemkomplex nicht von Zentralisierern ausgenutzt wird, die darauf abzielen, das alte Reich aufs neue erstehen zu lassen. Die Vereinigten Staaten haben ihre politischen Kontakte mit den neuen Republiken bemerkenswert langsam aufgebaut. Als ich die Ukraine besuchte, waren dort erst zwei amerikanische Diplomaten stationiert, die nicht einmal über direkte Kommunikationsverbindungen nach Washington verfügten (daran wird derzeit gearbeitet), und die seltenen Besuche amerikanischer Regierungsvertreter beschränken sich auf die Frage der Atomwaffen.

Folgende scheinbar widersprüchliche, tatsächlich jedoch sich ergänzende politische Grundsätze sollten von den Vereinigten Staaten verfolgt werden:

Washington darf nicht vergessen, daß Rußland Erbe einer stolzen und heroischen Tradition ist und daß die jüngsten Ereignisse einen schweren Schlag für die russische Selbstachtung darstellen. Es ist somit von entscheidender Bedeutung, daß Washington Rußland in Worten und Taten klarmacht, daß es Moskau als geeigneten Partner in der Weltpolitik und als Großmacht mit legitimen Sicherheitsinteressen ansieht. Allerdings: Das heutige Rußland von St. Petersburg bis Wladiwostok mit seinem Arsenal von Tausenden von Atomwaffen braucht keinen Cordon Sanitaire mehr, wie es ihn zeit seiner Existenz für nötig befunden hat.

Gleichzeitig muß Rußland begreiflich gemacht werden, daß es für einen erneuten Expansionismus - durch Gewalt oder Erpressung - einen hohen Preis bezahlen würde. Derartige Bestrebungen würden den amerikanischen Interessen entgegenlaufen, in den Nachbarländern Angst und Unruhe erzeugen und den Teufelskreis der Konfrontation zwischen Rußland und der Welt wieder in Gang setzen.

Die Vereinigten Staaten sollten möglichst schnell ihre politischen, wirtschaftlichen und kulturellen Kontakte zu den neuen Republiken vertiefen. Wir dürfen nicht vergessen, daß die meisten dieser neuen Staaten aufgrund ihres geschichtlichen Hintergrundes über so gut wie keine weltpolitische Erfahrung verfügen. Sie bedürfen sensibler Förderung. Wir müssen ein vernünftiges Verhältnis finden zwischen der Aufmerksamkeit, die Rußland zugewendet werden muß, und der Unterstützung, die die anderen Republiken benötigen. Wir müssen mit ihnen aber auch über andere Dinge reden als nur über atomare Abrüstung.

Wenn Rußland die neue Situation respektiert und nicht versucht, seine Grenzen zu verändern, wäre ein umfangreiches Hilfsprogramm des Westens gerechtfertigt. Es sollte allerdings mit entsprechenden Hilfsprogrammen für die anderen Republiken gekoppelt sein.

Es bietet sich uns eine historisch außergewöhnliche Chance: Wir können die Beziehungen der ehemaligen Sowjetunion zum Rest der Welt von Grund auf neu gestalten. Wenn wir diese Möglichkeit klug nutzen, kann dies den Beginn eines Zeitalters der Zusammenarbeit darstellen, wie es die Geschichte noch nicht gesehen hat. Solche Möglichkeiten gehen jedoch rasch vorbei. Sie dürfen nicht durch eine einseitige Konzentration auf technische Probleme, die nur Symptome der Veränderung sind, ungenutzt verstreichen.

# Warnung vor einer Rezentralisierung der GUS

Außenminister James Baker hat die Aufnahme der auf dem Gebiet der ehemaligen Sowjetunion neu entstandenen Republiken in die Gemeinschaft der demokratischen Nationen von vier Kriterien abhängig gemacht: Anerkennung demokratischer Werte, Garantie der Menschen- und Minderheitenrechte, Achtung der Grenzen und der Prinzipien friedlicher Veränderung, Erfüllung der internationalen Verpflichtungen.

Es erscheint jedoch angesichts der historischen Erfahrungen und der bestehenden Spannungen innerhalb und zwischen den einzelnen Republiken möglich, daß diese Ziele – wenn überhaupt – auch in vielen Jahren noch nicht erreicht sein werden.

Wenn sich die amerikanische Außenpolitik von der Erfüllung dieser Bedingungen abhängig macht, geht sie zwei Risiken zugleich ein. Zum einen laufen die USA Gefahr, die Definitionsgrenzen des Begriffs »demokratisch« in einem Maß zu überdehnen, daß er auch auf Staatsführer zutrifft, deren demokratische Rhetorik in Wirklichkeit nur der Umsetzung einer vollkommen anderen politischen Zielsetzung dient. In diesem Fall wird die amerikanische Politik an Glaubwürdigkeit und Relevanz verlieren. Wenn sich aber herausstellen sollte, daß sich die Hoffnungen der USA nicht erfüllt haben, könnte ihre Politik des konstruktiven Engagements in Desinteresse umschlagen. Die USA würden dann jedoch schnell erkennen müssen, daß das Gebiet der ehemaligen Sowjetunion von zu großer Bedeutung für den Weltfrieden ist, als daß Amerika den Ereignissen dort einfach gleichgültig und passiv gegenüberstehen könnte.

Die Entwicklung der neuen Gemeinschaft auf dem Boden der ehemaligen UdSSR wird aller Voraussicht nach langwierig und schmerzhaft und möglicherweise auch gewalttätig sein. Über einen Zeitraum von vier Jahrhunderten hielt die heutige Russische Republik die verschiedenen Teilrepubliken mit eiserner Faust zusammen. Alle wichtigen Regierungspositionen wurden mit Russen besetzt und jede lokale Initiative möglichst im Keim erstickt. In der neuen Gemeinschaft findet sich nun aber ein breites Spektrum unterschiedlichster politischer Motive. Die Mehrheit der russischen Führung sieht darin eine Möglichkeit der politischen und territorialen Schadensbegrenzung und vielleicht auch ein Mittel zur Wahrung der historischen Vorherrschaft Rußlands.

Für die größeren Republiken wie die Ukraine, Weißrußland und Kasachstan ist die Gemeinschaft dagegen ein bedauerlicher Zwischenaufenthalt auf dem Weg in die vollständige Unabhängigkeit. Die kleineren Republiken vor allem in Asien sehen die Gemeinschaft als eine, allerdings nur mäßige, Verbesserung ihrer Lage im Vergleich zu den Verhältnissen in der ehemaligen Sowjetunion. Sie können angesichts ihrer schwachen wirtschaftlichen Kräfte auch nicht auf mehr hoffen.

Die Mehrdeutigkeit des Gründungsdokuments der »Gemeinschaft Unabhängiger Staaten« läßt die Mannigfaltigkeit der verschiedenen politischen und wirtschaftlichen Interessenlagen erkennen. Weder die Kompetenzen noch die Zusammensetzung der neuen Ministerialkomitees der GUS, die das Zusammenspiel der Republiken untereinander »koordinieren« sollen, sind klar definiert worden. Der Rat der Staatsoberhäupter der Republiken soll Entscheidungen auf Konsensbasis fällen. Das klingt nicht so, als ob es praktisch funktionieren könnte.

Ebenso unklar und von großer potentieller Sprengkraft ist die Wirtschaftspolitik. Die Republiken haben ihr Interesse an der Schaffung eines »Wirtschaftsraumes« erklärt und jeglichen wirtschaftlichen Zwangsmaßnahmen gegen eine andere Republik entsagt. Es ist jedoch weder definiert worden, was das konkret zu bedeuten hat, noch hält man sich an den Sinngehalt dieses Passus. Der russische Präsident Boris Jelzin ist dafür eingetreten, daß alle Republiken auch weiterhin den Rubel als Zahlungsmittel verwenden. Der Präsident der Ukraine, Leonid Krawtschuk, ist jedoch entschlossen, bereits im Frühjahr eine eigene Währung einzuführen. In der Zwischenzeit werden die

Ukraine und Weißrußland eigene Lebensmittelkarten einführen, um die Versorgung ihrer Bevölkerungen mit gewissen Produkten innerhalb der jeweiligen Staatsgrenzen zu gewährleisten.

Im Rahmen der GUS-Vereinbarungen gelten die Grenzen jeder Republik als unantastbar. Es wird jedoch nicht darauf eingegangen, wie die Grenzen gekennzeichnet werden sollen und wer für die Sicherheit der Republiken zuständig ist. Jelzin hat in diesem Zusammenhang von einer gemeinsamen Grenzkommission gesprochen, Krawtschuk betont, daß seine Republik ihre Grenzen selbständig überwacht und dies auch weiterhin tun wird.

Es gibt keinerlei Vereinbarungen über die Fragen, die mit der Staatsangehörigkeit in der Gemeinschaft zusammenhängen. Wenn sich der wirtschaftliche Fortschritt in den einzelnen Republiken weiterhin mit unterschiedlichen Geschwindigkeiten vollzieht, wird die richtige Staatsbürgerschaft zu einem entscheidenden Privileg. Das Thema der Staatsbürgerschaft wird auch in der Frage der Definition von ethnischen Minderheiten eine wichtige Rolle spielen.

Selbst die verhältnismäßig deutlich gefaßten militärischen Abkommen bleiben umstritten. Weißrußland und die Ukraine haben erklärt, daß sie die auf ihrem Territorium stationierten taktischen Atomwaffen nur zum Zweck ihrer Verschrottung herausgeben werden. Das soll bis zum 1. Juli dieses Jahres geschehen. Doch auch hier ist das genaue Verfahren noch nicht ausgearbeitet. Eben mehrdeutig sind jene Abschnitte des Abkommens, die sich mit dem Verbleib und der Kontrolle der strategischen Atomwaffen in den vier Atomrepubliken Ukraine, Weißrußland, Kasachstan und Rußland befassen. Ebenfalls umstritten ist, welche Waffen als »strategisch« zu bezeichnen sind und wer die Befehlsgewalt über jene Teile der konventionellen vormals sowjetischen Streitkräfte ausübt, die auf den Territorien anderer Republiken stehen.

Welche Haltung sollte angesichts solcher sich abzeichnenden gewaltigen Kontroversen die amerikanische Politik einnehmen? Die von Außenminister Baker genannten Prinzipien gelten primär für die Verfahrensweise bei der Regelung von Streitigkeiten zwischen den Republiken und für deren innenpolitische Entwicklung. Sie haben nichts mit dem amerikanischen Interesse an der neuen, sich auf dem gesamten Gebiet der ehemaligen Sowjetunion entwickelnden Struktur zu tun. Von allen europäischen Ländern ist das russische Imperium unter Zar und Kommissar stets besonders ruhelos gewesen. Dieses Land führte mehr Kriege als irgendein anderes in Europa, expandierte in alle Himmelsrichtungen und fühlte sich dennoch permanent bedroht. Um seine Macht nach innen erhalten zu können, beschwor es äußere Gefahren, die angeblich gewaltiger waren als die Spannungen zwischen den verschiedenen Bevölkerungsgruppen.

Einerseits wurden das zaristische und auch das sowjetische Weltreich entlang seiner Peripherie zu einer ständigen Bedrohung für das Machtgleichgewicht in Europa, Asien und im Nahen Osten. Andererseits waren es gerade diese Reiche, die die Unabhängigkeit der europäischen Nationen gleich zweimal retteten: Ohne den russischen Beitrag hätten Napoleon und auch Hitler wohl gesiegt.

Im amerikanischen Interesse liegt deshalb die Entstehung einer Konföderation, die stark genug ist, um den Schutz ihrer Völker übernehmen zu können, ohne dabei so eng miteinander verbunden zu sein, daß sie von sich aus kriegerische Handlungen initiieren könnte. Erstmals seit zwei Jahrhunderten müßten Osteuropa, das Baltikum und der Balkan nicht mehr die russische Militärmacht fürchten. Im Gegenzug würde die Russische Republik neben einem Sicherheitsgürtel gegen mögliche Invasionen aus dem Westen auch noch über ein gewaltiges Atomwaffenarsenal und die zahlenmäßig größte Bevölkerung in ganz Europa verfügen. Im Rahmen einer lockeren Konföderation könnten die gewaltigen Ressourcen, die bislang in außenpolitischen Abenteuern verpulvert wurden, dem Wohl der eigenen Bevölkerung zugute kommen.

Allerdings deuten Äußerungen aus der russischen Führung darauf hin, daß beabsichtigt sein könnte, das vor Jahrhunderten eingeführte zentralistische System zu restaurieren, anstatt es abzuschaffen. So wurde zum Beispiel die Warnung ausgesprochen, daß abtrünnige Republiken nicht damit rechnen könnten, die russischen Bevölkerungsgruppen (und deren Siedlungsgebiete) mitzunehmen; ein Hinweis auf mögliche ethnische Auseinandersetzungen ähnlich wie in Jugoslawien. Ferner herrscht ein ominöser Unilateralismus in der Wirtschaftspolitik. Die Russische Republik scheint bereits mit Hilfe ihrer

Kontrolle der Bodenschätze – wie zum Beispiel Erdöl – die wirtschaftspolitische Gefolgschaft anderer Republiken erzwingen zu wollen.

Ein Abschnitt des Gemeinschafts-Abkommens eröffnet auch Staaten die Möglichkeit des Beitritts, die nie Teil der Sowjetunion gewesen sind; ich kann mir nicht vorstellen, daß dieser Abschnitt bei den Nachbarstaaten der Gemeinschaft besondere Begeisterung hervorrufen könnte.

Ein Wiedererstehen des Nationalismus erscheint nach dem Ende der Ära Gorbatschow um so wahrscheinlicher, als er nun von manchen als einigende Kraft in der unmittelbar bevorstehenden Phase unvermeidbarer wirtschaftlicher Entbehrung gesehen werden könnte.

Die Vereinigten Staaten stehen angesichts dieser Lage zwei Herausforderungen gegenüber, die sich zu widersprechen scheinen, tatsächlich jedoch komplementär zueinander sind.

Auf internationaler Ebene sollten die USA eng mit der Russischen Republik zusammenarbeiten, da ein nicht expansionistisches Rußland aller Voraussicht nach so gut wie keine Interessenkonflikte mit Amerika haben dürfte. Ein Rußland, das erstmals in seiner Geschichte seine unermeßlichen Kräfte und Talente für das Wohlergehen seiner Bevölkerung einsetzt, sollte amerikanische Unterstützung und Förderung erfahren, um ihm die Überwindung seiner kommunistischen Vergangenheit zu erleichtern. Doch der uns willkommene Ausblick auf eine enge Kooperation auf internationaler Ebene darf nicht dazu führen, daß wir unbeabsichtigt einer russischen Vorherrschaft über die anderen Völker der ehemaligen UdSSR Vorschub leisten.

Eine dauerhafte Struktur des Friedens verlangt nach einer engen Kooperation zwischen Washington und Moskau, der Hauptstadt einer Atommacht, die sich über elf Zeitzonen erstreckt. Das wird jedoch nur funktionieren, wenn die amerikanische Politik stets den Umstand berücksichtigt, daß auf dem Territorium der ehemaligen Sowjetunion zahlreiche unabhängige Republiken existieren. Jeder Versuch, dieses gewaltige Land zu rezentralisieren, müßte Methoden und Ideologien mit sich bringen, die aller Wahrscheinlichkeit nach zu einem Wiederaufflammen von Spannungen führen würden, wie wir sie zuletzt in den Tagen des Kalten Krieges erlebt haben.

Fast ausnahmslos stammen die Staatsführer der neuen Republiken aus den alten Kadern der KPdSU. Das gleiche gilt für die meisten Industriemanager. Ihre nationalistischen Bekundungen und ihre demokratische Rhetorik lassen einen ausgeprägten Überlebenstrieb erkennen. Ich halte es für einen großen Fehler, alle Anti-Stalinisten automatisch zum Kreis aufrechter Demokraten zu rechnen. Die jüngsten Ereignisse in einer Reihe von Republiken erlauben kaum Zweifel an der Tatsache, daß ein Land mit so geringer demokratischer Tradition auf diesem Gebiet noch einiges zu lernen hat. Alle politischen Gruppen in der ehemaligen Sowjetunion kämpfen ihre Kämpfe innerhalb der Republiken sowie zwischen ihnen im Namen der Demokratie.

Es versteht sich, daß Amerika die wirklich demokratischen Kräfte unterstützt. Aber wissen wir wirklich ausreichend Bescheid, um uns in all diesen unterschiedlich gearteten Auseinandersetzungen in den Republiken klar für eine Seite entscheiden zu können? Wie viele dieser innenpolitischen Konflikte werden von den alten Zentralisten noch besonders angeheizt? Wir sollten uns jedenfalls davor hüten, Bemühungen zur Rezentralisierung der ehemaligen Sowjetunion zu unterstützen, auch wenn dies mit demokratischer Rhetorik begründet wird.

Ähnlich verhält es sich mit dem Prinzip des Schutzes von Minderheiten, das jeder im Sinne der amerikanischen Tradition aufgewachsene Mensch unterstützen wird. In den Republiken der GUS steht dieses Problem jedoch im Zusammenhang mit einer ganzen Reihe von Gebietsansprüchen: Umstritten sind Regionen östlich des Dnjepr und der Krim in der Ukraine, der Ostteil Weißrußlands und wichtige Gebiete Lettlands und Estlands.

Die USA müssen darauf achten, daß ein uns sehr wichtiges Prinzip der amerikanischen Verfassung nicht zur Legitimationsgrundlage für die gewaltsame Inbesitznahme umstrittener Gebiete nach dem jugoslawischen Modell wird. Die Zeit, in der die USA die Möglichkeit haben, den in der ehemaligen Sowjetunion entstehenden Pluralismus zu unterstützen, könnte sich als sehr knapp erweisen.

Neben der Pflege der Beziehungen zur Russischen Republik sollten wir darum auch unsere diplomatischen, wirtschaftlichen und kulturellen Kontakte zumindest zu den größeren Republiken intensivieren. Allzuoft bringen die Vereinigten Staaten den neuen Republiken dieselbe widerwillige Einstellung entgegen, die sie einst Jelzin im Verhältnis zu Gorbatschow entgegenbrachten. Washington hat sich in der Festsetzung von Anerkennungskriterien gegenüber den neuen Republiken ungleich produktiver gezeigt als in der Definition von Kooperationsmöglichkeiten.

Einige Erklärungen aus der Führung der Vereinigten Staaten scheinen darauf hinzudeuten, daß man entschlossen ist, die Russische Republik als den unmittelbaren Rechtsnachfolger der zaristischen und kommunistischen Zentralisten zu inthronisieren. Dies liegt weder in ihrem Interesse noch in unserem. Ein solcher Kurs setzt die Chancen, zu einer wirklich neuen Weltordnung zu gelangen, aufs Spiel und droht zudem, die ehemalige Sowjetunion in einen alles verschlingenden Strudel unabsehbarer innerer Konflikte und einen möglichen Bürgerkrieg zu reißen.

Die Vereinigten Staaten sollten die Republiken der neuen Gemeinschaft wie die Staaten Europas behandeln, und sie sollten sich gegenüber Institutionen der GUS wie gegenüber Institutionen der Europäischen Gemeinschaft verhalten. Die Vereinigten Staaten haben es in bezug auf die EG peinlich genau vermieden, sich auf das Prinzip einer dominanten Macht in Europa einzulassen. Selbstverständlich wird die Russische Republik als der mächtigste Nachfolgestaat der UdSSR stets eine besondere internationale Rolle spielen, einen wichtigen Platz im Feld der amerikanischen Außenpolitik einnehmen und die führende Macht der GUS sein. Wir sollten jedoch darauf hinarbeiten, daß sie das im Rahmen ihrer Grenzen und im Einklang mit dem Geist jener Institutionen tut, an deren Schaffung sie maßgeblich beteiligt gewesen ist.

Es gibt Politiker, die der Ansicht sind, daß das gewaltige russische Atompotential ein entscheidender Grund ist, warum wir in diesen Zeiten der turbulenten Entwicklungen auf dem Territorium der ehemaligen Sowjetunion vor allem Rußland unterstützen sollten. Damit würden die USA jedoch noch besondere Anreize für eine Verbreitung von Atomwaffen schaffen, die dann sozusagen eine Eintrittskarte zu besonders privilegierten Beziehungen zu den Vereinigten Staaten wären. Es vermag in mir irgendwie nicht die rechte Nostalgie für jene

Tage aufzukommen, in denen Zehntausende atomarer Sprengköpfe von einer totalitären Kommandozentrale aus auf uns gerichtet waren, wie straff dieses Kommando- und Kontrollsystem auch organisiert gewesen sein mag.

Die Frage, wer den Finger am Abzug haben sollte, ist zumindest zeitweilig entschieden. Der russische Präsident verfügt mit Einverständnis der Staatsoberhäupter der anderen Atomrepubliken über die Kontrolle des vormals sowjetischen Nuklearwaffenpotentials. Dieser Abschnitt der Vereinbarungen ist jedoch nur dann wirklich von Bedeutung, wenn es technische Mittel gibt, mit deren Hilfe die anderen, nichtrussischen Präsidenten ihrem Veto Nachdruck verleihen können. Wenn es diese nicht gibt, hat sich am alten Zustand der unilateralen zentralistischen Kontrolle nichts geändert. Dabei ist es wichtig, daß unser Drängen auf eine zentrale Kontrolle der Atomwaffen nicht als Vorwand für eine gewaltsame Rezentralisierung genutzt wird, da ein Wiederentstehen eines hochzentralisierten Weltreiches im Endeffekt politisch betrachtet eine weitaus größere Bedrohung des Weltfriedens darstellen würde.

Die große historische Chance für den Frieden liegt im Pluralismus der Republiken der neuen Gemeinschaft und in einer engen und vertrauensvollen Beziehung zwischen den Vereinigten Staaten und einer russischen Republik, die das erste Mal in ihrer Geschichte nicht expansionistisch ausgerichtet ist.

# Der Putsch ist vorbei – lang lebe der Putsch!

Der fehlgeschlagene Staatsstreich wurde angeführt von den müden Wortführern einer erschöpften Ideologie. Das Potential für den nächsten großen Umbruch besteht in den Heeren junger Offiziere, Manager und Regierungsbeamter, die zwar nicht den Kommunismus, aber auch nicht einen Zerfall der Sowjetunion wollen.

So liegt die wahre Herausforderung für die Demokratie in der Sowjetunion noch in der Zukunft. Zum einen sieht die sogenannte demokratische Revolution in einigen Republiken wie eine Wiederholung des Ablaufs in Rumänien aus. Sie sind in Wirklichkeit Staatsstreiche des kommunistischen Establishments, das durch einen Etikettenwechsel den Sturm aus Moskau zu überstehen hofft. Zweitens besteht ein Mangel an Führungspersönlichkeiten mit demokratischer Erfahrung. Viele ehemalige sowjetische Führungspersönlichkeiten aus Partei und Staat streben ein neues System an, und sie haben sich offensichtlich entschlossen, dieses neue System Demokratie zu nennen. Doch ein Pluralismus im westlichen Sinne war sicherlich nicht ihr erster Gedanke, und es könnte sich noch herausstellen, daß es auch nicht ihr letztes Wort sein wird. Das gilt um so mehr für die zahlreichen Karrieristen, die mit ihrer Abwendung vom Kommunismus solange warteten, bis die Situation eindeutig war. Das sowjetische Volk wiederum hat, mit Ausnahme der Bevölkerung einiger großer Städte, kaum Erfahrung in Sachen Demokratie.

Das gewaltigste Problem, dem sich die neue Demokratie gegenübersieht, ist wirtschaftlicher Natur. Dabei laufen wir Gefahr, uns selbst und Bewunderer der Marktwirtschaft in der Sowjetunion zu täuschen, wenn wir unser Wirtschaftssystem in den Himmel loben.

Die erste Stufe der Marktwirtschaft wird wahrscheinlich eher einer Bestrafung für die vergangenen Sünden der zentralen Planwirtschaft gleichen, als eine Quelle von Wohltaten sein. Eine Periode der wirtschaftlichen Härten ist unumgänglich. Der Übergang von der Kommando- zur Marktwirtschaft hat sich als äußerst schmerzhaft erwiesen, wo immer er vollzogen wurde.

Die Standardantwort, daß sich die Sowjetunion am besten dadurch selber helfen kann, daß sie attraktive Voraussetzungen für ausländische Kapitalanleger schafft, trifft nur begrenzt die Wahrheit. Zum einen, weil das größte Hindernis auf dem Weg zu privaten Investitionen politisches Chaos ist, das wiederum aus wirtschaftlicher Schwäche resultiert. Zum anderen, weil sich die Sowjetunion in einer Periode der weltweiten Geldknappheit gegen viele andere Länder durchsetzen muß, in denen ausländisches Kapital ebenso begehrt ist und in denen die Dinge bei weitem nicht so kompliziert beschaffen sind wie in der UdSSR.

Der Kapitalbedarf der Sowjetunion sprengt das Vorstellungsvermögen: Analog zur Entwicklung der ehemaligen DDR bräuchte das Land Beträge in Höhe von 1,5 Billionen Dollar jährlich über einen Zeitraum von mindestens fünf Jahren. Das übersteigt alle erdenklichen privaten oder staatlichen Geldquellen bei weitem. Genausowenig kann Privatisierung ein Allheilmittel sein. Vollkommen veraltete Industriezweige lassen sich nur schwer verkaufen. Manche Privatisierungsmaßnahme gleicht dem opportunistischen Wandel auf der politischen Ebene einiger Republiken. Das Management wurde einfach von dem Ministerium abgelöst, dem es vorher zugeordnet gewesen war, ohne daß das Unternehmen durch diese Abtrennung marktorientiert und effizient geworden wäre.

Aus all diesen Problemen erwächst den Vereinigten Staaten und ihren Verbündeten eine neue Herausforderung. Es haben sich so viele dramatische Veränderungen auf so plötzliche, unerwartete und reibungslose Weise vollzogen, daß leicht die Illusion entstehen könnte, daß die Geschichte für uns arbeitet.

Doch der gefährlichste Teil des Prozesses liegt womöglich erst noch vor uns. Die Vereinigten Staaten müssen sich mit äußerster Vorsicht bewegen. Revolutionäre sind unbequeme Weggefährten, der Kompromiß ist nur selten ihre Stärke, und die Beschwörung des Prinzips der Stabilität klingt fremd in ihren Ohren.

Unser missionarischer Eifer sollte nicht zu aufdringlich sein. Andernfalls könnte die Entwicklung eines neuen Nationalismus begünstigt werden. Dann würden diejenigen Kräfte am stärksten geschädigt, die wir eigentlich zu unterstützen beabsichtigten.

Um die innere Revolution in der Sowjetunion voranzutreiben, braucht der Westen sowohl ein Konzept seiner eigenen Interessen als auch eine Vorgabe dafür, bis zu welchem Punkt er diese Interessen verfolgen und voranbringen kann. Dabei müssen wir vor Augen haben, welche Probleme die Sowjetunion bewältigen muß: Sie muß eine neue Struktur des Staates schaffen und neue wirtschaftliche Rahmenbedingungen setzen, und bestimmte Persönlichkeiten müssen sich in neue Rollen finden.

Das vergleichsweise einfachste Problem ist das der Struktur des Staates, weil die Dezentralisierung zugleich den Prinzipien der Demokratie und des Friedens dient. Ein hochzentralisierter russischer Staat hat stets gewaltige Armeen unterhalten und sich stetig über seine weiten Grenzen hinweg ausgedehnt. Dieses Land, das sich über zwei Kontinente erstreckt, setzte Sicherheit stets mit Hegemonie statt mit Machtgleichgewicht gleich. Über einen Zeitraum von vier Jahrhunderten hat dieser unnachgiebige Drang nach außen die Ressourcen des Landes erschöpft und den Wohlstand der Bevölkerung untergraben. Vielleicht haben die Erfahrungen des Kalten Krieges und der Besitz eines Atomwaffenarsenals diese historischen Tendenzen abgeschwächt.

In jedem Fall sollten die Demokratien des Westens nichts unternehmen, was den Eindruck entstehen lassen könnte, daß sie auf das Auseinanderbrechen der Sowjetunion zu ihren eigenen Zwecken hinarbeiten. Gleichzeitig müssen wir darauf achten, daß wir nicht repressiven Zentralisten in die Hände arbeiten, indem wir erfolgversprechenden Reformplänen keine ausreichende Unterstützung gewähren.

Jene westlichen Staatsführer, die auf einer starken Zentralregierung als Vorbedingung für Hilfsleistungen bestehen, sollten daran denken, daß die Effizienz nicht unser einziges Ziel und im Fall der Sowjetunion auch nicht das wichtigste ist. Langfristige wirtschaftliche Hilfe hängt von der Schaffung berechenbarer politischer Rahmenbedingungen ab – das heißt nicht, daß unbedingt eine Zentralgewalt fortbestehen muß. Selbstredend müssen die westlichen Staaten humanitäre Hilfe leisten, um die sowjetische Bevölkerung vor den Folgen eines verheerenden Winters zu bewahren. Damit die Nothilfe nicht zu einem Instrument im Machtkampf wird, sollte sie in einer Weise verteilt werden, die die bestehende Machtverteilung zwischen dem Zentrum und den Republiken in Rechnung stellt.

Ich beziehe meine Warnung vor einer unbeabsichtigten Stärkung der repressiven Kräfte auch auf das Thema der Atomwaffen. Natürlich ist eine zentrale Kontrolle der Atomwaffen höchst wünschenswert. Aber an welche Adresse richten sich unsere Äußerungen in diesem Zusammenhang? Wir dürfen nicht zulassen, daß maßgebliche Kräfte in Moskau unsere Besorgnis als eine Art Lizenz für die Anwendung von Gewalt gegen die Teilrepubliken verstehen. Unterdrückung im Namen der Zentralgewalt wäre ein Heilmittel, das schlimmer ist als die Krankheit. Die meisten Atomwaffen sind auf dem Gebiet der Russischen Republik stationiert; die wenigen, die sich noch in der Ukraine, in Kasachstan und Weißrußland befinden, werden wohl kaum jemals gegen den Westen zum Einsatz kommen. Das Kernproblem besteht deshalb nicht darin, ob die Nuklearwaffen unter der Kontrolle einer Zentralgewalt stehen – was sie zu tun scheinen –, sondern darin, ob die militärische Führung in Moskau, die über diese Waffen verfügt, einer verantwortlichen politischen Führung untersteht.

Die Vereinigten Staaten dürfen unter keinen Umständen die Unterdrückung der Autonomie der Republiken durch die Zentralgewalt als ein politisches Heilmittel akzeptieren. Denn wenn die Unterdrükkung erst einmal beginnt, wird der russische Zyklus von Gewalt und Feindseligkeit gegen die Außenwelt mit Sicherheit erneut in Gang kommen.

Ich schlage nicht etwa eine aktive Politik zur Unterminierung der sowjetischen Einheit vor. Ich würde als Ergebnis eine lockere Konföderation, vorzugsweise zwischen Rußland, der Ukraine, Weißrußland und Kasachstan zusammen mit jeder anderen Republik, die sich der Konföderation freiwillig anschließen möchte, begrüßen. Denn der großrussische Chauvinismus, einst eine der stärksten Triebkräfte des russischen Expansionismus, wird in einer Sowjetunion, die als Konföderation strukturiert ist, wohl weniger gefährlich sein als in einer Russischen Republik, die auf sich allein gestellt ist.

Wir müssen das Wiedererstehen einer gewalttätigen Vergangenheit verhindern. Die Zentralgewalt muß ebenso wie die Teilrepubliken verstehen, daß ein Rückgriff auf Gewalt gegen die jeweiligen Gegner auf den gleichen Widerstand Amerikas trifft wie die Putschisten von Moskau.

Die Geschichte der Revolutionen lehrt, daß der Grad der Schwierigkeiten in der Phase der Konsolidierung vom Ausmaß der vorhergegangenen Umwälzungen bestimmt wird. Der Umbruch in der Sowjetunion hat sich viel zu schnell vollzogen, als daß er mit bestimmten Persönlichkeiten assoziiert werden könnte. Michail Gorbatschow hat große historische Verdienste, doch er hat Kräfte freigesetzt, die die Frage irrelevant machen, ob mit ihm oder mit Jelzin besser auszukommen ist. Was der Westen braucht, ist eine sowjetische Politik, die mit dem Frieden und dem Fortschritt der Welt in Einklang steht.

Immer wenn ein Monarch starb, wurde der Vergänglichkeit der menschlichen Existenz und der Fortdauer des Staates mit der Losung Tribut gezollt: »Der König ist tot. Lang lebe der König!« Die heutige permanente Revolution in der Sowjetunion kann entsprechend in dem Satz zusammengefaßt werden: »Der Putsch ist vorbei. Lang lebe der Putsch!«

Es wird gewiß sehr mühsam werden, diese Revolution in eine positive Richtung zu lenken. Doch wir sollten nicht vergessen, daß es sich dabei um ein in gewisser Weise überaus erstaunliches Problem handelt: Es ist eine Stufe auf dem Weg in eine Welt, die friedlicher und in größerem Umfange von Zusammenarbeit geprägt ist, als dies jemals der Fall war – eine Welt, die vor fünf Jahren noch als reine Utopie gegolten hätte.

# Der Westen muß in der UdSSR Prinzipien stützen, nicht Personen

Als ich Gorbatschow vor zwei Jahren im Kreml gegenüberstand, verabschiedete er sich von mir mit einer nachdenklichen Bemerkung: »Zu wissen, was falsch war, ist relativ einfach gewesen. Zu wissen, was richtig ist, hat sich als extrem schwierig erwiesen.«

Die Moskauer Polit-Achterbahn – erst der ominöse Staatsstreich, dann die Rückkehr Gorbatschows und der Triumph Boris Jelzins – hat das Dilemma, in dem sich Gorbatschow befunden hatte, endlich gelöst. Die Kommunistische Partei der Sowjetunion ist aufgelöst worden. Der Umbau der sowjetischen Gesellschaft wird sich nun unter der Ägide der Demokratie vollziehen. Zum allerersten Mal zeichnet sich eine völlig neue Staatsform auf sowjetischem Boden ab: weniger militaristisch, lose konföderiert und weniger expansionistisch.

Der Zusammenbruch des Staatsstreichs verschob die Balance entschieden zugunsten der reformerischen Elemente und gab somit den USA endlich die Möglichkeit, sich aus der übermäßigen Fixierung auf die Persönlichkeit Gorbatschows zu lösen und Ziele zu definieren, die dieser historischen neuen Chance gerecht werden. Gorbatschow wird in die Geschichte eingehen als eine der schöpferischsten Figuren dieses Jahrhunderts. Der Zusammenbruch des Kommunismus, die Befreiung Osteuropas und das Nachlassen des internationalen Staatsterrorismus wurden durch seinen Mut und seine Initiativen Wirklichkeit. Der Staatsstreich jedoch wurde von Männern und Frauen niedergeschlagen, die einem anderen Führer folgen. Daß es Gorbatschow war, der Jelzin nach Moskau holte, und daß viele Anhänger Jelzins vormals Gorbatschow folgten, mag als treffliches Beispiel für die Grausamkeit der Geschichte dienen. Gorbatschow ist nicht der erste Revolutionär, der von den Kräften eingeholt und überholt wurde, die er selbst entfesselte.

In jedem Fall sollte sich amerikanische Langzeitpolitik nicht ausschließlich an eine einzige Person binden. Sie muß auf die Frage antworten: Was wollen wir von einem Staat, gleich welcher Form, der auf dem Gebiet der jetzigen Sowjetunion existieren wird? Meiner Einschätzung nach sollte unser Ziel vor allem in einem friedfertigen Verhalten dieses Staates liegen. Das ist es, was die Nachbarstaaten des russischen Weltreiches in den 400 Jahren moderner russischer Geschichte unter Zar und Kommissar niemals hatten. Amerika sollte Institutionen, die für dieses Ziel stehen, fördern – nicht einzelne Persönlichkeiten.

Die Sowjetunion ist der Nachfolgestaat des Russischen Reiches unter der Herrschaft der Zaren, das sich über einen Zeitraum von 250 Jahren bis nach Mitteleuropa, an die Küsten des Pazifik und vor die Tore Indiens ausbreitete. Dabei überschwemmte es ganze Länder und Völkerschaften. Nicht eine einzige Republik ist dem russischen Weltreich aus freien Stücken beigetreten.

Im Idealfall wäre die Sowjetunion in Zukunft stark genug, um sich gegen mögliche Angreifer zur Wehr zu setzen, aber nicht geschlossen genug, um Angriffe auf andere Nationen durchführen zu können. Bei drohenden Gefahren größeren Ausmaßes würden die Republiken über die Mittel verfügen, zusammenzuarbeiten, ohne jedoch in der Lage zu sein, einen Konsens für aggressive Handlungen gegen Dritte herstellen zu können.

Die Sowjetunion geht gegenwärtig durch zwei Revolutionen. Die eine ist eine demokratische Revolution gegen die Institutionen des stalinistischen Staates. Die andere ist eine antikoloniale Revolution gegen die Territorialgewinne des russischen Weltreiches seit Peter dem Großen. Die erste Revolution geht gegen 74 Jahre kommunistischer Geschichte, die zweite versucht, 400 Jahre russischer Imperialgeschichte ungeschehen zu machen. Einen Teil ihres Weges konnten beide Bewegungen zusammen gehen, da beide glaubten, unter dem Banner der Demokratie am erfolgreichsten kämpfen zu können. Doch es war nur logisch, daß sich der Weg beider Bewegungen an einem gewissen Punkt trennen würde, denn die demokratischen Bewegungen in den Republiken versuchten natürlich, auch die eigene Unabhängigkeit durchzusetzen. Als dieser Prozeß der Trennung seinen

Anfang nahm, versäumte es Gorbatschow, die in dessen Natur liegende Unvermeidbarkeit zu begreifen. Er besuchte Litauen, um sich gegen eine Abspaltung des Landes von der UdSSR auszusprechen. Er sagte damals: »Ehe man sich scheiden läßt, sollte man zuvor einen Dialog führen.« Die Antwort der Litauer offenbarte das grundlegende Problem der Nationalitätenfrage: »Aber wir sind doch gar nicht verheiratet.«

Der fehlgeschlagene Putsch richtete sich meiner Ansicht nach in erster Linie gegen diejenigen Kräfte in der Sowjetunion, die versuchten, 74 Jahre kommunistischer Geschichte ungeschehen zu machen. Wahrscheinlich war es die letzte Schlacht der alten Garde – des militärisch-industriellen Komplexes, des KGB, der Armee und der Kommunistischen Partei.

Demgegenüber steht die zweite Revolution, die den Verlauf der neuen Grenzen der Sowjetunion und deren Mitgliedsstaaten bestimmen wird, erst am Anfang.

Vor dem Putschversuch drohten die USA in eine Situation zu geraten, in der die besondere Hinwendung auf die Persönlichkeit Gorbatschows das Risiko einer Verwicklung in die Machtkämpfe zwischen ihm und den Teilrepubliken in sich barg. Ich hielt das für einen Fehler, denn die USA hätten dann auf der Seite der Zentralgewalt gestanden, wenn auch auf der des reformistischen Flügels.

Um fair zu bleiben: In der Anfangszeit Gorbatschows bestanden keine Alternativen. Es war Gorbatschow, damals noch allmächtiger Generalsekretär der Kommunistischen Partei, der den Reformprozeß antrieb. Gorbatschow muß geglaubt haben, daß er die KPdSU verändern könnte, und er hat sich zweifelsohne hinsichtlich der damit zusammenhängenden Schwierigkeiten verschätzt. Seine Tragödie lag darin, daß er die Schwachstellen des Systems richtig erkannt hatte, aber unfähig war, selbst das umzustürzen, wofür er sein ganzes Leben gearbeitet hatte. So versuchte er Reformen durchzuführen, indem er im Rahmen der Institutionen arbeitete, die ihn groß gemacht hatten. Seine Methoden entsprachen den Lehrsätzen des Leninismus: Erstürme die bürokratischen Kommandohöhen, um dann deine Ziele durchzusetzen. Am Ende war Gorbatschow erfolgreicher, als er es selbst beabsichtigt, ja, vielleicht auch erwartet hatte. Schließlich machten die Institutionen, die er geschaffen hatte, um Druck auf die KPdSU auszuüben, es ihm unmöglich, jene Institutionen zu retten, denen er seine Karriere verdankte. Auch war er schließlich nicht mehr in der Lage, Pattsituationen durch die bloße Kraft seiner Persönlichkeit und seines Willens zu durchbrechen. Schrittweise wurde aus Gorbatschow, dem Führer der Reformbewegung, ein Manipulator der Widersprüche, die er selbst geschaffen hatte.

Seine ursprüngliche Strategie war brillant. Er überzeugte die Reformer davon, daß ein schnelleres Reformtempo eine Revolte der konservativen Opposition auslösen würde, und er überzeugte die Führer der sowjetischen Rechten davon, daß er die beste Barriere gegen einen Sieg der Radikalen sei. Äußerst gewandt gelang es ihm, diesen Hochseilakt einige Jahre durchzustehen, doch als die neuen Institutionen ein Eigenleben annahmen, wuchsen seine Schwierigkeiten.

Die amerikanische Politik hat keine andere Wahl, als in Planung und Ausrichtung den neuen Realitäten gerecht zu werden, wie bitter das Schicksal des bemerkenswerten Staatsführers Gorbatschow auch sein mag. Er verdient Bewunderung für seine historischen Leistungen. Doch er verfügt inzwischen weder über die Fähigkeit noch über die Autorität, als wichtigster Faktor der Veränderungen in der Sowjetunion zu agieren. Die stärksten Impulse für Reform und Dezentralisierung gehen nun von den Gruppierungen aus, die den Putsch niedergeschlagen haben. Niemand aus diesem Lager kämpfte unter dem Banner Gorbatschows, die meisten waren Anhänger Boris Jelzins.

Ob es uns gefällt oder nicht, der Putsch hat Jelzin in die Position des Führers der Reformbewegung gebracht. Ironischerweise sind die Karrieren Gorbatschows und Jelzins miteinander verflochten gewesen. Beide waren Kommunisten – Jelzin war ein Protegé Gorbatschows. Doch ihre Wege trennten sich, als Jelzin zu dem Schluß kam, Gorbatschow sei zu schwankend bezüglich der Reformbewegung und allzu stark an die KPdSU gebunden. Im Gegensatz zu Gorbatschow sah Jelzin den Dingen ins Auge. Er erkannte, daß der Marxismus-Leninismus tot und die KPdSU diskreditiert war. Sein politisches Programm basierte fortan auf der Wiedereinführung von Privatbesitz, der Gründung demokratischer Institutionen, der Zurückdrängung des Einflusses der KPdSU und der Autonomie der Republiken im Rahmen einer losen Konföderation. Ziel all dieser Maßnahmen war die Zerschlagung des zentralistischen leninistischen Systems. Das Ersetzen von Hammer und Sichel durch die zaristische Fahne und die Amtseinführung Jelzins durch einen orthodoxen Priester sind dafür symbolhaft. Alle Ziele Jelzins sind nun in Reichweite gerückt.

Vielleicht hofft Gorbatschow auf ein Comeback, wenn die Republiken sich mit den Problemen auseinandersetzen müssen, die unvermeidlich auftreten werden, wenn sich der Übergang zur Marktwirtschaft vollzieht. Doch im Kielwasser des Putsches und der Abschaffung der KPdSU scheint die einzig realistische Option Gorbatschows in einem Rückzug auf eine Position zu bestehen, wie sie die britische Monarchie Ende des letzten Jahrhunderts einnahm: als ein verfassungsmäßiger Herrscher mit beträchtlichem persönlichen Einfluß, vor allem in der Außenpolitik, aber ohne letztendlich entscheidende Autorität.

Was die USA anbelangt, so sollten sie sich davor hüten, in die internen sowjetischen Auseinandersetzungen hineingezogen zu werden. Es muß klar sein, daß die Vereinigten Staaten Prinzipien unterstützen, nicht Persönlichkeiten. Die USA und ihre Verbündeten müssen ebenfalls verstehen, daß die Anführer des fehlgeschlagenen Staatsstreichs trotz ihrer Inkompetenz einige real existierende Mißstände ansprachen. Dem sowjetischen Volk steht ein äußerst harter Winter bevor, und es ist Aufgabe der westlichen Demokratien, jede mögliche Anstrengung zu unternehmen, um zur Verbesserung der Lage beizutragen. Wir sollten bereit sein, Nothilfe in Form von Nahrungsmittel- und Medikamentenlieferungen zu leisten. Doch wir sollten die neuen Verhältnisse ausnutzen, um dafür zu sorgen, daß unsere Hilfsleistungen jene erreichen, die sie wirklich brauchen. Ein Mittel zur Stärkung der Organe der Zentralregierung dürfen sie nicht werden. Hilfe sollte so weit wie möglich über die einzelnen Teilrepubliken erfolgen.

Anfang des Jahres wandte ich mich gegen den sogenannten »grand bargain«, in dessen Rahmen westliche Hilfsleistungen in Höhe von 30 Milliarden Dollar jährlich im Gegenzug für Reformversprechungen an die Sowjetunion erbracht werden sollten. Ich nannte zwei

Hauptgründe für meine Ablehnung. Zum einen schien dieser Plan die Zentralisten hinter Gorbatschow zu stärken und die Position der Reformer um Jelzin zu schwächen. Zweitens schien er dem Irrglauben Vorschub zu leisten, die Sowjetunion könne durch Regierungsprogramme aus ihrer miserablen Lage freigekauft werden. Dabei bleibe ich.

Keine demokratische Regierung und auch keine Kombination demokratischer Regierungen verfügt über die Ressourcen, und die Sowjetunion selbst verfügt nicht über die notwendigen institutionellen Rahmenbedingungen, um solch ein Programm erfolgreich durchführen zu können. Die frühere DDR, ein Gebiet mit 16 Millionen Einwohnern und einer wesentlich besseren Infrastruktur als die Sowjetunion, benötigt jährliche Subventionen in Höhe von etwa 100 Milliarden Dollar und hat dennoch eine Arbeitslosenquote von 40 Prozent. Um ähnliches in der Sowjetunion leisten zu wollen, benötigte man anderthalb Billionen Dollar im Jahr. Es gibt keine Abkürzung auf dem Weg zu einer Umstrukturierung, die Privatkapital anziehen würde.

Zwei Schritte sind unumgänglich: die Annahme einer Verfassung, welche die Beziehungen zwischen der Zentralregierung und den Teilrepubliken regelt, und der Erlaß von Gesetzen, damit ein berechenbares Umfeld entsteht, ohne das es keine privaten Investitionen gibt.

Ein Zwischenschritt zwischen Not- und Langzeithilfe wäre eine Unterstützung auf dem Feld der Energie. Die Sowjetunion verfügt über riesige Ressourcen. Die Welt treibt auf eine Energieknappheit zu. Es liegt im Interesse der westlichen Demokratien, ihre Abhängigkeit vom Öl des Nahen Ostens zu reduzieren. Es müßte möglich sein, schnell ausländisches Kapital für eine Modernisierung der sowjetischen Infrastruktur zu gewinnen, um die russischen Öl- und Erdgasvorkommen auszubeuten. Dies könnte sich im Laufe der Zeit zu einem Präzedenzfall für eine Zusammenarbeit im größeren Rahmen entwickeln.

Der jetzige Umbau in der Zeit nach dem Staatsstreich ist der richtige Moment, um einige fundamentale Prinzipien zu verdeutlichen:

Die USA haben die Annektierung des Baltikums durch die Sowjetunion nie anerkannt. Wenn sie jetzt die Unabhängigkeit dieser Länder anerkennen, folgen sie lediglich den Konsequenzen bereits existierender politischer Richtlinien.

Was die anderen Republiken angeht, sollte unsere Politik davon abhängen, ob sie sich demokratisch verhalten. In jedem Fall sollten die USA und ihre Verbündeten keinen Zweifel daran lassen, daß einer Unterdrückung frei gewählter Regierungen in den Republiken in derselben Weise begegnet werden würde wie den Putschisten von Moskau.

Die USA und ihre Verbündeten dürfen sich nicht vollständig in den Bann der Vorgänge in der Sowjetunion ziehen lassen. In Osteuropa erweckte der Staatsstreich den Alptraum eines neu erstarkenden russischen Imperialismus wieder zum Leben. Die Nationen des Westens müssen entschieden darauf hinarbeiten, diese Ängste zu zerstreuen. Das Schicksal der osteuropäischen Demokratien muß schnellstens an das der westlichen gekoppelt werden.

Die EG sollte ihr Feilschen bezüglich der außerordentlichen Mitgliedschaft osteuropäischer Staaten beenden.

Es ist eine bemerkenswerte Ironie der Geschichte, daß der Staatsstreich innerhalb einer Woche alles gebracht hat, was die Putschisten gefürchtet hatten: das Ende der Kommunistischen Partei und die Desintegration des sowjetischen Imperiums.

# Dem Westen kann an einer Auflösung der UdSSR so wenig gelegen sein wie an ihrer Expansion

Es ist inzwischen zu einem Axiom der Weltpolitik geworden, daß die Krise des Sowjetkommunismus den Kalten Krieg beendet hat. Wie indes die neue Sicherheitskonstruktion der Welt aussehen soll, bleibt nach wie vor unklar. Die vorherrschende Ansicht westlicher politischer Beobachter scheint dahin zu gehen, daß die gigantischen Umwälzungen im kommunistischen Machtbereich von Michail Gorbatschow ausgelöst und von ihm auch zu kontrollieren seien. Die Hinwendung der ehemaligen Gegenspieler des Westens zu Pluralismus und Marktwirtschaft dient als Begründung für die Behauptung, nicht allein der Kalte Krieg, sondern die Geschichte überhaupt seien an einem Endpunkt angelangt.

Politische Auffassungen dieser Art könnten zur Folge haben, daß die Demokratien in der Stunde ihres größten Triumphs in die gefahrvolle Rolle nahezu unbeteiligter Statisten in einer neu entstehenden Welt geraten.

Je tiefgreifender und umfassender die Wandlungsprozesse der alten Ordnung sind, desto notwendiger und dringender wird es, eine neue Ordnung zu schaffen. Dies um so mehr, als das Ergebnis der Revolution Gorbatschows alles andere als klar ist. Sie könnte, statt gleichmäßig und schrittweise zu Demokratie zu führen, auch in Chaos, nationalistischer Unterdrückung oder sogar in beidem enden.

Der Westen wird sich selbst und auch Gorbatschow nicht gerecht, wenn er all die positiven Veränderungen der letzten Zeit im Osten ganz allein diesem Mann zuschreibt. Die neue Politik der Sowjetunion unter Gorbatschow ist nicht das Resultat der plötzlichen Erkenntnis eines einzelnen Mannes. Wie alle verantwortungsvollen Staatsmänner, so reagiert auch Gorbatschow auf eine einzige Kraft: die Notwendigkeit. Gorbatschow ist sicherlich eine bemerkenswerte

Persönlichkeit, ein Politiker, dem große Anerkennung gebührt für sein Bemühen, die Krise der sowjetischen Gesellschaft zu überwinden. Doch es ist der Standhaftigkeit der Demokratien zu verdanken, die sich vier Jahrzehnte lang dem Expansionsdrang der Kommunisten widersetzt haben, daß die politische Landschaft heute so aussieht, wie sie aussieht. Innenpolitisch haben drei Tatbestände den Wandel in der Sowjetunion notwendig gemacht: der Zusammenbruch der sowjetischen Wirtschaft, die politischen Legitimationsschwierigkeiten der kommunistischen Systeme und das Nationalitätenproblem.

Genau wie bei den bekannten russischen Holzpuppen verbirgt sich hier ein Problem im anderen.

Das Dilemma Gorbatschows besteht darin, daß die Ideallösung für eines dieser Problemfelder praktisch unvereinbar mit den Ideallösungen der anderen beiden Problemfelder ist. Die Schritte, die zur Überwindung der Krise der sowjetischen Wirtschaft getan werden müssen, sind bekannt, doch hat es bis heute noch keine zentrale Planwirtschaft gegeben, die den Übergang zur Marktwirtschaft bewerkstelligte. Die Sowjetunion hat sich bisher nur äußerst zögernd in Richtung auf Preisreform und Abbau der Subventionen bewegt, zwei wichtige Vorbedingungen für die Schaffung einer Marktwirtschaft.

China war nahe dran, diese Schritte wirklich zu tun, doch dann kam die Katastrophe auf dem Platz des Himmlischen Friedens, die hauptsächlich dadurch zu erklären ist, daß die Wirtschaftsreformen des Landes die Toleranz der politischen Institutionen überforderten. Um ähnliche Vorgänge in der Sowjetunion zu vermeiden, konzentriert sich Gorbatschow bei seinen Reformbemühungen zur Zeit primär auf den politischen Bereich. Er ist in einer besseren Lage als irgend jemand anders, um zwei bis dato unüberwindliche Probleme beurteilen zu können: 1. Die kommunistische Partei ist ihrem Wesen nach mit der zentralen Planung verbunden; 2. je länger eine kommunistische Regierungsform in einem Land besteht, desto mehr schwindet die moralische Autorität der Staatsführung, dem Volk Opfer abzuverlangen.

Mit seinen politischen Reformen ist Gorbatschow darauf aus, sich um eine Legitimation durch das Volk zu bemühen, um den Widerstand innerhalb der Bürokratie zu schwächen. Doch in Osteuropa hat es sich gezeigt, daß die demokratische Öffnung einer kommunistischen Partei zugleich den Beginn ihres Todeskampfes bedeutete. Der Instrumente staatlicher Macht beraubt, fallen die nicht für den freien demokratischen Wettbewerb gedachten kommunistischen Parteien Osteuropas beim ersten Hauch offener Politik auseinander. Da jedoch die Länder Osteuropas über nationale Traditionen verfügen, führte der Zusammenbruch der ungeliebten kommunistischen Parteien hier zum politischen Zusammenhalt innerhalb der Völker dieser Länder.

Der Zusammenbruch der KPdSU dürfte dagegen andere Resultate hervorbringen. Denn die Sowjetunion ist ein Weltreich, kein Nationalstaat. Nur wenig mehr als die Hälfte der Bevölkerung der Sowjetunion ist russischer Nationalität. Glasnost hat noch nicht einmal zu Ansätzen einer gesamtsowjetischen nichtkommunistischen Partei geführt.

Der tatsächliche politische Wettstreit findet innerhalb des Politbüros und innerhalb der einzelnen Republiken der Sowjetunion statt. Glasnost weckt bei den kommunistischen Parteien verschiedener Sowjetrepubliken das Verlangen, von Moskau unabhängig zu werden. Dies ist ein Prozeß, der von den jeweiligen nichtkommunistischen Parteien, die noch stärker nationalistisch geprägt sind, weiter beschleunigt wird. Dem Entstehen eines echten Pluralismus in der Sowjetunion steht der Umstand entgegen, daß eine demokratische Tradition im Großteil des Vielvölkerstaats nur sehr spärlich ausgebildet ist.

Die meisten der großen historischen Strömungen, die Pluralismus hervorbrachten – der Kampf zwischen Papst und Kaiser, die Reformation, die Aufklärung, das Konzept der freien Marktwirtschaft –, liefen schlicht und einfach an Rußland vorbei oder berührten es nur am Rande.

Gorbatschow hat eine atemberaubende Fähigkeit und Geschicklichkeit an den Tag gelegt, wenn es darum ging, Opposition auszuschalten. Doch es bleibt abzuwarten, ob es möglich ist, ein Reformprogramm auf der Grundlage des Durcheinanders bei den politischen Gegnern durchzuführen. Ich fürchte, daß genau jenes Ergebnis der Entwicklung höchst unwahrscheinlich ist, auf das der Westen so viele Hoffnungen setzt: die schrittweise Evolution einer pluralistischen

Demokratie mit einer freien Marktwirtschaft. Der momentan in der Sowjetunion in der Entstehung begriffene relative Pluralismus wird wohl hauptsächlich eher zu einem virulenten Nationalismus in den einzelnen Sowjetrepubliken und auf gesamtsowjetischer Ebene dazu führen, daß Gorbatschow eine Autorität zugebilligt wird, die der eines Zaren entspricht. Wenn Gorbatschow aber erst einmal im Besitz solch beinahe allumfassender Staatsmacht ist, wird es schwierig sein, abzuschätzen, was er (oder sein Nachfolger) tun wird.

Der Weg könnte in die Stagnation, ins Chaos oder in die Repression führen – vielleicht aber auch zu allen drei Zuständen nacheinander.

Ich halte es für ausgesprochen dringend, jetzt stärker über die Rolle Gorbatschows und das Verhältnis des Westens zu ihm nachzudenken. Er wird als der Mann in die Geschichte eingehen, der nicht eingriff, als Osteuropa seine Ketten abwarf, und der die Umwandlungsprozesse in der Sowjetunion einleitete. Wenn die Sowjetunion weiterhin den für den Verteidigungshaushalt aufgewendeten Prozentsatz des Bruttosozialprodukts senkt und sich aus so abgelegenen Vorposten wie Kuba zurückzieht, ist eine Unterstützung auf dem Konsumgütersektor sicherlich ebenso angemessen wie eine Technologiehilfe, wie sie vom amerikanischen Außenminister James A. Baker umrissen wurde. Man darf sich jedoch nicht darüber hinwegtäuschen, daß die Entwicklung der schwierigsten Problembereiche, mit denen Gorbatschow sich auseinanderzusetzen hat, ganz einfach nicht vom Westen beeinflußt werden kann. Es ist durchaus möglich, daß es Gorbatschow wie so vielen Revolutionären ergeht, die von dem Prozeß, den sie in Gang gesetzt haben, verschlungen worden sind.

Es würde die westlichen Demokratien gleich in dreifacher Hinsicht verwundbar machen, wenn sie ihre Politik gegenüber der Sowjetunion auf eine Unterstützung Gorbatschows ausrichteten: Einmal würde dies Gorbatschow die Möglichkeit eröffnen, sein Verbleiben im Amt zum hauptsächlichen Ziel der Diplomatie zu machen; es würde zum anderen zu einer Lähmung des westlichen Lagers führen für den Fall, daß Gorbatschow als Folge seiner Politik entmachtet würde; und es würde zum dritten die Reputation von Staatsmännern deshalb schon beschädigen, weil sie in zu großem Maße auf eine einzelne Person gesetzt haben.

Die beiden bedenklichsten Ergebnisse der Krise des sowjetischen Kommunismus sind zwei Seiten derselben Münze. Auf der einen Seite droht eine Rückkehr zur großrussischen Tradition der Unterdrückung der Nationalitäten, auf der anderen Seite könnte das über den Zeitraum von 400 Jahren errichtete russische Weltreich auseinanderbrechen.

Ein nationalistisches Rußland aber könnte im Lauf der Zeit auf eine Außenpolitik zurückfallen, wie sie das zaristische Rußland über 200 Jahre lang gegenüber Asien und Europa praktizierte. Die Welt hat in so starkem Maße unter den Auswirkungen der kommunistischen Ideologie gelitten, daß sie nahezu vergessen hat, welch ein unbequemer Nachbar das zaristische Rußland war. Das flache, weite Land ohne natürliche Grenzen ist so oft überfallen worden, daß es im Laufe der Jahrhunderte den Begriff »Sicherheit« mit dem möglichst weiten Ausdehnen der eigenen Grenzen gleichsetzte. So versuchte das russische Weltreich, seine gesamte Geschichte hindurch stets jedes andere Machtzentrum in seiner Reichweite zu zerschlagen: Polen, die Türkei, Schweden, Österreich-Ungarn, China, Indien.

Es mag am Ende wie eine Ironie der Geschichte erscheinen, daß die Erben Lenins vielleicht in gar nicht allzuferner Zukunft den russischen Staat mit den gleichen politischen Mitteln zusammenhalten werden, mit denen die Erben Peters des Großen dies taten. Der Nationalismus in den kleineren Sowjetrepubliken hat bereits zur Entstehung seines ungemein aktiven Widerparts in der Russischen Sowjetrepublik selbst geführt. Der russische Nationalismus jedoch ist seinem Charakter nach stets repressiv und expansionistisch gewesen. Sollten sich Gorbatschow oder seine Nachfolger auf einen solchen Kurs einlassen, wird dies zu einer Kollision mit den Überzeugungen der westlichen Demokratien über Menschenrechtsfragen führen. Dies wiederum würde in Moskau als eine Bedrohung des staatlichen Zusammenhalts ausgelegt werden, und so verstärkten sich Mißtrauen und Spannungen noch weiter.

Die außenpolitische Aufgabe für die Demokratien liegt unter diesen Umständen darin, diesen Augenblick, in dem sich Moskau verstärkt inneren Problemen zuwenden muß, dazu zu nutzen, ein neues Sicherheitssystem zu schaffen, welches das historische Streben der

Sowjets nach totaler Sicherheit, das bisher totale Unsicherheit für alle anderen betroffenen Staaten bedeutete, überwindet.

Für Europa würde dieses System die schnellstmögliche Rückkehr der sowjetischen Armeen auf heimisches Territorium bedeuten. Die verworrenen Abrüstungsverhandlungen, die von den existierenden militärischen Trennungslinien ausgehen, verschleiern das weitere Problem, daß eine neue, realistische politische Trennungslinie festgesetzt werden muß.

Sind jedoch die Sowjettruppen in die Sowjetunion zurückgekehrt, muß dieses Sicherheitssystem dann auch Vorkehrungen treffen, die bewirken, daß die sowjetischen Ängste vor einem militärischen Überfall aus dem Westen nachhaltig reduziert werden.

Man darf bei der Realisierung dieser Gedanken jedoch zu keinem Zeitpunkt die genau entgegengesetzte Gefahr für den Weltfrieden außer acht lassen: die Möglichkeit des Zusammenbruchs des sowjetischen Staates. Dem Westen kann an einer Auflösung der Sowjetunion genausowenig gelegen sein wie an einer sowjetischen Expansion.

Die baltischen Staaten nehme ich einmal aus. Ihre Annektierung durch die Sowjetunion ist selbst zu einem Zeitpunkt, da die sowjetische Macht ihren Gipfel erreicht hatte, nie durch den Westen anerkannt worden, und so kann dies erst recht nicht in den Zeiten von Glasnost und Perestroika geschehen.

Was jedoch die übrige Sowjetunion angeht, darf der Westen nicht Schritte unternehmen, deren Folgen unabsehbar sind. Der Zusammenbruch der staatlichen Autoritäten in einem Land, das Zehntausende von Atomwaffen besitzt und Dutzende von Kernkraftwerken, müßte die gesamte Menschheit mit Sorge erfüllen.

Dieses Problem ist so erschreckend und widerspricht so sehr den gängigen Vorstellungen vom Souveränitätsprinzip, daß man sich eingehend mit ihm befassen sollte.

Abgesehen von der Nuklear-Problematik – der Zusammenbruch der Sowjetunion würde wahrscheinlich einen furchtbaren Gewaltzyklus nach sich ziehen. Die Geschichte könnte brutale zweihundert Jahre rückwärts schreiten und ein fürchterliches Finale unter Beteiligung aller angrenzenden Länder heraufbeschwören.

Natürlich wird es weder Washington noch den anderen demokratischen Staaten gelingen, den sowjetischen Staat zu erhalten, wenn Moskau dazu nicht selbst in der Lage ist. Doch der Westen kann mit viel Umsicht und Bedachtsamkeit agieren, und die Erfahrung sollte Moskau gelehrt haben, daß es von einem gewissen Grad innerer Repression ab äußerst schwierig ist, in der westlichen Öffentlichkeit Unterstützung für eine Politik der Entspannung zu finden.

Um mit solch widersprüchlichen Perspektiven klarzukommen, wird sich Amerika mit gedanklichen Kategorien auseinandersetzen müssen, die es in seiner Geschichte stets abgelehnt hat. Es gilt, nicht mit missionarischem Eifer, sondern als Hüter des Gleichgewichts zu agieren. Die politischen Richtlinien werden den wechselnden Erfordernissen der Erhaltung des Machtgleichgewichts angeglichen werden müssen.

Von festgeschriebenen Leitlinien oder einer Doktrin kollektiver Sicherheit wird man Abschied nehmen müssen. In diesem Sinne ist die letztendliche Herausforderung an die amerikanische Außenpolitik eine Herausforderung philosophischer Natur.

# Die Zeit für Gorbatschows Reformen verrinnt

Moskau im Winter ist ein scheußlicher Ort. Schneeregen und Schnee prasseln auf die Bürgersteige, die scheinbar nie frei von Pfützen sind, nicht einmal in diesem mildesten Winter seit Menschengedenken. Trotz Perestroika hat sich das Antlitz der Stadt in den zwei Jahren seit meinem letzten Besuch nicht gewandelt. Und schon damals schien sie mir – nach zehnjähriger Abwesenheit – seltsam unverändert. Heute sind die Geschäfte leerer als je zuvor; das Konzept der Dienstleistung hat das Vaterland des Sozialismus noch nicht erreicht. Es bleibt ein Rätsel, wie sich ein Volk von so offensichtlicher Mattigkeit in nur vier Jahrhunderten von der pfadlosen Ebene, die Moskau umgab, im Westen bis an die Elbe und im Osten bis Wladiwostok am Pazifik ausbreiten konnte, eine Distanz von fast 10 000 Kilometern; wie dieses Volk den Status einer Supermacht erreichen und die Welt den größten Teil dieses Jahrhunderts in Hörigkeit halten konnte.

Aber so ist es durch die gesamte Geschichte hindurch gewesen. Die seltsame Rückständigkeit Rußlands ist von allen Beobachtern vermerkt worden, und doch wurden sie Lügen gestraft durch außerordentliche Errungenschaften Rußlands, erreicht durch eine unvermittelte Vereinigung von Energie, Disziplin und Heroismus. Rußland, kommunistisch oder nicht, hat seinen eigenen Rhythmus.

Auf Einladung der sowjetischen Regierung besuchte ich Moskau zusammen mit dem ehemaligen französischen Präsidenten Giscard d'Estaing und dem früheren japanischen Premierminister Yasu Nakasone, die mit mir einen Bericht über die Ost-West-Beziehungen erarbeiten.

Wenn sich Rußland seit meinem letzten Besuch auch nicht sichtbar verändert hatte, so fand ich doch die psychologische Atmosphäre gewandelt. Vor zwei Jahren strahlte die sowjetische Führung Optimismus und Zuversicht aus, als ob eine Reform erreichbar sei durch die Veränderung einiger Verfahrensweisen. Dieses Mal war die Stimmung sehr viel düsterer.

Vielleicht war dies der Ausfluß der Tragödie Armeniens; vielleicht das plötzliche Gefühl, daß die Zeit für die Reformen zerrinnt. Gorbatschow selber schien weniger überschwenglich, nachdenklicher – tatsächlich auch gedankenvoller als bei früheren Gelegenheiten.

Offensichtlich ist die Perestroika auf die Unlenkbarkeit und Starrheit ihres eigenen Systems gestoßen. Die Frage stellt sich nun in ihrem Kern dar: Sind die existierenden sowjetischen Institutionen vereinbar mit Modernisierung?

Planwirtschaft kennt keine Verantwortlichkeit. Das Netz der Administratoren hat ein vitales Interesse daran, wechselseitige Nichtangriffspakte zu schließen. Während die Theorie einen zentralen Plan verlangt, produziert die Realität ein betrügerisches Einverständnis zwischen Managern, Planern und Ministerien, wobei überall der Ansporn herrscht, die eigenen Kapazitäten zu untertreiben und die eigenen Leistungen zu übertreiben, um sich vor Schuldzuweisungen bei Versagen zu schützen.

Beabsichtigte administrative Veränderungen haben daher die Tendenz, unter dem Eigengewicht des Status quo zusammenzubrechen, während beabsichtigte politische Veränderungen von einer Armee von Verwaltungsbeamten und Parteifunktionären gebremst werden.

Das Land braucht eindeutig eine neue Klasse von Managern, die fähig sind, die Produktionskosten in den Griff zu bekommen und realistische Preise für Waren einzuführen. Da 25 Prozent des Haushaltes dafür verwandt werden, die Preise zu subventionieren – eine offizielle Schätzung, die mit an Sicherheit grenzender Wahrscheinlichkeit zu niedrig liegt – fehlt ein objektiver Gradmesser für Effizienz. Da nicht der Markt die Warenströme lenkt, werden sie durch Verwaltungsanweisung, Korruption oder Schwarzmärkte gesteuert.

Die sowjetischen Führer erkennen, daß sie ein System der Anreize einführen müssen und daß sie keine Weltmacht bleiben können, wenn ihre Wirtschaft im internationalen Vergleich dermaßen hinterherhinkt.

Doch außerhalb Gorbatschows eigenem Zirkel verfügt das sowjetische System über keine organisierte Machtgruppe, um die nötigen Reformen zu unterstützen. Gorbatschow mag Horrorgeschichten erzählen von Zehntausenden Paaren Schuhen, die in Lagerhäusern verrotten, da sie von solch schlechter Qualität sind, daß sie nicht einmal in diesem Land der chronischen Knappheiten jemand kaufen will.

Doch der Kommunistischen Partei als einer Institution kann unmöglich daran gelegen sein, sich ihrer eigenen überwachenden Rolle zu berauben. Genausowenig wird die Regierungsmaschinerie geneigt sein, eine Reduzierung ihrer administrativen Vorherrschaft willkommen zu heißen.

Die Gruppe, die am ehesten die Notwendigkeit von Reformen verstehen wird, ist die Geheimpolizei, da ihre Aufgabe es mit sich bringt, die auswärtige Welt abzuschätzen. Doch ihr Enthusiasmus wird an dem Punkt enden, wo Reformen die zivile Disziplin untergraben. Und die Führung des Militärs wird eine Modernisierung nur so lange favorisieren, wie sie dafür nicht mit zu drastischen Reduzierungen der Streitkräfte bezahlen muß.

Gorbatschows mutige Angriffe gegen existierende Institutionen fordern darüber hinaus psychologischen und politischen Tribut. Vor einigen Wochen beklagte sich mir gegenüber ein junger russischer Besucher über die öffentlichen Angriffe auf alle sowjetischen Staatsführer seit Lenin: »Das legt den Gedanken nahe, daß jeder sowjetische Bürger über 70 sein Leben verschwendet hat.« Der Ausbruch nationalistischer Leidenschaften vom Baltikum bis in die Staaten Zentralasiens zeigt, daß bis zu einem gewissen Grad Glasnost – Demokratisierung – mit Perestroika – wirtschaftliche Reformen – kollidiert.

Kein Wunder, daß Gorbatschow fast wehmütig wird, wenn er seine Aussichten überdenkt. »Auf jeden Fall«, so sagte er unserer Delegation, »werden die Dinge in der Sowjetunion nie wieder so sein wie früher.« Das wäre ein bescheidenes Ergebnis eines so herkulischen Vorhabens.

Die entscheidenden Veränderungen im wirtschaftlichen Management des sowjetischen Systems harren noch der Konsolidierung von Gorbatschows Macht. Und für ihn wird dieses Jahr entscheidend sein.

Tatsächlich akkumuliert Gorbatschow in einem bisher beispiellosen Ausmaß persönliche Macht – verfassungstechnisch überschreitet seine Macht sogar die Stalins. Bis jetzt war die höchste sowjetische Position die des Generalsekretärs der Kommunistischen Partei, die das politische, das ökonomische und das militärische Leben durch ein System paralleler Hierarchien dominierte.

Doch Gorbatschow hat nicht die Absicht, die operationale Hauptverantwortung für Reformen gerade jener Gruppe zu übertragen, die am meisten reformbedürftig ist. Daher hat er das bisher eher zeremonielle Amt des Präsidenten mit faktischer, vielleicht sogar dominanter Macht ausgestattet.

Der neue Oberste Sowjet, eine Körperschaft, die aus einem komplexen, von Gorbatschow beherrschten Wahlprozeß entsteht, wählt den Präsidenten und wird ständig tagen, um Parteigruppen abzuschrecken. Dem Präsidenten ist eine fünfjährige Amtszeit zugesichert, und er kontrolliert die Außen- und die Sicherheitspolitik.

Wenn dieser von Gorbatschow vorangetriebene Prozeß abgeschlossen ist, wird die Sowjetunion von einem pluralistischen Mischsystem regiert werden, in dem Gorbatschow als Präsident inmitten eines riesigen Labyrinths bürokratischer Strukturen sitzen wird, wobei nur er allein Zugang zu ihnen allen haben wird. An diesem Punkt – innerhalb eines Jahres – wird die Zeit für Perestroika knapp werden; Gorbatschow wird mit seinem ökonomischen Reformprogramm ernst machen müssen.

Politische und wirtschaftliche Veränderungen dieser Art können nicht unter Bedingungen internationaler Spannungen durchgeführt werden; die sowjetische Führung steht unter dem Druck, mit der Zeit und der Energie, die sie für die Außenpolitik aufwendet, sparsam umzugehen.

Es ist daher unnötig, über die Frage zu diskutieren, ob es eine grundlegende Wandlung in der Einstellung der sowjetischen Führung gegeben hat. Es ist ebensowenig sinnvoll, die eigene Politik vollständig auf einen speziellen sowjetischen Staatsführer auszurichten. Die innenpolitischen Verhältnisse zwingen der sowjetischen Außenpolitik eine Erholungspause auf – und schließlich auch das internationale Umfeld.

Der russische und der sowjetische Expansionismus sind möglich gewesen, weil dem russischen Imperium mindestens an einer Front immer ohnmächtige Nachbarn gegenüberstanden. Die russische ebenso wie die sowjetische Außenpolitik waren stets darauf ausgerichtet, diesen Zustand zu fördern.

Doch nun wachsen zum erstenmal die großen Nachbarn - China, Japan, Indien und Westeuropa - schneller als der sowjetische Block, genauso wie die andere Supermacht, die USA. Dazu kommt, daß sich diese Länder, mit Ausnahme Indiens, mehr oder weniger darin einig sind, dem sowjetischen Expansionismus zu widerstehen.

Gorbatschows erste Reaktion bestand darin, ausgeklügelte Friedensoffensiven zu starten, um diese in stiller Übereinkunft bestehende Koalition aufzubrechen. Doch der Preis, den er dafür bezahlen muß, besteht darin, daß er den traditionellen Druck, den die Sowjetunion auf ihre Nachbarn ausübte, dämpfen mußte.

Sollte der sowjetische Expansionismus wiederauftauchen, wären Gorbatschows beträchtliche Leistungen bei der Aufpolierung des sowjetischen Ansehens in Gefahr. Was als ein taktischer Schachzug gedacht war, könnte so eine eigene Dynamik annehmen.

Die asiatischen Nachbarn der Sowjetunion sind immun gegen sentimentale Appelle. Sie werden auf einer Lösung der Themen bestehen, die sie am meisten betreffen.

Europa ist verletzlicher. Die Innenpolitik seiner Länder gibt Raum für Versuchungen, die durch Veränderungen im internationalen Klima entstehen. Die Teilung Deutschlands gibt den Sowjets ein Lockmittel in die Hand, mit dem sie den deutschen Nationalismus stimulieren können. Viele der jüngsten sowjetischen Züge können als Versuche interpretiert werden, sich die wirtschaftliche Unterstützung Europas nutzbar zu machen und gleichzeitig dessen militärische Leistungsfähigkeit durch einen scharfsinnigen Angriff auf den Zusammenhalt der NATO zu vermindern.

Doch im Endeffekt wird eine solche Politik entweder im Sande verlaufen oder sich als zu gefährlich erweisen, es sei denn, die Staatsführer des Westens werden ihrer Verantwortung nicht gerecht. Ganz gleich, welche politischen Kurzsichtigkeiten sich europäische Staatsmänner bei der Verfolgung ihrer Innenpolitik leisten, sie werden es ablehnen, den Schutz Amerikas gegen den Goodwill der Sowjets einzutauschen, vor allem, wenn die USA eine kohärente atlantische Politik verfolgen.

Und ein neutrales Deutschland – wenn es erreichbar wäre – würde die Sowjetunion vor wachsende Probleme stellen, da alle unerfüllten Aspirationen Deutschlands im Osten liegen.

Daher ist die Sowjetunion – sofern sie realistisch ist – durch die Umstände dazu verdammt, eine realistische Regelung anzustreben, vorausgesetzt, der Westen ist in der Lage, seinem Friedenskonzept durch eine Reihe präziser politischer Arrangements einen konkreten Inhalt zu geben.

Wenn die Außenpolitik eine Wissenschaft und nicht eine Kunst wäre, würde dies so geschehen. Doch es bleibt abzuwarten, ob die Amerikaner dazu gebracht werden können, die Außenpolitik unter dem Aspekt des Gleichgewichts der Kräfte zu betrachten und nicht unter dem Gesichtspunkt der Auseinandersetzung zwischen Gut und Böse, oder ob Rußland seinen historischen Expansionismus aufgeben kann.

Die Amerikaner haben stets danach gestrebt, die Bösen zu bestrafen, aber auch, sie durch Bekehrung zu erretten. Das ist die Erklärung dafür, daß der frühere Präsident von einem kriegerischen Antikommunismus zu der ständig wiederholten Versicherung gelangte, in den Herzen der sowjetischen Führer habe sich ein Wandel vollzogen, und dies bedeute eine Grundlage für eine friedliche Zukunft. Ein derartiger Ansatz indes vernachlässigt die Realitäten der Macht, des Ehrgeizes und des nationalen Interesses.

Auf sowjetischer Seite ist das Hindernis für Fortschritt genau das Gegenteil; es ist nicht die Ablehnung der Rolle der Macht, sondern die Besessenheit von der Macht. Die Geschichte Rußlands rechtfertigt eine Furcht vor Invasionen fremder Mächte. Doch solange diese Furcht nur durch die Ohnmacht der angrenzenden Länder und die politische Vorherrschaft der Sowjets besänftigt werden kann, wird der Friede in Gefahr sein.

Was die Westeuropäer angeht, so müssen sie der Tatsache ins Auge sehen, daß sie, wenn ihnen ernsthaft an einer politischen Lösung gelegen ist, nicht die Sowjetunion in Versuchung führen dürfen, die westliche Allianz zu spalten.

Schließlich muß der Westen die Abrüstung in eine bessere Perspektive einbetten. Was als verständliches Bemühen um die Kontrolle von Massenvernichtungswaffen begann, ist heute zu einem Kult geworden, der von einer Priesterschaft exotischer Technokraten verwaltet wird, die geheimnisvolle Lösungsvorschläge und Formeln hervorbringt, welche zu Abkommen führen, die sie vor den jeweiligen Parlamenten mit der erstaunlichen Begründung rechtfertigt, daß sie die existierenden militärischen Kapazitäten nicht beeinträchtigen. Die von Präsident Bush angeordnete Revision bedeutet die Möglichkeit, einen Gesamtentwurf auszuarbeiten.

Die bevorstehende Eröffnung von Verhandlungen über konventionelle Abrüstung wird in jedem Fall Rahmenbedingungen schaffen, die eine europäische politische Lösung notwendig machen.

Jeder sowjetische Abzug, der in bedeutendem Umfange die sowjetischen Offensivkapazitäten reduziert und Garantien gegen eine erneute Stationierung der abgezogenen Kräfte enthält, muß die politische Unruhe in Osteuropa verstärken.

Jeder teilweise Abzug amerikanischer Streitkräfte aus Europa, der das unvermeidbare Ergebnis eines größeren sowjetischen Abzuges sein wird, wird die historische Prämisse, auf die die westliche Allianz gegründet ist, revolutionieren.

Daher ist eine beispiellose Chance mit einer beispiellosen Herausforderung an die westliche Staatskunst gekoppelt:

Die westliche Allianz muß das derzeitige Zahlenspiel namens Abrüstung in ein politisches Konzept umwandeln, das eine europäische politische Lösung beinhaltet.

Westeuropa muß mit amerikanischer Ermutigung seine eigene Verteidigung und seine eigene politische Organisation entwickeln. Dies ist die einzige bedeutsame Form der Verteilung der Lasten und der Schlüssel zu einer europäischen Lösung.

Die Vereinigten Staaten müssen deutlich machen, daß kein Plan in Betracht kommen kann, der den vollständigen Abzug amerikanischer Streitkräfte aus Europa beinhaltet.

Die Sowjetunion sollte über die Falle nachdenken, in der sie sich jetzt befindet: Sie hat ihre militärische Sicherheit an Regime in Osteuropa gebunden, deren Instabilitäten ihre eigene Dynamik entfalten.

Ist es möglich, politische Evolution von militärischer Sicherheit zu trennen?

Vor fünfzehn Jahren scheiterten Versuche, weltweit gültige Regeln für politisches Verhalten aufzustellen, an sowjetischem Expansionismus und amerikanischer innerer Spaltung. Wäre es möglich, einen solchen Dialog unter den veränderten Bedingungen wieder zum Leben zu erwecken?

Ein neuer amerikanischer Präsident mit einem großzügigen Geist und ein sowjetischer Führer, der seine Bereitschaft unter Beweis gestellt hat, historische Vorurteile und vorgefaßte Meinungen zu beseitigen, sehen sich nun einer Herausforderung gegenüber, die ihrem Wesen nach dem missionarischen Hang Amerikas und der expansionistischen Tendenz Rußlands entgegensteht: Frieden zu sichern, indem ein Ausgleich der nationalen Interessen erreicht wird.

# Vierter Teil

# Deutschlands Weg zur Wiedervereinigung

# Deutschlands großer Baumeister – Das Ende der Ära Genscher

Als im letzten Monat der Rücktrittsentschluß Genschers bekannt wurde, überkam mich das Gefühl, einen beinahe persönlichen Verlust erlitten zu haben – dies war eine merkwürdige Reaktion, denn obwohl ich den deutschen Außenminister als Freund schätze, konnte ich doch nicht immer mit seiner Politik einverstanden sein. Aber er war ein Meister seines Faches im Zeitalter des Kalten Krieges und der leitende Architekt bei der Wiedervereinigung seines Landes. Genschers Amtsverzicht soll hier zum Anlaß genommen werden, nicht nur über die Vergangenheit nachzudenken, sondern auch über die Rolle, die sein Land in der kommenden Zeit spielen wird.

Meine erste Begegnung mit Genscher fand kurz nach seiner Amtsübernahme in Bad Reichenhall statt. Dies war im Juni 1974, als die Präsidentschaft Richard Nixons ihrem vorzeitigen Ende entgegenging. Zwar konnte damals Genschers Verständnis für außenpolitische Zusammenhänge – milde ausgedrückt – nur als minimal bezeichnet werden, er stellte jedoch in einer von großer Unsicherheit innerhalb der westlichen Allianz geprägten Phase ein außerordentliches Maß an Selbstsicherheit zur Schau. Er trat für ein Gentlemen's Agreement zum Abbau der Spannungen zwischen den Vereinigten Staaten und dem Gebilde ein, das damals der Gemeinsame Markt hieß. Und er hat zu seinem Wort gestanden.

In den nächsten drei Jahren arbeiteten wir eng zusammen. Es gab keinen Außenminister eines anderen Landes, dem ich mehr vertraut hätte. Genschers außenpolitisches Verständnis wuchs in erstaunlichem Tempo. Im Laufe der folgenden anderthalb Jahrzehnte, in denen wir einander regelmäßig begegneten, entwickelte er sich zum dominierenden Außenminister in Europa. Für diesen gescheiten, pflichtbewußten und verletzlichen Mann empfand ich eine besondere Zuneigung – er vertrat seine Überzeugungen mit Leidenschaft, hütete sich jedoch vor Frontalzusammenstößen, er war empfindlich gegenüber persönlichen Kränkungen, neigte jedoch zu Manövern, die zu derartigen Kränkungen führten.

Genscher ging seine Ziele so verdeckt an, daß sein Verschleierungsgeschick gelegentlich die hochgesteckten Absichten vernebelte, die sie beseelten. In späteren Jahren bereiteten mir einige seiner komplizierten Schachzüge Sorgen. Ohne sie hätte aber Deutschland möglicherweise nicht derart großen diplomatischen Einfluß gewonnen. Es stand jedoch zu befürchten, daß der von Genscher geprägte außenpolitische Stil in weniger geschickten Händen das schwer erarbeitete Vertrauen in die deutsche Beständigkeit gefährden könnte. Es ist an sich schon ein Anzeichen für eine außerordentliche Persönlichkeit, daß eine derartige Ambivalenz durch einen einzelnen Politiker hervorgerufen werden konnte, der eine kleine Partei repräsentierte, deren Vorsitz er nicht einmal innehatte. Genschers Rücktritt erinnerte mich an jenen Diplomaten des Wiener Kongresses, der zum Tode eines Kollegen bemerkte: »Ich frage mich, was sein Motiv dabei war.« Stellt Genschers Amtsverzicht nun einen Rückzug oder den Übergang in eine neue Rolle dar?

Auf diese Frage kann ich keine Antwort geben. Vielleicht weiß Genscher es selbst nicht. Was seinen Platz in der Geschichte betrifft, so wählte er jedenfalls genau den richtigen Augenblick für seine Entscheidung. Er hatte gerade sein Meisterstück vollbracht, indem er die deutsche Einheit vollendete und gleichzeitig die Atlantische Allianz sicherte. Sein Amtsverzicht ereignet sich gerade zum Zeitpunkt einer beispiellosen Unruhe in der deutschen Nachkriegspolitik. Die Vereinigung erfordert immer größere Opfer; die disziplinierte Unterstützung für die Wirtschaftspolitik der Regierung, wie sie für die deutsche Gewerkschaftsbewegung typisch war, geht zu Ende; zur Vermeidung von Inflation und Stagnation ist eine Politik äußerster Sparsamkeit erforderlich. Genscher mag zu der Erkenntnis gekommen sein, daß seine Freien Demokraten die volle Verantwortung für die Regierungspolitik mittragen müssen und ernsthafte Verluste erleiden werden, wenn sie bis zu der 1994 bevorstehenden Wahl in der gegenwärtigen Koalition bleiben.

Im gegenwärtigen Deutschen Bundestag können die Freien Demokraten nur gemeinsam mit den Christlichen Demokraten eine Regierung bilden. Dennoch hat Genscher als der populärste Politiker Deutschlands möglicherweise die Überlegung angestellt, daß sein Rücktritt seiner Partei die Kritik dafür erspart, mitten in der Legislaturperiode die Seiten gewechselt zu haben, und ihr gleichzeitig neue Optionen für die Zukunft eröffnet: sei es durch eine Koalition aller wichtigen Parteien zur Bewältigung einer besonderen Notlage, wie sie von vielen führenden Persönlichkeiten befürwortet wird, oder durch ein Bündnis der Freien Demokraten mit den Sozialdemokraten bei der Wahl 1994. Bei jeder dieser Varianten könnte Genscher erneut eine Schlüsselrolle spielen, sei es als Bundespräsident oder als Architekt einer neuen Koalition nach den nächsten Bundestagswahlen.

Genschers Außenpolitik lag eine ähnliche Dynamik zugrunde. So wie seine Partei zwischen den beiden großen Parteien lavieren mußte, hatte sein Land die schmalen Meerengen und gefährlichen Klippen zwischen den beiden Supermächten und einer Reihe von mißtrauischen Nachbarn zu durchfahren. Genscher, der aus Halle im ehemals kommunistisch beherrschten Teil Deutschlands stammt, spielte in der Bundesrepublik ursprünglich eine Außenseiterrolle. Notgedrungen besaß er für die deutsche Frage ein besonders intensives Gespür, das nicht alle Westdeutschen mit ihm teilten, von den Verbündeten der Bundesrepublik zu schweigen. Genscher konnte mit diesen internationalen Gegenströmungen genauso souverän umgehen wie mit den innenpolitischen. In beiden Fällen erreichte er für sein Land ein Maß an Einfluß und Prestige, das größer war als seine relative Machtstellung.

Selbst ohne Berücksichtigung des schweren Erbes von zwei Weltkriegen stellt die deutsche Außenpolitik ungewöhnlich große Aufgaben. Deutschland ist mächtiger als jedes andere europäische Land, und keines grenzt an mehr Nachbarländer. Wann immer Deutschland sich auf eine rein nationale Außenpolitik eingelassen hat, hat es seine Nachbarn in Furcht versetzt und damit zur Instabilität beigetragen. Deutschlands militärische Stärke fordert zur Bildung feindseliger Bündnisse heraus. Und das Streben nach einer Weltmachtrolle hat das Land isoliert, denn niemand wollte der Juniorpartner einer so unruhigen und ehrgeizigen Nation sein.

Historisch sind diese Probleme durch die späte Bildung eines deutschen Nationalstaats entstanden. Bis 1871 hatte es in Deutschland nur eine lockere Konföderation unabhängiger Staaten gegeben. Nachdem Deutschland so viele Energien auf die Herausbildung der nationalen Einheit verwandt hatte, schien ihm die Kraft zu fehlen, seine nationalen Ziele zu definieren. Daher ist es verständlich, daß dieses Problem nur zweimal in der deutschen Geschichte gelöst worden ist, nämlich von Bismarck bei der Gründung des Deutschen Reiches und von Konrad Adenauer nach dem Zweiten Weltkrieg. Bismarck entschied sich für eine Politik des Offenhaltens aller Möglichkeiten, die dem Reich immer mehr Optionen verschaffte, als sie jeder mögliche Rivale besaß: Damit verhinderte er die Bildung feindseliger Koalitionen.

Adenauer entschied sich für Zuverlässigkeit. Er ging davon aus, daß aus der deutschen Vergangenheit zu viel Mißtrauen resultierte, um die Wiederholung von Bismarcks subtilem Spiel mit diplomatischen Kombinationen zuzulassen, und daß die deutsche Neigung zu extremen Positionen den Sinn für Proportionen blockierte, die die Grundbedingung für Bismarcks Politik des Offenhaltens aller Möglichkeiten gewesen war. Der erste Kanzler der Bundesrepublik wollte die Versuchungen eines deutschen Sonderwegs vermeiden, indem er sich unzweideutig auf die atlantische Zusammenarbeit festlegte. Heute steht Bundeskanzler Kohl in der Tradition Adenauers. Genscher dagegen kombinierte die prowestliche Grundorientierung seines Landes mit Bismarckscher Flexibilität. Aber wie lange kann eine solche Politik tragfähig sein? Denn wenn Flexibilität bedeutet, nach allen Seiten hin offene Optionen zu haben, dann wird der Vorwurf eines verhüllten Nationalismus sehr bald auftauchen. Dies war auch die Ursache gelegentlichen Murrens gegen Genscher in den Hauptstädten seiner Verbündeten.

Der Fairneß halber müssen wir aber die besonderen Herausforderungen hervorheben, denen sich Genscher als Außenminister eines geteilten Landes stellen mußte. Wenn der Juniorpartner eines Bündnisses sich automatisch nur in den Fußstapfen des Seniorpartners bewegt, dann riskiert er den Verlust seiner Identität, ja sogar seiner Existenzberechtigung. Vom Standpunkt der atlantischen Orthodoxie her gesehen, hatte Deutschland wohl passiv an der Seite seiner Alliierten auf den endgültigen Zusammenbruch des Sowjetreichs zu warten. Aber von einem aus dem Osten Deutschlands stammenden Politiker konnte man nicht erwarten, daß er passiv blieb, während die Menschen in seiner Heimat unter einer von einer fremden Macht auferlegten totalitären Herrschaft lebten.

Im Laufe der Zeit entschied sich die Mehrheit der Deutschen für eine spezifisch westdeutsche Haltung hinsichtlich ihrer nationalen Bestrebungen. Die Ostpolitik wurde von Bundeskanzler Willy Brandt begründet und von Genscher unter den beiden folgenden Kanzlern Helmut Schmidt und Helmut Kohl fortgesetzt. So sehr sie auch alliierte Sorgen ernst nahmen, forderten die Deutschen doch unvermeidlich Sicherheitsgarantien gegenüber der Sowjetunion, um deren Furcht vor einem wiederauflebenden Deutschland nach einer Wiedervereinigung zu zerstreuen.

Die Regierungen Schmidt und Kohl hielten ihren Kurs mit Hartnäckigkeit und Geschick. Genscher verdient höchste Anerkennung für die Durchführung der Ostpolitik im außenpolitischen Alltag, wenn auch der letzte entscheidende Schritt in Richtung Wiedervereinigung unter Kohls persönlicher Anleitung erfolgte. Genschers subtile taktische Schachzüge haben zeitweise Unbehagen hervorgerufen. Während einige seiner Kollegen Genscher gegenüber zwiespältige Empfindungen verspürten, verhielt sich die Bundesrepublik seinen Verbündeten gegenüber ambivalent. Immerhin hatte es Genscher mit sechs verschiedenen amerikanischen Außenministern zu tun, wobei jeder von ihnen nach einem Profil strebte, das ihn deutlich von seinem Vorgänger unterschied. Verständlicherweise war die Versuchung groß, angesichts amerikanischer Kehrtwendungen das Vertrauen zu verlieren, wenn zwischen der Aufstellung von Mittelstreckenraketen und ihrem Abzug nur vier Jahre lagen. Genscher hielt wenig von atomaren Teilaufmärschen, bei denen nur Waffen übrigblieben, deren Reichweite sich auf deutsche Gebiete beschränkte, selbst wenn seine Position in dieser Frage Washington und London verärgerte.

Genscher manövrierte sich mit höchster Geschicklichkeit durch all diese Kontroversen. Als seine größte historische Leistung wird sicher gelten, daß er die Vereinigung seines Landes bewerkstelligte und dabei die Bindungen Deutschlands an die atlantische Gemeinschaft aufrechterhielt. Nach der Wiedervereinigung sah sich Genscher einer Welt gegenüber, auf die ihn keinerlei frühere Erfahrungen vorbereitet hatten. Mit dem Ende des Kalten Krieges bestand auch die Notwendigkeit nicht mehr, die deutsche Außenpolitik gleichzeitig auf beide Supermächte auszurichten. Die Sowjetarmeen rückten tausend Kilometer weiter nach Osten, und die frühere Sowjetunion befand sich in Auflösung. Dies bedeutete eine Schwächung der sicherheitspolitischen Komponente der NATO. Keine europäische Nation, auch Deutschland nicht, würde sich in Zukunft mehr in gleichem Maße wie in der Vergangenheit amerikanischen Prioritäten beugen oder weiter den alten Preis für ihren Schutz zahlen. Die Auflösung des ostdeutschen Staates befreite Deutschland weitgehend von der Notwendigkeit, sich zu seiner eigenen Legitimierung westeuropäischen und insbesondere französischen Vorschriften zu unterwerfen. Nun schien die europäische Einheit vielen in Deutschland eine weniger eilige Angelegenheit.

Genscher war nun längst der dienstälteste unter den atlantischen Außenministern. Sein taktisches Geschick und seine Intelligenz, gepaart mit der neuen gestärkten Verhandlungsposition seines Landes, verliehen ihm eine Prominenz, die – möglicherweise unbeabsichtigt – Deutschlands neue Rolle als Nation verstärkte. Aber welchen Zielen und Zwecken sollte das alles dienen? Für den Meister der Diplomatie eröffneten sich neue Möglichkeiten des Manövrierens zwischen den immer zahlreicher werdenden internationalen Institutionen wie der NATO, der Europäischen Konferenz für Sicherheit und Zusammenarbeit, dem Gemeinsamen Markt und der Westeuropäischen Union, deren Zwecke sich teilweise überlappten und teilweise miteinander in Konkurrenz standen. Aus dieser Vielfalt von Zugehörigkeiten resultiert eine Gefahr: Wenn jeder mit jedem verbündet ist, dann gibt es keine speziellen Verpflichtungen mehr, und die nationalen Interessen setzen sich durch. Aber wenn man den internationalen Mechanismus geschickt nutzt, kann er zum Werkzeug nationaler Politik werden. Beispielsweise war Genschers Analyse des jugoslawischen Konflikts derjenigen der meisten seiner europäischen Partner überlegen. Dennoch setzte er sich weniger mit der Kraft seiner Argumente durch, als durch geschicktes Lavieren zwischen der Europäischen Gemeinschaft, der KSZE und der Drohung, auf eigene Faust zu handeln. Aus dem gleichen Grunde droht Genschers jüngstes Projekt – das »Europa zwischen Wladiwostok und Vancouver« – existierende Beziehungen aufzulösen und an ihre Stelle eine so umfangreiche und unklare Struktur zu setzen, daß die nationalen Interessen aller Beteiligten sich letztendlich durchsetzen müssen.

Taktisches Geschick kann die Realität verschleiern, sie aber nicht verändern. Deutschlands reale Lage bietet nur wenig Spielraum für außenpolitisches Handeln: Bleibt es zu passiv, dann geht es das Risiko ein, von den Stürmen überwältigt zu werden, die um die Mitte des Kontinents toben; verhält es sich dagegen zu aktiv, dann geht es das Risiko ein, die Gewalt dieser Stürme zu steigern. Achtzehn Jahre lang hat Genscher diesen Spielraum brillant auszunutzen verstanden. Wenn er ihn nicht ausweiten konnte, dann liegt dies wohl an den Gegebenheiten der Lage Deutschlands.

Alles in allem sollten die demokratischen Länder Genscher dankbar sein, weil er durch viele Stürme hindurch ihre Allianz nicht aufgegeben hat. Die Gegner seines Landes sollten honorieren, daß er sich immer bemühte, Brücken zu bauen. Und seine Freunde werden nie vergessen, daß seine persönliche Loyalität seinem diplomatischen Geschick gleichkam. Genscher wird mit Sicherheit als einer der größten Staatsmänner seines Landes in die Geschichte eingehen.

# Die Bundesrepublik hat es nicht verdient, von ihren Freunden als besiegtes Land behandelt zu werden

Die unaufhaltsam fortschreitende Wiedervereinigung Deutschlands wirft eine ganze Reihe von Fragen auf.

Wie sollen zum Beispiel die Wirtschaftssysteme der beiden deutschen Staaten miteinander verschmolzen werden, wie wird die Grenzfrage gelöst werden? Als letztendlich entscheidend ist die Frage nach der außenpolitischen Ausrichtung Deutschlands anzusehen: Bleibt Deutschland auch weiterhin ein struktureller Teil des Westens, oder wird es einen neutralen Status anstreben?

Die Antwort auf diese Fragen wird die politische Stabilität Europas bis weit in das nächste Jahrhundert hinein mitbestimmen.

Die innenpolitische Diskussion dieses Themas in Deutschland selbst erinnert an die Kontroversen, die es in den Anfangsjahren der Bundesrepublik vor über 40 Jahren gab. Damals entschloß sich der große Kanzler Konrad Adenauer zu einer Politik der engen Westbindung – ein bis dahin in der deutschen Geschichte einmaliger politischer Entschluß. Die Kritiker Adenauers waren damals davon überzeugt, daß Adenauer durch seine strikte Absage an eine mögliche Neutralität Deutschlands alle Hoffnungen auf eine mögliche Einheit der Nation verriet. Eine Generation später ist die Diskussion über dasselbe Thema erneut entbrannt, diesmal allerdings mit vertauschten Rollen.

Als Erbe der Tradition Adenauers tritt Bundeskanzler Helmut Kohl sowohl für eine rasche Wiedervereinigung als auch für eine starke Bindung an die NATO ein. Seine deutschen Kritiker monieren, daß er das Tempo unnötig forciert. Einige dieser Kritiker bauen – vielleicht auch unbewußt – auf die Möglichkeit einer Neutralität, vorausgesetzt, daß die Perestroika Gorbatschows am Ende zu einer Sowjetunion führt, die eine Art Gegengewicht zu Washington bilden könnte.

Der Begriff »Neutralität« ist nicht mehr modern. Der von ihm beschriebene Zustand wird nun in das Gewand eines »gesamteuropäischen Sicherheitssystems« gekleidet, in dessen Rahmen die Militärblöcke aufgelöst werden und die Nationen Europas ebenso wie die Sowjetunion, Kanada und die Vereinigten Staaten unter einem kollektiven, auf dem Konsens der beteiligten Nationen beruhenden Friedenskonzept zusammengefaßt werden sollen.

Natürlich wächst mit der fortdauernden Teilung Deutschlands die Versuchung für andere Länder, die Vorbedingungen für eine Wiedervereinigung auszuweiten. Eine schnelle Wiedervereinigung wäre der beste Weg, um zu verhindern, daß Deutschland sich auf dem Weg zur Erfüllung der eigenen Wünsche von allen anderen Mächten eigensinnig abwendet.

Ein Zaudern in dieser Frage birgt das Risiko in sich, daß die historische Unfähigkeit Deutschlands, seine Geographie mit den politischen Anforderungen der Stabilität Europas in Einklang zu bringen, erneut zum Tragen kommt. Deutschland, das als letztes der größeren Länder Europas seine staatliche Einheit vollzog (1871), hat sich in der Vergangenheit mehr darauf konzentriert, seine Einheit zu erlangen, anstatt Strategien auszuarbeiten, wie mit der einmal erlangten Einheit umzugehen sei.

Die nationalen Interessen waren daher auch überwiegend militärischer Natur. Doch dieser Haltung Deutschlands, simultan alle Bedrohungen und Gefahren – seien sie nun real existierend oder einfach nur eingebildet – zu meistern, weckte in den Nachbarländern ein Gefühl der Bedrohung, das schließlich zur Entstehung jener feindlichen Bündnisse und Koalitionen führte, die der erste Reichskanzler Bismarck als den Alptraum Deutschlands bezeichnete.

Das Deutschland nach dem Zweiten Weltkrieg befreite sich von diesen Denkmustern. Deutschland ist heute durch zwei Institutionen an den Westen gebunden: die Europäische Gemeinschaft und die NATO.

Mit Ausnahme vielleicht Großbritanniens gibt es in Europa wenige, die gegen einen schnelleren Fortgang der politischen Integration des Kontinents sind. Im Hinblick auf die NATO existiert dieser Konsens allerdings nicht. Trotz der dramatischen Veränderungen des letzten Jahres bleibt der Beitrag der NATO zu Frieden und Stabilität in Europa unentbehrlich. Die NATO ist die einzige Institution, die Amerika mit Europa und Deutschland mit einer Supermacht verbindet. Dreimal in diesem Jahrhundert – 1917, 1941 und 1948 – haben sich amerikanische Truppen als unentbehrlich bei der Aufrechterhaltung des europäischen Gleichgewichts erwiesen.

Die NATO gibt den Ländern Europas, die über keine eigenen Atomwaffen verfügen, eine Art Schutzgarantie gegen mögliche atomare Erpressungsversuche. Die amerikanische Truppenpräsenz in Europa gibt den Ländern Europas ein Gefühl der Sicherheit und der Unterstützung für den Fall, daß Deutschland – so ungeheuerlich und unwahrscheinlich dies auch klingen mag – erneut auf einen nationalistischen Kurs verfallen sollte. Ohne eine deutliche Rolle der Vereinigten Staaten würde die psychologische Landkarte Europas wie auch die der NATO radikal verändert werden.

Doch dies ist genau die Tendenz, die durch das in Mode gekommene neue gesamteuropäische Sicherheitssystem unter Einschluß der Sowjetunion, Kanadas und der USA verstärkt wird. Die existierenden Sicherheitsarrangements würden von diesem System abgelöst werden, das eine gemeinsame Zusammenarbeit bei der Lösung eventueller friedensgefährdender Probleme vorsieht. Dieses System wird besonders von Hans-Dietrich Genscher vertreten. Ebenso hat das europäische Sicherheitssystem Anhänger in einigen osteuropäischen Ländern, die den Abzug sowjetischer Truppen von ihrem Gebiet beschleunigen wollen.

Jedoch: Der Versuch, den Frieden mit Hilfe eines solch ungenauen Arrangements zu bewahren, wird fast sicher zu globaler Unsicherheit führen.

Die Quadratur des Kreises kann nicht gelingen – trotz der Anstrengungen einiger Fürsprecher des Systems, es wie eine Ergänzung der NATO wirken zu lassen. Es ist aufgrund seiner Definition schon unvereinbar mit der Allianz. Dieses neue System würde zur Aufweichung und letztendlich zur Auflösung aller existierenden psychologischen Trennungslinien führen.

Systeme der allgemeinen kollektiven Sicherheit haben sich in der Geschichte als nutzlos gegenüber der Hauptgefährdung des Friedens erwiesen: der möglichen Existenz einzelner, aggressiver Länder.

Wie reagieren dann die »friedliebenden« Länder? Welche Sanktionen könnten sie einsetzen, wie würden Entscheidungen gefällt werden? Wie könnte ein solches System all die Frustrationen und negativen Auswüchse der Vereinten Nationen und des Völkerbunds vermeiden?

Wenn jeder mit jedem verbündet ist, dann hat niemand zu irgend jemand besondere Beziehungen. Dies ist dann der ideale Zustand für die aggressivsten Mitglieder, potentielle Opfer zu isolieren – dies ist ja auch der Grund, warum die Sowjetunion damals unter Stalin in die NATO eintreten wollte.

Im Rahmen eines solchen Arrangements könnte sich ein auf Aggression und Expansion ausgerichtetes Land in dem Bewußtsein wiegen, daß es im Falle möglicher Aktionen des sogenannten Sicherheitssystems ja immer noch über ein Vetorecht gegen diese Maßnahmen verfüge.

Wie jene Politiker, die angeblich einen zu starken deutschen Machtzuwachs nach der Wiedervereinigung befürchten, sich für ein solches Sicherheitssystem aussprechen können, bleibt mir daher ein Rätsel. Es wäre gedankenlos, die Atlantische Allianz genau in dem Moment zu einem formlosen Etwas verkommen zu lassen, in dem überall in Osteuropa traditionelle Nationalismen aufflackern und die Sowjetunion zwischen Chaos und Repression schwankt.

Die Rolle Deutschlands ist nach wie vor von zentraler Bedeutung. Es ist zwar theoretisch denkbar, daß die NATO auch ohne Deutschland weiterbesteht. Es ist jedoch kaum von der Möglichkeit auszugehen, daß Mitteleuropa ohne die Vereinigten Staaten verteidigt werden kann. Wenn amerikanische Truppen in Europa bleiben sollen – und zwar in einer Stärke, die für die Verteidigung des Kontinents von Bedeutung ist –, dann müssen diese in Deutschland stationiert werden, vor allem angesichts des jüngsten amerikanisch-sowjetischen Abkommens, das die amerikanische Truppenpräsenz außerhalb der mittleren Sektion auf eine maximale Obergrenze von 30 000 Mann limitiert.

Aus diesem Grund ist es wichtig, sich den Sirenengesängen eines symmetrischen Abzuges der beiden Supermächte aus Europa zu widersetzen. Sollten sich tatsächlich alle sowjetischen Truppen aus Mitteleuropa zurückziehen, so stünden sie, nur einige hundert Kilometer entfernt, an der polnisch-sowjetischen Grenze, während sich die amerikanischen Truppen 5000 Kilometer über einen Ozean hinweg zurückziehen müßten. Unter solchen Umständen gäbe es auf dem Gebiet der Atomwaffen sogar noch weniger Symmetrie.

Die jüngsten Ost-West-Verhandlungen spiegeln die gegenwärtigen politischen Realitäten nur ansatzweise wider. Man hat sich auf eine Obergrenze von 195 000 Mann auf jeder Seite in Mitteleuropa und auf 30 000 Mann seitens der Vereinigten Staaten außerhalb der Mittelsektion in Großbritannien, Spanien, Italien und der Türkei geeinigt. Das bedeutet, daß wir in der mittleren Sektion eine Symmetrie der Kräfte haben werden – entweder wird es hier gewisse Obergrenzen geben, oder die Truppenstärken werden schließlich auf Null reduziert. Ich halte beide Möglichkeiten für schlecht.

Die Obergrenzen geben einmal den Sowjets Gründe, in Osteuropa mehr Truppen zu belassen, als die Gastländer dies wollen. Deshalb sollte das jeweilige Gastland das letzte Wort zu diesem Thema haben. Andererseits verbleiben unter diesen Abkommen viel zuwenig amerikanische Truppen in Europa.

Kurz gesagt: Es darf nicht passieren, daß die Sowjetunion nun durch die Ost-West-Verhandlungen im Moment ihrer größten Schwäche Ziele erreicht, die ihr verwehrt wurden, als sie noch groß und bedrohlich wirkte, nämlich die Entnuklearisierung Europas, ein neutrales Deutschland und ein vollständiger Truppenabzug der Vereinigten Staaten aus Europa.

Es kann keinen Ersatz für eine gemeinsame Strategie des Westens geben. Der Versuch, die NATO zu einer politischen Institution umzufunktionieren, scheiterte bereits in den siebziger Jahren angesichts der französischen Opposition gegen solche Pläne. Von daher scheint es unwahrscheinlich, daß sich dieses Konzept jetzt durchsetzen könnte, da es von vielen Europäern als im Gegensatz zur Integration Europas stehend aufgefaßt werden könnte.

Darüber hinaus scheint es schwierig zu definieren, was diese politische Rolle denn sein könnte. Eine militärische Allianz kann ohne ein strategisches Konzept, das die möglichen Gefahren und die Mittel zu deren Begegnung definiert, nicht überleben.

Was die absehbare Zukunft angeht, so scheint die ideologische Bedrohung durch die Sowjets erst einmal aufgehoben. Die riesige sowjetische Armee wird durch ethnische Konflikte und technologische Rückständigkeit weiter geschwächt werden. Andererseits könnte – angenommen, Perestroika führt zum Erfolg – die neue Kraft der Sowjetunion für deren Nachbarn genauso unangenehm werden, wie das früher unter Zar und Kommissar der Fall war. Dieser historische Druck könnte durch das sowjetische Atomwaffenarsenal, dem in Europa nichts Vergleichbares gegenübersteht, neue Verstärkung erfahren.

Ich möchte hier jetzt nicht auf den möglichen Inhalt eines angemessenen strategischen Sicherheitskonzeptes eingehen. Es sei jedoch darauf hingewiesen, daß eine Auflösung des westlichen Militärbündnisses als Folge von innenpolitischem Druck und finanziellen Engpässen mit erheblichen Gefahren verbunden ist.

Diese Prozesse verlangen nach außerordentlicher Umsicht und viel Fingerspitzengefühl. Besonders bei der bevorstehenden Zusammenkunft der vier »Supermächte«, auf der die internationalen Rahmenbedingungen für die Wiedervereinigung Deutschlands festgelegt werden sollen, wird sehr viel Sensibilität vonnöten sein.

Nach 40 Jahren verantwortungsvoller Politik in der Allianz hat es die Bundesrepublik nicht verdient, von den westlichen Demokratien wie ein Besiegter behandelt zu werden. Großbritannien, Frankreich und die USA sollten nichts auf diesem Treffen auf die Tagesordnung setzen, was nicht im Vorfeld mit der Bundesregierung abgeklärt worden ist. Um den Status Deutschlands als gleichberechtigter Partner zu betonen, sollten die westlichen Demokratien endlich damit beginnen, die überlebten Besatzungsrechte abzuschaffen, einschließlich des Vier-Mächte-Status Berlins.

Was ist mit der Sowjetunion?

Zum einen läßt sich sagen, daß sie wenige Möglichkeiten hat. Mitte dieses Jahres wird die Währungsunion in Deutschland in Kraft treten, die politische Integration wird ebenfalls rasch vonstatten gehen. Die Sowjetunion wird dem nur militärisch entgegenwirken können, was wiederum die bisherige Europa-Politik Gorbatschows zunichte machen würde. Sicherlich hat die Sowjetunion einen Anspruch darauf, ein ganz gewichtiges Wort bei der Umgestaltung der Verhältnisse in Europa mitzureden.

Die Sowjets können sich auf vielerlei Weise gegen eine mögliche Bedrohung aus dem Westen absichern: Ostdeutschland könnte demilitarisiert werden, das vereinigte Deutschland formell auf Atomwaffen verzichten, die Streitkräfte des Westens könnten erheblich reduziert werden, amerikanische Truppenabzüge größeren Umfangs aus Europa wären ebenfalls denkbar, um nur einige Möglichkeiten zu nennen.

All diese Punkte sind bereits ins Gespräch gebracht oder angedeutet worden, und keine dieser Maßnahmen widerspricht in irgendeiner Weise der weiteren NATO-Mitgliedschaft Deutschlands. Wenn in der Sowjetunion erst einmal die Marktwirtschaft entstanden und die Rote Armee in Umfang und Stärke reduziert worden ist, so wird das Nachlassen und spätere völlige Verschwinden eines Gefühls der Bedrohung aus dem Osten vielleicht tatsächlich ein Gefühl universeller Sicherheit entstehen lassen, das sich durch die einfache Ausrufung eines neuen Sicherheitssystems nicht so leicht in die Welt rufen läßt.

Nötig ist jetzt ein zusammenhängendes Konzept, das diese verschiedenen politischen Ebenen miteinander in Einklang bringt. 1967 leitete der frühere belgische Premierminister Pierre Harmel eine Kommission, der die Staatsführer mehrerer NATO-Länder angehörten. Ziel dieser Kommission war es, die Herausforderungen der Zukunft für die Länder der Allianz zu umreißen. Der so entstandene Bericht bot eine wichtige Orientierungshilfe in den folgenden Jahrzehnten. Ist es Zeit für einen ähnlichen Bericht, der unsere Möglichkeiten heute umreißt?

# Alte Befürchtungen und das neue Deutschland

Wie so oft seit dem Westfälischen Frieden von 1648 bildet Deutschland auch jetzt das Kernstück der revolutionären Veränderungen, die ganz Europa erschüttern. Die Reaktion der westlichen Demokratien scheint dem großen Dramatiker George Bernard Shaw recht zu geben, der einmal sagte, es gebe zwei Tragödien im Leben: die eine sei der endgültige Verzicht auf Herzenswünsche, die andere ihre Erfüllung.

Osteuropa und vor allem die DDR schienen bis vor kurzem noch fest in der Hand der Sowjets zu sein. So ging man davon aus, daß die Integration Westeuropas wesentlich rascher fortschreiten werde als die Wiedervereinigung Deutschlands.

Unvorhergesehene, umwälzende Ereignisse haben diese Annahme widerlegt. Die sowjetische Macht in Osteuropa ist zusammengebrochen. Die Breschnew-Doktrin, wonach jedes osteuropäische kommunistische Regime mit der Unterstützung durch die Rote Armee rechnen konnte, ist aufgegeben worden.

Diese Ereignisse haben eine große Lücke zwischen den Erklärungen des Westens und seinen tatsächlichen Handlungen offenbar werden lassen. Wenn diese Lücke nicht geschlossen wird, so könnte dies eine schwere Schädigung der Errungenschaften von vier Jahrzehnten westlicher Diplomatie und Staatskunst heraufbeschwören.

Sicher, die westlichen Staatsführer bekräftigen auch weiterhin ihre Unterstützung für die Selbstbestimmungsbestrebungen des deutschen Volkes. Doch ihre Erklärungen sind durchsetzt mit Bedingungen, die darauf hinauslaufen, die Atlantische Allianz und die europäische Integration zu Hindernissen auf dem Weg zur Wiedervereinigung Deutschlands umzufunktionieren. Dies aber arbeitet auf lange Sicht der pro-westlichen Orientierung des deutschen Staates entgegen.

So hat die britische Premierministerin Margaret Thatcher die Wiedervereinigung Deutschlands an das Ende eines längeren Demokratisierungsprozesses in ganz Osteuropa gesetzt, der sogar die Sowjetunion einschließt und den ostdeutschen Staat als eine eigenständige souveräne Einheit über einen Zeitraum von 10 bis 15 Jahren fortbestehen lassen würde. Der französische Staatspräsident Mitterrand erklärte kürzlich auf einer Pressekonferenz, daß die europäische Integration der deutschen Wiedervereinigung vorangehen solle.

Die amerikanische Position in dieser Frage ist noch komplizierter. Präsident Bush und Außenminister Baker haben vier Grundprinzipien ins Gespräch gebracht, mit deren Hilfe die nationalen Wünsche der Deutschen mit den aus der Geschichte geborenen Befürchtungen der anderen europäischen Staaten in Einklang gebracht werden sollen: a) Das Prinzip der Selbstbestimmung muß ohne jeden Vorbehalt gegen mögliche politische Resultate aufrechterhalten werden; b) die deutsche Wiedervereinigung muß im Rahmen der NATO und der EG stattfinden; c) die Wiedervereinigung muß ein schrittweiser Prozeß sein; d) Deutschland muß seine Unterstützung der Prinzipien der Beschlüsse von Helsinki bezüglich seiner Grenzen eindeutig und dauerhaft artikulieren.

Doch hat bisher kein westlicher Staatsführer den Begriff der deutschen Selbstbestimmung oder auch einen genauen Weg zu ihr definiert. Die Folge davon ist, daß die westlichen Demokratien Gefahr laufen, zu Komplizen der den Status quo verteidigenden Sowjets und somit in den Augen der Deutschen für etwas verantwortlich zu werden, für das bis dato die Sowjetunion die alleinige Schuld trug: die Teilung Deutschlands.

Jahrzehntelang vermutete der Westen, Moskau habe die »Deutsche Karte« im Ärmel. Es wäre mehr als eine Ironie der Geschichte, wenn der Westen den Sowjets im Moment des Siegeszuges der Demokratie in Osteuropa diese Karte auf einem silbernen Tablett reichen würde.

Die Gefahr, daß der Kreml und die ostdeutschen Kommunisten zu Schlüsselfiguren auf dem Weg zur Erfüllung deutscher Wünsche und Hoffnungen werden, erwächst nicht nur aus den Erklärungen des Westens, sondern auch aus seinen Handlungen. Sowohl Präsident

Mitterrand als auch Außenminister Baker trafen während ihrer jüngsten Besuche der DDR mit Politikern zusammen, denen sie zuvor aus dem Weg gegangen waren, die von ihrem eigenen Volk abgewiesen werden und die es selbst jetzt noch den demokratischen Parteien erschweren, sich zu organisieren. Gleichzeitig griffen die alliierten Militärbefehlshaber mit großer Bereitwilligkeit einen sowjetischen Vorschlag auf, zum erstenmal seit 1971 wieder ein Treffen der Viermächte-Kontrollkommission Berlins durchzuführen. Diese Gesten offenbaren ein Interesse des Westens am Fortbestand des Status quo in Deutschland. Dies wird bei den Deutschen auf Dauer das Gefühl entstehen lassen, daß die nationalen Anliegen Deutschlands nicht mit der Westorientierung der Bundesrepublik in Einklang zu bringen sind.

In Artikel 7 des Vertrages, der die Basis für die Wiederbewaffnung der Bundesrepublik schuf, verpflichteten sich die drei Westmächte zur Kooperation beim Bemühen um die Wiedervereinigung Deutschlands. In der darauf folgenden stürmischen Debatte wurden die Befürworter der deutschen Integration in die NATO von der Opposition beschuldigt, die schließliche Einheit der deutschen Nation aufs Spiel zu setzen. Eine ähnliche – wenngleich weniger leidenschaftliche – Auseinandersetzung gab es über die europäische Integration. Nach einer anfänglichen Periode des Zögerns und der Zurückhaltung engagierten sich alle demokratischen Parteien der Bundesrepublik in den atlantischen und ebenso in den europäischen Institutionen, und sie haben dieses Engagement 40 Jahre lang bewiesen.

Die Verbündeten Deutschlands sollten lieber zweimal nachdenken, ehe sie die Westbindung der Bundesrepublik aufs Spiel setzen, indem sie die führenden Politiker der Bundesrepublik dazu zwingen, sich zwischen ihren westlichen Alliierten und den eigenen nationalen Zielen zu entscheiden. Sie dürfen kein deutsches Problem schaffen, indem sie versuchen, eines zu vermeiden.

Besonders die Frage nach der Behandlung der DDR auf internationaler Ebene duldet keinen Aufschub. In Osteuropa werden die neuen demokratischen Institutionen wahrscheinlich die innere Stabilität erhöhen. In der DDR wird es sich mit Sicherheit anders verhalten: Freie Wahlen werden noch mehr Druck in Richtung auf die Wiedervereinigung bringen. Keine Formulierung kann die Tatsache ändern, daß der Hauptexistenzgrund für das Bestehen des ostdeutschen Staates seine Rolle als kommunistischer Vorposten der Sowjetunion war. Natürlich würde kein Land der Welt, wahrscheinlich nicht einmal die Bundesrepublik, Einwände erheben, wenn sich die Bevölkerung der DDR für einen Fortbestand eines separaten Staates entscheiden würde. Doch die westlichen Nationen würden einen verhängnisvollen Weg einschlagen, sollten sie versuchen, darauf hinzuwirken.

Wie der Zeitplan für die deutsche Wiedervereinigung oder ihr genaues Wesen auch aussehen mögen – die Richtung muß innerhalb des nächsten Jahres festgelegt werden.

Denn wenn zwei deutsche Staaten – und vor allem zwei demokratische – erst einmal Teil eines europäischen Gleichgewichts sind, so kann eine deutsche Wiedervereinigung nur auf Kosten einer internationalen Krise stattfinden. Außenstehende Mächte – vor allem die Sowjetunion – hätten dann die Möglichkeit, von der innerdeutschen Rivalität zu profitieren.

In Wirklichkeit sind die Möglichkeiten der westlichen Demokratien nicht so breitgefächert, wie ihre öffentlichen Erklärungen das vermuten lassen. Denn jeder Versuch, die Wiedervereinigung Deutschlands von der Integration Europas abhängig zu machen, kann nur zum katastrophalen Scheitern beider Ziele führen – darin liegt die große Schwäche der amerikanischen Grundgedanken. Früher oder später würde sich der deutsche Nationalismus gegen die Integration Europas und die transatlantische Einheit wenden. Wahrscheinlich wird dies auch auf die europäische Integration nachteilige Auswirkungen haben, denn denjenigen, die die deutsche Einheit fürchten und denen ebenfalls nicht sehr viel an der Integration Europas gelegen ist, wird so die Chance gegeben, zwei Fliegen mit einer Klappe zu schlagen.

Die Politik kann keine Realitäten erfinden, sie kann sich ihrer nur bedienen. Die Zeitspannen, innerhalb derer die Wiedervereinigung Deutschlands und die Integration Europas stattfinden können, sind nun einmal nicht dieselben. Die Wiedervereinigung wird angetrieben von grundlegenden Emotionen und genährt von gewachsenen demokratischen Verfahrensweisen. Der Prozeß der europäischen Integration spiegelt vorsichtige Kalkulationen wider und wird von eher technischen Abläufen bürokratischer Natur in Gang gehalten.

Die tatsächliche Entscheidung, vor der die westlichen Verbündeten nun stehen, ist, ob sie die deutsche Einheit mehr fürchten, als sie die europäische Integration und den transatlantischen Zusammenhalt hochschätzen. Will man ein deutsches Übergewicht verhindern, so darf man Deutschland keine Motive unterstellen, die es, wie es in 40 Jahren verantwortungsvoller Politik bewiesen hat, einfach nicht mehr hat. Noch weniger darf man zur Erreichung dieses Zieles das Land teilen.

Sollte sich Deutschland entgegen allen Erwartungen und jeder Vernunft zu hegemonialer Machtpolitik entschließen, haben Frankreich und Großbritannien immer noch stets die Möglichkeit, ihre Zusammenarbeit im Rahmen der europäischen und der transatlantischen Institutionen zu intensivieren. Zudem würden die USA mit Sicherheit ihren Einfluß geltend machen, um eine Entwicklung zu verhindern, die sie in zwei Weltkriegen bekämpft haben.

Mehrere Faktoren treiben die Wiedervereinigung Deutschlands voran. Die Auflösung der inneren Grenzen wird die Bundesrepublik zwingen, so rasch wie möglich Schritte zur Angleichung der Lebensbedingungen in beiden Teilen Deutschlands in die Wege zu leiten. Ansonsten wäre ein Massenexodus der ostdeutschen Bevölkerung wahrscheinlich, der die Aufnahmefähigkeit der Bundesrepublik wohl überschreiten dürfte. Eine gemeinsame Wirtschaftspolitik ist unumgänglich; eine gemeinsame Währung somit auch nicht allzu weit entfernt.

Ein weiterer Impuls wird von den Wahlen ausgehen, die in diesem Jahr in den beiden Teilen Deutschlands stattfinden werden: im Osten im Mai, in der Bundesrepublik im Dezember. Nachdem sie zu Anfang ihre Nichtteilnahme erklärt hatten, unternehmen die westdeutschen Parteien nunmehr große Anstrengungen in Hinsicht auf die Wahl in Ostdeutschland, denn deren Ergebnis könnte dem Wahlsieger einen Vorteil für den Wahlkampf im Westen geben. Daher werden vermutlich dieselben Parteien in Ostdeutschland den Ton angeben wie in der Bundesrepublik. Es ist höchst unwahrscheinlich, daß sich die Politik in Richtung auf die Vereinigung – die in ihrem Kern nicht Sache einer Partei ist – auf beiden Seiten groß unterscheiden wird.

Auch aus diesem Grund sind die Rufe der Verbündeten Deutschlands nach einer gemächlichen Gangart merkwürdig irrelevant. Tatsächlich haben die Sieger des Zweiten Weltkrieges keine realistische Möglichkeit, ihren Befürchtungen Geltung zu verschaffen. Die westlichen Alliierten können nur mahnend oder – wie Präsident Mitterrand schon andeutete – mit einer sowjetischen Option drohen. Diese Drohung jedoch ist alles andere als glaubwürdig, denn käme es zu einem Wettrennen um Moskaus Gunst, hätte Deutschland wohl die besseren Chancen als seine Nachbarn.

Was die Sowjetunion angeht, so hat sie sicherlich die physische Macht, die Wiedervereinigung Deutschlands zu verhindern. Würde sie von dieser Macht jedoch gewaltsam Gebrauch machen, so würde sie damit das von ihr mit so viel Mühe aufgebaute (und genährte) »Gorbatschow-Fieber« in der Bundesrepublik zerstören, auf das Moskau so sehr gesetzt hat. Ebenso könnte der Kreml die Wiedervereinigung im Gegenzug zu einem Verzicht der Deutschen auf ihre Westbindung anbieten. Das mindeste, was die Verbündeten Deutschlands tun müssen, ist, sorgsam darauf zu achten, Deutschland keine Anreize zu liefern, solch einen Weg einzuschlagen.

Es gibt nur einen realistischen Weg, um das Tempo der Ereignisse zu mäßigen und Deutschland in der Gemeinschaft der westlichen Länder zu behalten: Man muß sich zunächst über den erwünschten Endzustand einigen und dann die einzelnen Schritte dazu genauestens planen. Wie viele Zeitgenossen, die das Hitler-Regime und den Zweiten Weltkrieg erlebt haben, hätte ich kein Verlustgefühl verspürt, wenn die Frage der deutschen Wiedervereinigung noch für eine Weile in der Rumpelkammer der Geschichte geblieben wäre. Aber da sie nun wieder aufgetaucht ist, haben wir keine Möglichkeit, sie auf einen passenderen Augenblick zu verschieben. Eine Beschleunigung der europäischen Integration ist sicher höchst erwünscht. Paradoxerweise wird sie sehr wahrscheinlich im Zusammenhang eines westlichen Plans zur Wiedervereinigung eintreten. Auf diese Weise wird am besten sichergestellt, daß die Themen Europäische Integration und Atlantisches Bündnis von den Deutschen nicht als Ausflucht wahrgenommen werden, die die Vereinigung hinausschieben sollen.

Aus allen diesen Gründen bedeutet Helmut Kohls Vorschlag einer

Konföderation, der von den Verbündeten so lauwarm aufgenommen wurde, das Minimum, das mit den deutschen Bestrebungen und den internationalen Notwendigkeiten vereinbar ist. Die Alliierten sollten ihre Befürchtungen überwinden und ein vierstufiges Langzeitprogramm entwickeln:

Zunächst muß man sich auf einen Zeitplan einigen, der die einzelnen Schritte auf dem Weg zu einer deutschen Konföderation beinhaltet, die am Ende einer zweijährigen Periode steht. Ziel dieser Konföderation sollte unter anderem auch eine gemeinsame Außenpolitik sein.

Nach der Schaffung der Konföderation sollte ein weiterer größerer Schritt zur europäischen politischen Integration vollzogen werden, der über das, was bisher für 1992 geplant ist, deutlich hinausgeht. Wichtiger Bestandteil dieses Prozesses müßte ein genaues Programm zur Anbindung der osteuropäischen Länder an die EG sein.

Gleichzeitig müßte ein neues europäisches Sicherheitssystem ausgearbeitet werden, das einen bedeutenden Schritt zur völligen Wiedervereinigung darstellen würde.

Es müßte ein Programm entwickelt werden, um den Übergang von einer Konföderation zu jener Staatsform zu regeln, die der Prozeß der deutschen Selbstbestimmung hervorrufen wird.

# Auch ein vereinigtes Deutschland muß NATO-Mitglied sein

Politik, hat Metternich einmal gesagt, ist wie ein Schauspiel in mehreren Akten, das sich mit Unerbittlichkeit entfaltet, sobald der Vorhang aufgezogen ist. Dann zu erklären, die Vorstellung könne nicht weitergehen, ist eine Absurdität. Das Drama wird entweder von den Schauspielern zu Ende gebracht werden oder von den Zuschauern, die die Bühne stürmen.

In den letzten Wochen ist der Vorhang für ein neues Drama in Europa aufgegangen. Viele Schauspieler zögern noch und wollen erst sehen, welche Rollen die anderen übernehmen. Aber am Ende wird es nur eine Möglichkeit geben: das Schauspiel aufzuführen oder von ihm überwältigt zu werden.

Wenngleich das Gewicht der Vergangenheit es manchen schwermachen mag, die Tatsache anzuerkennen: Wir werden zur Zeit Zeugen des Endes der direkten Nachkriegszeit. Die politische Welt, die uns über den Zeitraum einer Generation so vertraut war, löst sich vor unseren Augen auf.

Die neuen Realitäten sehen wie folgt aus:

Die Wiedervereinigung Deutschlands in irgendeiner Form ist unvermeidlich geworden, was immer die Gefühle der Nachbarn Deutschlands und der Sieger des Zweiten Weltkriegs sein mögen.

Um dieser Veränderung Deutschlands und der scheinbaren Beendigung der Bedrohung durch die Sowjetunion Rechnung zu tragen, wird die NATO grundlegend umgestaltet werden müssen.

Der Warschauer Pakt wird in seiner jetzigen Form nicht mehr allzulange bestehen.

Die Integration der Europäischen Gemeinschaft muß beschleunigt werden, um den neuen Möglichkeiten in Osteuropa, die seit jüngstem auch die Tschechoslowakei mit einschließen, gerecht zu werden.

Diese Entwicklungen verlangen nach einer Neubewertung der Ost-West-Beziehungen. Dies gilt auch und ganz besonders für die Abrüstungsverhandlungen.

Die Verblüffung des Beobachters ist die Herausforderung für den Staatsmann. Für Präsident Bush eröffnet sich eine Gelegenheit ohne Beispiel seit der Periode der unmittelbaren Nachkriegszeit. Selten einmal sind so viele Elemente der internationalen Beziehungen zur selben Zeit in Fluß geraten. Die Chance, eine stabilere und hoffnungsvollere internationale Ordnung zu errichten, ergibt sich nicht öfter als einmal in einem Jahrhundert.

Nun, da er sich auflöst, entwickelt sich allenthalben eine gewisse Nostalgie für den Status quo. Atlantiker beharren darauf, daß die Allianz in ihrer jetzigen Form weiterbestehe, und auch darauf, daß die Vereinigung Deutschlands nach wie vor im Verantwortungsbereich der Siegermächte des Zweiten Weltkriegs liegt. Anhänger der Entspannungspolitik warnen davor, die deutsche Einigung zu befürworten.

Vielleicht haben 40 Jahre kommunistischer Herrschaft in der DDR eine Ironie der Geschichte zur Folge gehabt und zur Entstehung einer Art ostdeutschen Nationalismus geführt. Doch wenn dies nicht der Fall ist, wäre es für die westlichen Demokratien extrem gefährlich, den Status quo des geteilten Deutschland gegen den Willen des deutschen Volkes aufrechterhalten zu wollen. Denn eine solche Position würde früher oder später einen neuen deutschen Nationalismus entfachen. Das einzige Ergebnis wäre eine Schädigung des Ansehens der verantwortlichen Politiker in den wichtigen Parteien der Bundesrepublik.

Bis in die jüngste Zeit wurde die Einigung Deutschlands als ein Vorgang im Rahmen der Einigung Europas gesehen. Die jüngsten Entwicklungen lassen jedoch keinen Zweifel daran, daß die Vereinigung Europas einen anderen Rhythmus hat als die Vereinigung Deutschlands. Dies liegt darin begründet, daß die treibende Kraft in Deutschland nicht ein pragmatisches Integrationskonzept ist, sondern ein urgewaltiger Druck nach einer Beteiligung an der Regierungsmacht seitens der Bevölkerung der DDR. Freie Wahlen hätten in der DDR allerdings ganz andere Folgen als in anderen Ländern Osteuropas. In Polen, Ungarn und der Tschechoslowakei stärken freie Wahlen den Staat. In der DDR werden sie ihn wahrscheinlich eher unterminieren. Wirklich freie Wahlen brächten in der DDR aller Wahrscheinlichkeit nach Parteien mit ähnlichen Zielsetzungen an die Macht wie in der Bundesrepublik. Die Wahlsieger würden wahrscheinlich bestrebt sein, die Politik beider Teile Deutschlands in Einklang zu bringen und das Land in Richtung Vereinigung zu bewegen.

Wie wird das neue Deutschland schließlich aussehen? Es ist denkbar, daß die beiden Deutschlands eine Art Konföderation eingehen werden, die zwei getrennte demokratische Regierungen, die durch eine gemeinsame Institution miteinander verbunden sind, vorsieht. Dafür gibt es einen historischen Vorläufer: Im 19. Jahrhundert bestand Deutschland als ein Bund unabhängiger Staaten, die durch eine Zollunion verknüpft waren. Dies war allerdings die Vorstufe zum Nationalstaat. Eine Konföderation würde es erleichtern, den sowjetischen Sicherheitsbedenken dadurch gerecht zu werden, daß Mitteldeutschland eine spezielle Sicherheitszone mit begrenzter Rüstung bleibt.

Das Endergebnis jedoch wird vom Willen des deutschen Volkes bestimmt und gestaltet werden, nicht von äußeren Kräften. Fremde Mächte können nur dann eine andere Lösung erzwingen, wenn sie bereit sind, Gewalt anzuwenden – und wenn sie bereit sind, ein Volk zu mißachten, dessen Freiheitsstreben stark genug war, um nach 28 Jahren der Unterdrückung die Berliner Mauer zu durchbrechen.

Die Bemühungen, die politischen und wirtschaftlichen Grundlinien in Übereinstimmung zu bringen, werden auch die militärische Rolle der DDR zur Diskussion stellen. Selbst im Falle einer Konföderation würde ihre Mitgliedschaft im Warschauer Pakt fragwürdig erscheinen. Denn es ist schwer vorstellbar, daß die Staaten einer deutschen Konföderation, die in ihren beiden Teilen im großen und ganzen von denselben politischen Kräften bestimmt wird, unterschiedlichen Bündnissystemen angehören könnten.

Wie kann Moskau dazu gebracht werden, einen Austritt der DDR aus dem Warschauer Pakt zuzulassen? Denn nach freien Wahlen wird eine Mitgliedschaft der DDR im Warschauer Pakt unmöglich werden. Selbstverständlich hat die Sowjetunion das Recht, Garantien dagegen zu verlangen, daß ihr Alptraum eines Angriffs aus dem Westen nicht Wirklichkeit wird. Denkbar sind ein besonderer militärischer Status für die DDR und die Präsenz sowjetischer Truppen für die Dauer einer zu vereinbarenden Zeit. Die Vereinigten Staaten und ihre Verbündeten sollten bereit sein, bei der Behandlung dieser Themen großzügig zu verfahren. Im Endeffekt jedoch muß den sowjetischen Sicherheitsbelangen durch neue Abrüstungsvereinbarungen oder durch einen europäischen Friedensvertrag Rechnung getragen werden. Dies scheint mir besser als eine weitere Mitgliedschaft der DDR im Warschauer Pakt.

Wenn aber die DDR nicht für immer im Warschauer Pakt bleiben kann, wie steht es dann mit der Mitgliedschaft der Bundesrepublik in der NATO?

Der Sprecher des sowjetischen Außenministeriums, Gennadi Gerassimow, hat geäußert, daß eine Wiedervereinigung solange unmöglich ist, wie die beiden Teile Deutschlands verschiedenen Militärblökken angehören. Heißt das im Klartext, daß sich Gorbatschow entschlossen hat, auf die »deutsche Karte« zu setzen? Wird der Kreml die Wiedervereinigung unter der Bedingung deutscher militärischer Neutralität anbieten?

Doch es muß für die Sowjetunion keineswegs vorteilhaft sein, wenn die Bundesrepublik die NATO verläßt. Ich behaupte vielmehr, daß sich dies für die Sowjetunion eher nachteilig auswirken würde.

Die Geschichte lehrt, daß die zwei Weltkriege dieses Jahrhunderts Folgen eines deutschen Versuchs waren, im Herzen des Kontinents eine rein nationale Politik zu verfolgen. In dem Bestreben, jedwede Kombination der umgebenden Staaten auszuschließen, bedrohte das Deutsche Reich jeden seiner zahlreichen Nachbarn einzeln und trieb sie dazu, rigide militärische Strukturen auszubauen, die zum Ausbruch des Krieges beitrugen.

Auch heute würde eine Nation von 80 Millionen in der Mitte des Kontinents, sofern sie nicht in ein Bündnis eingebettet ist, wieder die europäische Stabilität bedrohen – und auf lange Sicht auch die Sicherheit der Sowjetunion. Wie soll man für eine Nation dieser Größe den Begriff Neutralität definieren? Wie würde man sie überwachen? Mit der Zeit würde dieses Deutschland eine Militärmacht werden müssen. Oder aber die Sowjetunion könnte versucht sein, die Überwachungsmaßnahmen eines Neutralitätsabkommens zu einer faktischen Hegemonie über Deutschland auszunutzen.

So seltsam es klingen mag: Eine Mitgliedschaft eines vereinten (oder konföderierten) Deutschland in der NATO würde den besten Mechanismus für die Überwachung vereinbarter Rüstungsbeschränkungen zur Verfügung stellen, da die Verbündeten Deutschlands ein egoistisches Selbstinteresse daran hätten, daß diese Vereinbarungen auch eingehalten werden.

Das Problem der deutschen Vereinigung ist vor allem konzeptioneller Natur. Sie verlangt nach einer gewissen Vorstellung von politischen und gesellschaftlichen Prozessen. Wie kann Deutschland vereinigt werden und über welchen Zeitraum? Welche Rüstungsbegrenzungen sind notwendig, welche akzeptabel? Wie sieht der europäische, wie der atlantische Rahmen aus, in dem diese Veränderungen stattfinden sollen?

Bei der Suche nach Antworten auf diese Fragen müssen die Bundesrepublik und ihre westlichen Verbündeten eng zusammenarbeiten. Die Herausforderung besteht darin, die Vereinigung Deutschlands unter Umständen geschehen zu lassen, die jeder Nation ein Gefühl der Sicherheit geben.

Die Ereignisse in Ostdeutschland werden ohne Zweifel gewisse Aufweichungserscheinungen innerhalb der NATO verstärken, die schon seit einigen Jahren zu beobachten sind. Die NATO-Länder haben alle ernsthaften Anstrengungen zur Verbesserung ihrer Rüstung eingestellt. Im Mai dieses Jahres stimmte die Bush-Administration zu, die Modernisierung der Mittelstreckenraketen in der Bundesrepublik aufzuschieben. Diese Vertagung wird nun wahrscheinlich einen dauerhaften Charakter annehmen. Unter den augenblicklichen Bedingungen gibt es keine politische Partei in der Bundesrepublik, die bereit wäre, dieses Thema erneut auf die politische Tagesordnung zu bringen.

Die fortschreitende Reduzierung der militärischen Kräfte in Mitteleuropa scheint unaufhaltbar zu sein. Die Bundesrepublik bereitet schon eine Herabsetzung der Bundeswehr-Stärke von 500 000 auf 400 000 Mann vor. Dies ist proportional eine größere einseitige Verringerung der Streitkräfte als die, die der Westen für die Sowjetunion vorgeschlagen hatte. Und die Sowjets werden mit Sicherheit auf weiteren deutschen Abrüstungsschritten bestehen. Eine Verringerung der amerikanischen Truppenpräsenz in Europa ist ebenfalls sehr wahrscheinlich geworden.

Das NATO-Konzept der Flexible Response – daß die Strategie der Abschreckung nur dann wirklich glaubhaft ist, wenn sie viele Abstufungen der Reaktion zuläßt – kann unter den jetzigen Bedingungen nicht aufrechterhalten werden. Selbst wenn die Bundesrepublik in der NATO bleiben sollte, ist eine Neubeurteilung des Sinns und Zwecks der NATO unumgänglich. Aufgrund welcher Bedrohung und mit welchen Waffen organisiert sich die NATO?

Eine Reihe von Prinzipien kann dargelegt werden:

Die NATO sollte den neuen Realitäten angeglichen, aber sie sollte nicht abgeschafft werden. Mit dem Ende der NATO würde eine Zeit des politischen Chaos in Europa, der nationalistischen Rivalitäten und sogar eines möglichen sowjetischen Expansionismus eingeläutet werden.

Verhandlungen zwischen der NATO und dem Warschauer Pakt könnten durchaus zu substantiellen Verringerungen der Bodentruppen der Vereinigten Staaten und der Sowjetunion führen. Sie könnten vielleicht sogar zu ihrem völligen Abzug aus Europa führen, wenn die Gesamtstreitkräfte der UdSSR stark reduziert und tief in sowjetisches Gebiet zurückgezogen würden. Doch diese Aussicht kann nur dann Wirklichkeit werden, wenn die NATO-Länder die unverantwortlichen einseitigen Rüstungsreduzierungen stoppen, die momentan stattfinden. Wenn dieser Prozeß nicht aufgehalten wird, wird die NATO den Sowjets ein ohnmächtiges Europa gerade in dem Augenblick aushändigen, in dem die Ziele der Nachkriegsgeneration in Reichweite sind.

Doch wie auch immer das konventionelle Kräfteverhältnis aussehen mag – ein gewisses Ausmaß amerikanischer atomarer Präsenz einschließlich der Luftwaffe auf dem europäischen Kontinent ist unabdingbar. Würde die Verteidigung Europas ausschließlich auf konventionellen Waffen beruhen, gäbe es einen Frieden, der der Gnade historischer Zufälligkeit ausgesetzt ist. Es hat viele Kriege gegeben trotz der Existenz konventioneller Streitkräfte, die auf dem Papier mehr oder weniger gleich stark schienen. Der Erfolg in einem konventionellen Krieg hängt von so vielen Variablen ab, daß tatsächliche Kräfteverhältnisse nur sehr schwer zu errechnen sind.

Atomwaffen, die in den USA oder auf See stationiert sind, sind auch keine Antwort. Denn schließlich war die geringe Abschrekkungswirkung solch weit entfernter Waffensysteme der Grund, warum amerikanische Atomwaffen überhaupt in Europa aufgestellt wurden. Was damals galt, als die Abschreckungskapazität der NATO noch weit überlegen war, hat heute angesichts des Wachstums des atomaren Waffenarsenals der Sowjetunion und des Trends zur strategischen Abrüstung im Westen noch größere Bedeutung.

Das bedeutet: Die NATO muß die atomare Verteidigung Europas und Amerikas miteinander verbinden, unabhängig davon, was sich im Bereich der deutschen Einheit oder der konventionellen Abrüstung ereignet. Ansonsten sind wir auf dem Weg in die sowjetische Hegemonie, wenn die Perestroika gelingt, und auf dem Weg in das nationalistische Chaos, wenn sie fehlschlägt.

Die konventionellen Abrüstungsverhandlungen müssen neu gestaltet werden. Im Augenblick basieren sie auf der Existenz zweier Militärblöcke. Doch die Zukunft des Warschauer Pakts und vor allem die Mitgliedschaft der DDR steht nun in Frage. Die Abrüstungsverhandlungen müssen auf das wachsende Gefühl der Unabhängigkeit in Osteuropa und die Notwendigkeit eines Sonderstatus für das Gebiet der DDR abgestimmt werden.

Doch was auch geschieht, das relative Gewicht Amerikas innerhalb der NATO wird sich verringern. Ein amerikanischer Truppenabzug größeren Umfangs aus Europa zusammen mit der Entstehung eines politisch integrierten Europa werden es notwendig machen, Strukturen und Aufgaben der NATO zu überdenken, einer Organisation, die entstand, als die Vereinigten Staaten über das Atomwaffenmonopol verfügten und auch wirtschaftlich tonangebend waren. Europa muß für seine eigene Verteidigung mehr Verantwortung übernehmen, wobei die USA nur eine unterstützende Rolle spielen.

Damit die Europäische Gemeinschaft diese neue Position ausfüllen kann, muß sie sich auf die deutsche Wiedervereinigung einstellen.

Einige führende Europäer und Amerikaner haben warnend darauf hingewiesen, daß die Europäische Gemeinschaft niemals dafür gedacht war, ein geeintes Deutschland mit einer Bevölkerung von 80 Millionen Menschen zu beherbergen. Dies ist zwar historisch richtig, für die augenblickliche Lage jedoch irrelevant. Denn die Europäische Gemeinschaft kann nicht überleben, wenn die Deutschen sie als eine Einrichtung empfinden, die eine Vereinigung unterbindet.

Doch die anderen Mitglieder der Gemeinschaft haben die Möglichkeit, eine Hegemonie Deutschlands zu verhindern. Sicherlich könnten Großbritannien, Frankreich, Spanien und Italien, von den kleineren Staaten zu schweigen, einen Konsens finden, der der Vorherrschaft eines einzelnen Landes, wie mächtig es auch sein mag, vorbeugt.

Bei alledem müssen auch die Ost-West-Beziehungen in ihrer Gesamtheit einer Betrachtung unterzogen werden.

Seit dem Amtsantritt Gorbatschows ist der Westen von dessen Persönlichkeit fasziniert. Doch es ist gefährlich, sich auf eine einzelne Persönlichkeit zu verlassen. Denn wenn Gorbatschows Außenpolitik nur seinem persönlichen Durchsetzungsvermögen zuzuschreiben ist, wird sie sich nicht auf lange Sicht aufrechterhalten lassen. Zumindest augenblicklich jedoch scheint er über eine starke Position zu verfügen. Kein sowjetischer Führer hätte die Position der Sowjetunion in Mitteleuropa aufs Spiel gesetzt, ohne sich zuvor der Rückendeckung der Roten Armee und des Staatssicherheitsdienstes KGB zu versichern.

Wenn man davon ausgeht, daß es innerhalb der sowjetischen Führung eine relativ breite Übereinstimmung gibt, dann wird es um so wichtiger, die Elemente dieses Konsenses zu analysieren.

Es gibt zumindest einige einflußreiche sowjetische Politiker, die glauben, das Überbordwerfen einer fehlgeschlagenen Ideologie sei ein Mittel dazu, eine Politik fortzusetzen, die sich durch die gesamte Geschichte Rußlands zieht: nämlich die Zerstörung eines jeden Machtzentrums in Moskaus Reichweite. Letzten Sommer erzählte mir ein bekannter sowjetischer Wissenschaftler, der auch Mitglied des Obersten Sowjet ist, daß die strategische Position der Sowjetunion unangreifbar sei, solange sie über ein großes Atomwaffenarsenal verfüge und Japan und Deutschland denuklearisiert blieben. Ziel der sowjetischen Politik müsse es sein, die amerikanischen Atomwaffen aus Eurasien zu entfernen. Daraufhin könne man Deutschland und Japan zur Hilfe beim Aufbau der Sowjetunion auffordern. Denn diese beiden Länder könnten allein dadurch, daß ihnen das atomare Monopol der Sowjetunion in Eurasien vor Augen geführt werde, stets botmäßig gehalten werden.

Damals hielt ich dies für die Betrachtungen eines machtfernen Intellektuellen. Jetzt bin ich mir dessen nicht mehr so sicher. Es kann sein, daß einige Männer im Kreml ein riskantes Spiel spielen. Diese Gruppe könnte darauf spekulieren, daß ein neutrales vereinigtes Deutschland die Sowjetunion in die Lage versetzen könnte, den Warschauer Pakt zu retten und Westeuropa einzuschüchtern, während die Sowjets gleichzeitig versuchen, durch neue Abrüstungsvereinbarungen schrittweise eine politische Beherrschung Mitteleuropas zu erreichen.

Gorbatschow ist zu intelligent, als daß er die einer solchen Strategie innewohnenden Gefahren nicht erkennen würde. Denn der Weg zur Hegemonie ist voller Fallstricke. Darum sollte der Westen alle Anstrengungen darauf richten, ein echtes Gleichgewicht auszuhandeln.

Die Geschichte lehrt, daß es nur dann einen stabilen Frieden geben kann, wenn die Interessen aller wichtigen Beteiligten berücksichtigt werden. Sowohl die Sowjetunion als auch die Vereinigten Staaten müssen sich von den überkommenen Mustern lösen. Die Sowjetunion wird die Strategie aufgeben müssen, jedes andere Machtzentrum Eurasiens zu schwächen. Die Vereinigten Staaten werden aufhören müssen, die Sowjetunion innerhalb deren eigener Grenzen herauszufordern. Es gibt für uns zwar keinen Grund, dabei zu helfen, die inneren Strukturen der Sowjetunion am Leben zu erhalten, doch wir sollten ihre Auflösung den Kräften der Geschichte überlassen.

In der Praxis sollte das neue Gleichgewicht die folgenden Elemente beinhalten: 1. ein Konzept der deutschen Vereinigung, das auf dem Recht der Selbstbestimmung basiert; 2. einen besonderen Sicherheitsstatus für die DDR; 3. ein Gleichgewicht der Kräfte auf beiden Seiten der jetzigen Teilungslinie Europas; 4. eine deutliche Verringerung sowjetischer Bodentruppen und einen Rückzug ihrer

Masse tief in die Sowjetunion bei einer gleichzeitigen größeren Reduzierung des Umfangs amerikanischer Streitkräfte in Europa; 5. die Absicherung des Verbleibs amerikanischer Atomwaffen und Luftstreitkräfte in Europa als Teil einer gemeinsamen westlichen Verteidigungsstrategie; 6. ein integriertes Westeuropa mit engen Verbindungen zu den neu entstehenden Demokratien Osteuropas; 7. ein verifizierbares Abkommen über strategische Waffen.

Die Vereinigten Staaten, die soviel zum Aufbau der Nachkriegsära beigetragen haben, müssen jetzt in der Vorbereitung einer neuen internationalen Ordnung aktiv werden. In Zeiten der Umwälzung muß Tollkühnheit im politischen Handeln vermieden werden. Vorsicht allein jedoch wird uns nicht über den Status quo hinausbringen. Wir brauchen Wagemut im politischen Denken und Handeln. Nur wenige Präsidenten haben wie jetzt Präsident Bush die Chance gehabt, eine ganze Ära mitzuprägen. Es ist die Zeit gekommen für das, was Präsident Bush »diese Visionssache« genannt hat.

# Die deutsche Frage kann nicht länger ausgeklammert werden

Während der Sowjetunion die Kontrolle über das politische Geschehen in Osteuropa entgleitet, verliert Amerika die Kontrolle über sicherheitspolitisch bedeutsame Vorgänge in Westeuropa.

Vier Faktoren haben zur Entstehung dieser Situation beigetragen: die wachsende Neigung in Osteuropa, sich von der Sowjetunion unabhängig zu machen; die Unabhängigkeitsbewegungen in vielen Sowjetrepubliken; die schwindende Bereitschaft in Westeuropa und in den Vereinigten Staaten, die großen Lasten der Verteidigung zu tragen; der wachsende Druck in Richtung auf eine Wiedervereinigung Deutschlands.

Jede die wechselseitigen Interessen berücksichtigende Analyse muß mit der Einsicht beginnen, daß sich der Dreh- und Angelpunkt internationaler Spannungen wieder zu seinem Ursprung zurückverlagert hat: nach Mitteleuropa.

Die überraschendsten Veränderungen haben sich in Osteuropa ergeben. Nachdem sie über vierzig Jahre lang das Erziehungs-, Propaganda- und Bürokratiemonopol innehatte, gewann die kommunistische Partei Polens in den ersten relativ freien Wahlen seit Ende des Zweiten Weltkriegs nur einen einzigen Sitz. Die ungarische KP liegt Meinungsumfragen zufolge in der Gunst der Wähler bei ungefähr 40 Prozent.

Eine Folge der Ereignisse ist, daß Moskau den Zugriff auf die politische Entwicklung in Osteuropa zu verlieren droht. In der Vergangenheit haben sich die kommunistischen Parteien stets damit gerechtfertigt, sie seien von der Geschichte dazu ausersehen, die Völker auf den Weg zur kommunistischen Orthodoxie zu führen – wenn nötig, auch mit Gewalt.

Daher stehen kommunistische Parteien, die mit der Demokratie spielen, vor einem schwierigen ideologischen Dilemma: Werden sie wirkliche Demokraten, so hören sie auf, wahrhafte Kommunisten zu sein. Bleiben sie Kommunisten, so werden sie alles tun, um das neue demokratische System zu unterminieren.

Die kommunistischen Parteien Osteuropas stehen vor gänzlich neuen und ungewohnten Tatsachen: Der Fähigkeit beraubt, die Bevölkerung durch Terror einzuschüchtern und gefügig zu machen, müssen sie nun an nationale Gefühle appellieren und Moskau herausfordern, um so die öffentliche Meinung in ihren Ländern auf ihre Seite zu bringen. Im Moment zumindest wird der kommunistische Monolith mit stillschweigender Duldung Moskaus immer schwächer.

Ob Moskau an dieser Haltung festhält, wenn es erst einmal um die Frage der Mitgliedschaft im Warschauer Pakt geht, bleibt allerdings mehr als fraglich. Es hat den Anschein, als hoffe Moskau, daß am Ende der Entwicklung eine parallele nationale Interessenlage der osteuropäischen Länder steht, die im Verbund mit der geographischen Nähe wenigstens teilweise an die Stelle der bisherigen ideologischen Konformität des Blockes treten kann.

Noch ist keineswegs entschieden, ob diese Strategie im Hinblick auf Polen und Ungarn von Erfolg gekrönt sein wird. Eines jedoch läßt sich bereits jetzt sagen: Im Falle der DDR wird sie nicht funktionieren. Dort ist die kommunistische Partei nicht in der Lage, nationale Gefühle zu mobilisieren. Die DDR steckt in einem schweren Dilemma: Eine reformfeindliche Politik läßt den Staat zu einem geschichtlichen Anachronismus werden. Eine Liberalisierung der Verhältnisse unterminiert andererseits die Daseinsberechtigung des ostdeutschen Staates.

Das ideologische Dilemma Osteuropas aber wird zum geopolitischen Dilemma der Sowjetunion. Auch in der Sowjetunion selbst treten Auflösungstendenzen zutage. Gorbatschow begann Glasnost und Perestroika in dem Glauben, daß eine Verminderung der von Moskau ausgehenden Repression seiner Reform nützlich sein werde. Nichtrussische Nationalitäten jedoch haben ihre eigene Marschroute festgelegt. Die Dezentralisierung der Wirtschaft – ein Kernstück der Perestroika – setzt Kräfte für Autonomie-, teilweise sogar für Unabhängigkeitsbestrebungen frei.

Allzu viele westliche Staatsmänner scheinen zu glauben, daß der Westen über ein gewisses Maß an Wirtschaftshilfe hinaus wenig tun muß. Ich spreche mich nachdrücklich für im Umfang stark erweiterte Hilfeleistungen an Polen und Ungarn aus. Doch kann dies keinesfalls ein Zukunftskonzept für Europa ersetzen.

Ein über einen Zeitraum von 400 Jahren gewaltsam errichtetes Weltreich wird sich nicht einfach passiv auflösen. Die westliche Allianz wird dabei wahrscheinlich von eben jenen Ereignissen erschüttert werden, die sie gerade feiert.

Vierzig Jahre lang wurde die Atlantische Allianz durch die Angst vor einer militärischen Aggression durch die Sowjets zusammengehalten. Die Gärung im kommunistischen Machtbereich hat eine sowjetische Aggression weniger wahrscheinlich werden lassen. Zudem hat die Persönlichkeit Gorbatschows der Politik der Sowjetunion einen beinahe milden und wohlwollenden Aspekt verliehen. Dies wird besonders in der Bundesrepublik Deutschland so empfunden.

Ein Zusammenwirken von finanzpolitischen Aspekten, Abrüstungsverhandlungen und einer allgemeinen Euphorie hat sich bereits dahingehend ausgewirkt, daß die Versuchung, das konventionelle Potential der NATO einseitig zu reduzieren, stark zugenommen hat. Die Opposition gegen eine Modernisierung der Kurzstreckenraketen in der Bundesrepublik wird unüberwindbar.

Jede westdeutsche Regierung wird darum bemüht sein, daß den Menschen in der DDR dieselben Privilegien zuteil werden, wie sie bereits den Polen und den Ungarn zuteil geworden sind. Die logische Folge ist eine verstärkte Bonner Aktivität im gesamten osteuropäischen Raum. Bundesdeutsche Politiker sprechen gern und häufig von der angeblich historischen Aufgabe Deutschlands in Osteuropa. Eine erstaunliche Behauptung, für die es historisch keinerlei Anhaltspunkte gibt und die wohl in Osteuropa gewisse Vorahnungen aufkommen läßt.

Die Bundesrepublik sollte ihre Außenpolitik im Rahmen einer europäischen Gesamtpolitik betreiben. Ebenso sollte ihre Sicherheitspolitik eng an die NATO angelehnt sein, denn sonst könnte es leicht geschehen, daß die Deutschen den historischen Fehler der Selbstisolierung wiederholen und somit Ziel westlichen Mißtrauens und zugleich Instrument sowjetischer Versuche werden, den zentrifugalen Tendenzen in ihrem Weltreich entgegenzuwirken.

Beide, Ost und West, sind jetzt aufgefordert, eine neue Vision für Europa zu entwerfen. Der Westen sollte zuerst für sich selbst drei Konzepte definieren: In einer Zeit sinkender Verteidigungsbudgets und angesichts wachsender Abneigung gegen die Stationierung amerikanischer Atomwaffen in Mitteleuropa gilt es, ein neues Verteidigungskonzept auszuarbeiten. Man muß, zweitens, ein Konzept der Abrüstungspolitik entwerfen, das den Völkern Osteuropas mehr Freiheit bringt. Drittens sollte man sich überlegen, wie man dem politischen Druck der Sowjetunion auf Westeuropa und der sowjetischen Beherrschung Osteuropas am besten entgegentritt.

Die Sowjetunion sieht sich zur Zeit einer noch größeren Herausforderung gegenüber. Die massive Truppenpräsenz der Sowjets in Europa wirft eine ganze Reihe von Problemen auf. Da sie sehr kostspielig ist, wirkt sie sich vor allem negativ auf die sowjetische Wirtschaft aus. Wenn die Sowjetführung andererseits fundamentale politische Veränderungen stillschweigend zuläßt, käme dies einer Demütigung gleich. Ein Einsatz der Truppen könnte unvorhersehbare Folgen haben.

Europa wird somit bald einer bedeutenden Prüfung seiner politischen Stabilität unterworfen: Wird es zum ersten Mal in der Weltgeschichte möglich sein, daß Europa mit einem russischen Weltreich im Gleichgewicht existieren kann, ohne daß die eine Seite eine etwaige Invasion durch die andere befürchten muß?

Wenn Gorbatschow auf dieses Ziel hinarbeitet, verdient er tatkräftige Unterstützung. Sollte dies nicht der Fall sein, wird seine Regierungszeit als eine interessante psychologische Episode auf dem Weg zu politischem Abenteurertum, zu Unterdrückung oder sogar beidem gewertet werden.

Wenn seine Politik das erstgenannte Ziel anstrebt, müßte ein neues Sicherheitssystem folgende Bestandteile aufweisen: Sowjetische Landstreitkräfte würden sich auf sowjetisches Gebiet zurückziehen. Die Offensivpotentiale der Sowjetunion – vor allem die Panzerwaffen – würden im Gebiet westlich von Moskau verringert und internationaler Inspektion unterliegen.

Im Gegenzug sollten die Vereinigten Staaten dazu bereit sein, stufenweise in den neunziger Jahren den größten Teil ihrer Landstreitkräfte aus Europa abzuziehen. Beide Supermächte würden Luftstreitkräfte und Arsenale in Europa beibehalten, um zu verdeutlichen, daß ein möglicher Angriff das unannehmbare Risiko eines Krieges in sich bergen würde.

Die deutsche Frage kann auf keinen Fall länger ausgeklammert werden. Wenn der Zusammenhalt des Westens weiterhin aufrechterhalten werden soll, dann müssen die Verbündeten Deutschlands ein glaubwürdiges Programm ausarbeiten, das den Bestrebungen und Sehnsüchten Deutschlands Rechnung trägt, ohne Mitteleuropa in irgendeiner Weise zu destabilisieren.

Der Beitrag der Bundesrepublik zu einem solchen Programm sollte die Anerkennung der heutigen Grenzen als endgültig und der Verzicht auf vieldeutige Rhetorik von offizieller Seite sein. Das ist die Vorbedingung für mögliche Verhandlungen über ein System freier Wahlen in der DDR. Das nahezu sichere Ergebnis eines derartigen Prozesses wäre ein schrittweises Verschmelzen der beiden Deutschlands.

An diesem Punkt wäre eine glaubwürdige Garantie von besonderer Bedeutung, die sicherstellen müßte, daß die Veränderungen keine Expansion des NATO-Bereichs nach Osten zur Folge haben.

Vielleicht könnte man eine Konföderation beider Staaten in einem dreistufigen Prozeß ins Auge fassen:

Die erste Stufe besteht aus einer Verringerung der Streitkräfte. Die nächste Stufe sieht die Schaffung von vier Sicherheitszonen vor: vom Atlantik bis zum Rhein, vom Rhein bis zur innerdeutschen Grenze, von der innerdeutschen Grenze bis zur deutsch-polnischen Grenze und von dort bis in das Gebiet um Moskau. Die Streitkräfte westlich des Rheins sowie zwischen der polnisch-sowjetischen Grenze und Moskau wären ungefähr gleich, ebenso wie die Kräfte zu beiden Seiten der Trennungslinie der mittleren Sektoren.

Gegen Ende des Jahrzehnts würde dann die Endstufe des Programms in Kraft treten. In Ostdeutschland würden freie Wahlen abgehalten werden, und das Land würde ähnlich dem österreichischen Modell regiert werden, vielleicht in einer Art lockerer Föderation mit der Bundesrepublik. Es ist offensichtlich, daß solche Ziele nicht in kurzer Zeit erreicht werden können.

Doch ohne jedes Konzept für ein neues Europa besteht die große Gefahr, daß sich eine Krise an die andere reiht.

# Gorbatschow ist zu einer Art Volksheld der Deutschen geworden

Wenn der innere Zusammenhalt des Westens gesichert werden soll, muß er eine eigene Vision für ein vereinigtes Europa entwickeln. Geschieht dies nicht, wird die wirtschaftlich und militärisch stärkste Nation Europas – die Bundesrepublik Deutschland – mit Sicherheit ihren eigenen Weg gehen.

Denn die Unruhe in Osteuropa spielt sich direkt an der Verwerfungslinie Europas ab, die gleichzeitig das deutsche Volk spaltet. Kein deutscher Staatsmann kann sich in dieser Situation Passivität erlauben. Selbst in normalen Zeiten hat Deutschland selten die Mittel gefunden, um die Bedrohung seiner zentralen geographischen Lage mit einem tragbaren Konzept seines nationalen Interesses in Einklang zu bringen. Das liegt zum Teil daran, daß es Deutschland, erst 1871 geeint, nicht gelungen ist, ein kohärentes Konzept seines nationalen Interesses zu entwickeln.

Mit Ausnahme der Periode Bismarcks basierte die Diplomatie Deutschlands auf einem rastlosen Streben nach Status. Dies brachte, indem es jeden Nachbarn einzeln bedrohte, eben jenen Alptraum feindlicher Koalitionen hervor, den es fürchtete. Historisch betrachtet, bestanden Deutschlands Bindungen entweder in Mitteleuropa mit dem Österreich-ungarischen Imperium oder im Osten mit Rußland. Erst 1950 wurde eine eindeutige Entscheidung zugunsten des Westens gefällt.

Diese Entscheidung ist in den letzten 15 Jahren in zunehmendem Maße in Frage gestellt worden. Der Gemeinplatz der Nachkriegsära, daß die USA grundlegend wichtig seien, um einer ernsthaften sowjetischen Bedrohung entgegenzuwirken, ist von beiden Seiten aus erschüttert worden. Die amerikanischen Politiker erscheinen undurchsichtig und weniger stetig. Die Bedrohung durch die Sowjets hat in den Augen der Deutschen nachgelassen; tatsächlich ist Gorbatschow zu einer Art Volksheld der Deutschen geworden.

Freunde der Bundesrepublik tun ihr keinen Gefallen, wenn sie eine gewisse Besorgnis unterdrücken, die viele Staatsführer in der westlichen Allianz verspüren, sich aber scheuen, sie zu artikulieren. Es ist unmöglich, durch Europa zu reisen, ohne sich einer tiefen Besorgnis einflußreicher Europäer bewußt zu werden: Nicht etwa, daß die Bundesrepublik die Allianz verläßt, wohl aber, daß sie, indem sie gleichzeitig alle ihre Optionen zwischen Ost und West verfolgt, gleichzeitig – in bester Absicht – das historische deutsche Debakel der Selbstisolation wiederholt. Rastlose deutsche Einseitigkeit könnte daher zu einer Spaltung entweder Europas oder der NATO oder beider führen.

Die Bundesrepublik kann nicht allein die notwendigen Rahmenbedingungen schaffen, um die Teilung Europas zu überwinden. Wenn Deutschland die Sowjetunion in Osteuropa auf nationaler Ebene herausfordert, würde es dadurch die historischen Alpträume der Sowjetunion wiederbeleben und Moskau zu einer Demonstration seiner Stärke veranlassen, vielleicht am Beispiel Berlins. Doch wenn die Bundesrepublik eine solche Gefahr zu vermeiden suchte, indem sie sich Moskau annähert – was sie versucht sein würde zu tun –, so würde das fast unvermeidlich zu einem Abkühlen ihrer Beziehungen zu Washington führen. Indem Bonn versucht, überall beliebt zu sein, könnte es am Ende dadurch seinen hart erarbeiteten Ruf der Verläßlichkeit verwirken.

Aus diesen Gründen sind eine Neubewertung der alliierten Ziele sowie die Ausarbeitung einer kohärenten Strategie unbedingt notwendig.

Erstens müssen die atlantischen Verbündeten ihr eigenes Konzept eines vereinigten Europa vortragen. Sofern die Sowjetunion ohne die Vereinigten Staaten daran beteiligt wäre, würde sie es dominieren. Sollten beide, die Vereinigten Staaten und die UdSSR, beteiligt sein, würde Europa seine Identität verlieren. Sollen sowohl Hegemonie vermieden als auch Identität erreicht werden, muß dieses neue Europa von der polnisch-sowjetischen Grenze bis zum Atlantik reichen, nicht vom Ural zum Atlantik.

Zweitens muß es ein Konzept geben, wie das Ziel erreicht werden kann, Europa zu vereinigen. In Wirklichkeit kann es Fortschritt ohne das Risiko eines Krieges nur dann geben, wenn die politische Freiheit Osteuropas irgendwie mit den legitimen militärischen Sicherheitsinteressen der Sowjetunion in Einklang gebracht wird.

Weder die Vereinigten Staaten noch Europa können dieses Ziel allein erreichen. Die Europäische Gemeinschaft muß ihren politischen Einigungsprozeß beschleunigen und gleichzeitig eine Strategie zur Assoziierung interessierter osteuropäischer Länder mit den wirtschaftlichen Institutionen der EG entwickeln. Die Länder Osteuropas sollten wissen, daß diese Assoziierung jeder Nation freisteht, die bereit ist, die Menschenrechtsforderungen von Helsinki zu erfüllen und klar definierte Schritte in Richtung Demokratie zu unternehmen.

Die Vergabe von Krediten an Osteuropa und die Sowjetunion sollte an die gleichen Kriterien gebunden sein. Denn ohne Kriterien haben diese Kredite lediglich die Wirkung, daß sie die sowjetische Vorherrschaft erträglicher machen.

Hat die Europäische Gemeinschaft erst einmal solche politischen Rahmenbedingungen geschaffen, so wäre die NATO in der Lage, die konventionellen Abrüstungsverhandlungen aus einem esoterischen Zahlenspiel zu einer systematischen Anstrengung zur Beschleunigung des Freiheitsprozesses in Osteuropa zu entwickeln.

Der von der NATO unterbreitete Abrüstungsvorschlag sieht die fortgesetzte Präsenz amerikanischer und sowjetischer Truppen in Europa vor, wenn auch in reduzierter Zahl. Dies spiegelt die Realität wider, daß keine europäische Regierung bereit ist, den vollständigen Abzug amerikanischer Truppen geschehen zu lassen, ohne den ein vollständiger Abzug der sowjetischen Truppen nicht stattfinden kann. (Ich bezweifle, daß die Sowjets selbst ein derartiges Angebot annehmen würden; noch könnte ein derartiges Angebot unterbreitet werden, ohne daß es Panik erzeugen würde.)

Damit es mit größerer politischer Freiheit in Osteuropa vereinbar ist, sind in einem entsprechenden Konzept für Europa drei Beschränkungen notwendig:

Das Prinzip der Nicht-Intervention in alle inneren Angelegenheiten der Teilnehmer muß voll und ganz gewährleistet sein, und zwar in Form von bindenden internationalen Vereinbarungen. Mit anderen Worten: Die Breschnew-Doktrin muß aufgehoben werden.

Die Präsenz amerikanischer wie sowjetischer Truppen sollte auf bestimmte Stationierungsräume beschränkt werden mit der Ausnahme einer begrenzten Anzahl vorher anzukündigender Manöver.

Truppen, die aus Gebieten limitierter militärischer Präsenz abgezogen worden sind, dürfen dort nicht wieder aufs neue disloziert werden.

Es stellt sich die Frage, warum die Sowjets einem derartigen Konzept zustimmen sollten. Sie könnten es tun, wenn die sowjetische Führung wirklich bereit ist, im Gleichgewicht mit ihren Nachbarn zu leben. Falls Gorbatschow den endlosen Konflikten ein Ende setzen will, die die Geschichte seines Landes verunstaltet haben, dann sollte er eine Evolution willkommen heißen, die der Sowjetunion wirtschaftliche Hilfe und normale Sicherheitsgarantien im Gegenzug für politische Freiheit für Nationen bringt, deren Unruhe die Sowjetunion anderenfalls dazu verurteilen würde, endlose und unvorhersehbare Krisen zu unterdrücken.

Die Alternative zu dem hier vorgezeichneten Weg ist, daß die Ereignisse völlig außer Kontrolle geraten.

In einer derartigen Evolution würden die europäischen Staaten ihre historischen Beziehungen zueinander wiederherstellen. Die Sowjetunion hätte eine militärische Pufferzone, und Moskau würde sich der Kosten und Risiken für die Aufrechterhaltung unpopulärer Regime entledigen.

Die Vereinigten Staaten wären weiterhin der Garant der Sicherheit ihrer Verbündeten, während diese eine wachsende Rolle in der Gestaltung der politischen Zukunft ihres Kontinents übernähmen.

Die Geschichte wird nicht unsere Arbeit für uns erledigen. Aber sie hat den atlantischen Nationen eine Möglichkeit gegeben, sie für sich selber zu tun.

# Fünfter Teil

# Der Krieg gegen Saddam Hussein

# Es darf keine Unklarheit darüber geben, wer den Krieg gewonnen hat

Die Vereinigten Staaten dürfen nicht in die Situation geraten, daß Saddam Hussein einen »vollständigen Abzug« unter Umständen ankündigt, die jedes zeitliche Maß sprengen, dadurch seine Verhandlungsposition verbessert und vielleicht sogar versucht, die Allianz aufzubrechen, indem er den USA vorwirft, ständig schärfere Bedingungen zu stellen.

Die Definition des Begriffes Abzug durch Amerika sollte folgende Elemente in sich vereinigen:

Saddam Hussein muß einem Zeitplan zustimmen, der so eng gefaßt ist, daß er seine Kräfte nicht umgruppieren kann unter dem Vorwand, sie abziehen zu wollen. Darum: maximal 96 Stunden.

In der ersten Stufe des Rückzugs der Iraker müssen so viele Truppen und Waffen des Irak Kuwait verlassen, daß der Abzug tatsächlich irreversibel ist.

Die irakischen Streitkräfte müssen so weit von der kuwaitischen Grenze zurückgezogen werden, daß sie nicht ständig als Bedrohung der Unabhängigkeit dieses Landes wirken. Zwar sollte die Festlegung dieser Distanz den Militärs überlassen bleiben, doch dürfte sie wahrscheinlich nicht unter 50 Kilometern liegen.

Die Wirtschaftssanktionen sollten so lange beibehalten werden, bis andere Bedingungen wie Reparationen, Räumung von Minengürteln und die Einführung eines UNO-Inspektionssystems erfüllt sind.

Es sollte bis zum Beginn des Abzugs keinen Waffenstillstand geben. Danach sollten wir bereit sein, zur vereinbarten Stunde des Abzugs einen zwölfstündigen Waffenstillstand zu erklären, um zu kontrollieren, ob der Abzug auch tatsächlich durchgeführt wird.

Eine der Lektionen der Kriege in Vietnam und Korea ist, daß es katastrophale Folgen hat, die militärischen Operationen auszusetzen, während die Bedingungen eines Waffenstillstands ausgehandelt werden: Der Gegner versucht, den Prozeß in die Länge zu ziehen.

Entscheidend für die Aussichten einer kreativen Nachkriegspolitik in der Region ist, daß Saddam Hussein nicht die Möglichkeit erhält, sich als Gewinner darzustellen. Ihm zu helfen, sein Gesicht zu wahren, gefährdet den Frieden nachhaltig.

Unter keinen Umständen sollte ein irakischer Abzug mit einer Wiederaufbauhilfe verbunden werden, die leicht als Reparation mißverstanden werden könnte. Ebensowenig sollte ein Abzug der Iraker mit dem Abzug amerikanischer Truppen verknüpft werden. Es darf keine Unklarheit darüber geben, welche Seite gewonnen hat.

Wenn die hier umrissenen Bedingungen erfüllt werden, werden die Alliierten den Erfolg auch dann für sich beanspruchen können, wenn Saddam Hussein an der Macht bleiben sollte. Besser wäre es, wenn Saddam Hussein gestürzt würde, doch ich sehe nicht, weshalb die USA Menschenleben und den Zusammenhalt der Koalition aufs Spiel setzen sollten, um ein Ziel zu erreichen, das nie erklärt wurde. Die Zukunft Saddam Husseins hinge dann von der Führungsschicht des Irak ab. Saddam Hussein wird bei dem Krieg um Kuwait mindestens ein Drittel seiner Armee verloren haben, mit dem Ergebnis, daß er das Land wieder herausgeben muß – und dies nach einem achtjährigen Krieg gegen den Iran, in dem Hunderttausende ihr Leben ließen und der ebenfalls nicht gewonnen wurde. Man muß die Geisteskraft der irakischen Führungsgruppe in Zweifel ziehen, wenn sie Saddam Hussein nach derartigen Desastern an der Macht läßt.

Wir brauchen die Sowjets nicht, um diesen Krieg zu beenden. Es kommt jetzt kurz vor dem Ende vor allem darauf an, den Kurs zu halten. Je eindeutiger das Ergebnis des Krieges sein wird, desto positiver ist dies für die Stellung der gemäßigten arabischen Länder, die an der Operation Wüstensturm teilgenommen haben, und über desto mehr Gestaltungsmöglichkeit wird die amerikanische Diplomatie nach dem Krieg bei der Lösung der Nahostprobleme verfügen können.

Amerika hat nie gern in Kriegen gekämpft, in denen es um begrenzte Ziele ging. Der Erste Weltkrieg sollte der »Krieg zur Beendigung aller Kriege« sein, der Zweite Weltkrieg sollte eine neue Ära des permanenten Friedens unter Aufsicht der Vereinten Nationen einleiten. Der Golfkrieg ist ebenfalls mit Argumenten gerechtfertigt worden, die tief in der amerikanischen Tradition verankert sind. Als Präsident Bush den Beginn der Kampfhandlungen gegen den Irak bekanntgab, beschrieb er zugleich die Möglichkeiten des Aufbaus einer neuen Weltordnung, in der »das Recht das Handeln der Nationen bestimmt« und »eine glaubhafte UNO ihre Friedenstruppen dazu einsetzen kann, das Versprechen und die Vision der Begründer der Vereinten Nationen in die Wirklichkeit umzusetzen«.

Ich habe das Geschick und die Standhaftigkeit Präsident Bushs beim Aufbau der Koalition gegen den Irak bewundert. Doch »die neue Weltordnung« kann kaum den von Präsident Bush ausgedrückten idealistischen Erwartungen gerecht werden. Besonders eindrucksvoll hat US-Präsident Woodrow Wilson den amerikanischen Idealismus formuliert. Wilson zufolge war der Frieden »nicht von einem Machtgleichgewicht abhängig, sondern von einer Machtgemeinschaft... Die Nationen der Welt stimmen überein darin, daß es nur eine Allianz geben darf, und das ist die Allianz aller gegen den Rechtsbrecher.«

Diese Ansicht geht davon aus, daß das Verhalten der Nationen auf der weltpolitischen Bühne objektiven Kriterien folgt, vergleichbar denen des Rechts. Das heißt, daß alle Nationen Herausforderungen der internationalen Ordnung aus der gleichen Perspektive betrachten und ihnen vereint begegnen. Diese Hoffnung wurde jedoch im Völkerbund und später in den Vereinten Nationen enttäuscht. Und dies geschah nicht zufällig. Wenn auch jedes Land ein Interesse an einem Sicherheitskonzept hat, auf das es sich im Verteidigungsfall berufen kann, so variiert die Bereitschaft, zur Durchsetzung dieses Konzeptes die notwendigen Risiken auf sich zu nehmen, mit der Geschichte, der Geographie, der Macht – in anderen Worten, mit den nationalen Interessen des jeweiligen Landes.

Obwohl die UNO nahezu einstimmig über das Vorgehen gegen den Irak entschied, werden die Historiker die Golfkrise eher als einen Spezialfall und nicht als einen Wendepunkt in der Geschichte der Vereinten Nationen betrachten: Die durch innere Krisen angeschlagene Sowjetunion benötigt Wirtschaftshilfe aus dem Ausland und wollte einen Konflikt mit den Vereinigten Staaten vermeiden. Dies bedeutet jedoch nicht unbedingt, daß die Ziele sowjetischer Machtpolitik für die Zeit nach dem Krieg mit den Zielen der USA vereinbar oder gar identisch sind.

China wollte demonstrieren, daß praktische Zusammenarbeit mit der fernöstlichen Supermacht trotz ideologischer Gegensätze Vorteile bietet. Auch hält Peking die Vereinigten Staaten für einen wichtigen Partner bei seinem Bemühen, einer möglichen sowjetischen oder japanischen Hegemonie in Asien entgegenzuwirken.

Frankreich war hin- und hergerissen zwischen Gefühlen, die in starkem Gegensatz zueinander stehen: auf der einen Seite die Sorge wegen der Reaktionen der fünf Millionen Moslems in Frankreich, sein Streben nach einem privilegierten Status in der arabischen Welt und andererseits der Wunsch, enge Beziehungen zu Washington für den Fall aufrechtzuerhalten, daß sich der französische Alptraum von Deutschlands Wiedererstarken bewahrheiten sollte. In diesem Konflikt entschied sich Frankreich zugunsten Amerikas, doch wäre es unrealistisch, dies als eine grundsätzliche Verpflichtung zu deuten.

Von den ständigen Mitgliedern des Sicherheitsrats der Vereinten Nationen vertrat nur Großbritannien Ansichten, die mit denen der Vereinigten Staaten identisch waren. Die Golfstaaten und Saudi-Arabien sahen ihr eigenes Überleben in Gefahr. Sie machten sich weiter keine Gedanken über das Prinzip, dessen Durchsetzung ihre Existenz sichern sollte.

Der syrische Präsident Hafiz Assad befindet sich seit über zehn Jahren in einem Konflikt auf Leben und Tod mit Saddam Hussein und wird mit aller Wahrscheinlichkeit auch nach Beendigung des Kriegs gegen ihn kämpfen, falls Saddam Hussein dann noch im Amt sein sollte.

Ägyptische Herrscher standen bereits 4000 Jahre lang, bevor das Prinzip der kollektiven Sicherheit erfunden wurde, mit den Herrschern Mesopotamiens im Wettstreit. Gemessen an den zeitlichen Dimensionen der Geschichte des Nahen Ostens ist der persisch-arabische Konflikt eher jüngerer Natur: Er ist nur 2000 Jahre alt.

Der Iran wird, so ist zu vermuten, die Resolutionen der Vereinten Nationen nur so lange unterstützen, bis der Irak ausreichend geschwächt ist. Danach wird der Iran wahrscheinlich sein historisches

Streben nach Vorherrschaft in der Golfregion fortsetzen, auch, indem Teheran darauf drängt, daß die USA sich aus der Region zurückziehen.

Selbst während des Golfkriegs ist das Prinzip der kollektiven Sicherheit nicht einheitlich angewendet worden. Israel wurde fast einstimmig dazu aufgefordert, von seinem in der Charta der Vereinten Nationen garantierten Recht auf Selbstverteidigung trotz unprovozierter irakischer Raketenangriffe auf Zivilisten keinen Gebrauch zu machen. Andere Nationen befürchteten, die arabischen Mitglieder der Koalition gegen den Irak könnten die Seiten wechseln.

Schließlich haben zwei besondere Umstände die Schaffung dieser globalen Allianz gefördert, Umstände, die sich kaum wiederholen werden. Der eine war der niederträchtige Charakter Saddam Husseins. Der nackten und unprovozierten Aggression gegen ein Mitglied der Vereinten Nationen und der Arabischen Liga folgten Plünderungen, Geiselnahmen und die Mißhandlung von Zivilisten in Kuwait. Vorangegangen war der Einsatz von Giftgas gegen Saddam Husseins innere Gegner. Es ist nicht sehr wahrscheinlich, daß ein anderer Aggressor ein so eindeutiges Feindbild darstellen könnte. Der zweite Umstand war zugleich ein Schlüsselelement der Kampagne gegen den Aggressor, nämlich die amerikanische Führungsstärke, symbolisiert durch außergewöhnliche persönliche Beziehungen zwischen Präsident Bush und wichtigen Staatsführern der Welt. Ohne diese besondere amerikanische Rolle wäre die Weltgemeinschaft sicher zu anderen Entscheidungen gelangt.

Wir müssen uns vor der Illusion hüten, dies alles sei in Zukunft problemlos wiederholbar. Der springende Punkt dabei ist, daß die amerikanische Überlegenheit nicht von Dauer sein kann. Wäre Kuwait zwei Jahre später überfallen worden, hätte die Verringerung des amerikanischen Verteidigungsetats bereits ein massives militärisches Engagement in Übersee ausgeschlossen. Auch kann die amerikanische Wirtschaft nicht auf unbestimmte Zeit eine Politik finanzieren, die einem unilateralen globalen Interventionismus gleichkommt. Die Vereinigten Staaten mußten bereits um ausländische Subventionen in Höhe von mindestens 50 Milliarden Dollar bitten, um den Krieg am Golf zu führen. Künftig werden die USA nicht mehr in der Lage sein, dieses gewaltige Militärpotential für Sicherheitsmissionen außerhalb ihrer Grenzen einzusetzen.

Deshalb sollten weder die Vereinigten Staaten noch andere Nationen das Konzept der »neuen Weltordnung« so verstehen, als würden damit Verfahrensweisen der jüngsten Zeit gewissermaßen institutionalisiert.

Ein Denkprozeß über eine »neue Weltordnung« muß damit beginnen, sich der Unterschiede zur Periode des Kalten Krieges bewußt zu werden. In der Zeit des Kalten Krieges bestand der eigentliche Gegensatz zwischen Ost und West. Der ideologische Konflikt führte zu einer mehr oder weniger einheitlichen Einschätzung der Bedrohung, zumindest in den Demokratien des Westens, die 72 Prozent des Bruttosozialprodukts der Welt erwirtschaften. Die militärische und über längere Perioden auch technologische Vorherrschaft der Vereinigten Staaten hatte eine gemeinsame Militärpolitik zur Folge. Aus dem Schlagwort der gegenseitigen Abhängigkeit wurde Realität.

Die Welt, auf die wir uns jetzt hinbewegen, wird unendlich komplizierter sein. Es wird weniger ideologische Herausforderungen geben, und die Gefahr eines Atomkrieges mit der Sowjetunion wird sich stark reduzieren. Andererseits weiß niemand, wie anfällig die Kommando- und Kontrollmechanismen des nuklearen Potentials der Sowjetunion bei inneren Umbrüchen sind.

In anderen Regionen der Erde wird sich die Gefahr begrenzter Konflikte erhöhen. Lokale Auseinandersetzungen werden aufgrund der modernen Technologie auch mehr Opfer fordern. Nationalistische Rivalitäten sind entfesselt worden, die die Welt seit dem Ende des Ersten Weltkrieges nicht mehr gesehen hat. Nach dem Ende der Kolonialzeit brachen fanatische fundamentalistische Kräfte auf, die von den selbstgefälligen Demokratien des Westens schwer zu verstehen und noch schwerer zu kontrollieren waren.

Die wirtschaftliche Rivalität zwischen Japan, das in den Status einer Supermacht hineinwächst, der Europäischen Gemeinschaft, die immer selbstbewußter wird, und den Vereinigten Staaten wird in Zukunft nicht mehr durch alles überragende Sicherheitsinteressen gemäßigt werden. Alle diese Elemente lassen die neue Ära wahrscheinlich sehr turbulent werden.

Die Strategen der amerikanischen Politik müssen künftig folgendes berücksichtigen:

Zunächst ist die Erkenntnis wichtig, daß es unmöglich ist, sich mit allen Fragen gleichzeitig auseinanderzusetzen. Amerika muß Prioritäten setzen, mit seinen Ressourcen sparsam umgehen und auf seine Glaubwürdigkeit achten. Dabei müssen drei Ebenen der Bedrohung unterschieden werden: Bedrohungen, denen wir notfalls auch allein entgegentreten; Bedrohungen, denen wir nur in Gemeinschaft mit anderen begegnen, und schließlich jene Bedrohungen, die amerikanischen Interessen nicht in einem Maße zuwiderlaufen, als daß ein militärisches Eingreifen gerechtfertigt wäre.

Die USA müssen die Bündnispolitik einer Überprüfung unterziehen und Verantwortung wie Lasten neu verteilen. Ländern, mit denen wir verbündet sind, muß klargemacht werden, daß die Streitkräfte der Vereinigten Staaten keine Söldnerarmee sind. Die besonderen Umstände der Golfkrise ließen Präsident Bush keine andere Wahl, als den Vereinigten Staaten einen überproportionalen Teil des Risikos aufzubürden. Als allgemeine Regel aber sollte in Zukunft gelten, daß amerikanische Truppen nur für Zwecke eingesetzt werden, für die wir selbst auch bereit sind zu zahlen. Dies ist in der Tat eine brauchbare Definition der nationalen Interessen der Vereinigten Staaten.

Die Strategen der amerikanischen Politik sollten auch erkennen, daß die »neue Weltordnung« nicht allein nach amerikanischen Vorstellungen geschaffen werden kann. Die USA können einen globalen Gemeinschaftssinn nicht am Leben erhalten, wenn es ihn gar nicht gibt. Doch sie haben die Möglichkeit, kleinere Gemeinschaften zu schaffen, die auf einem greifbaren Sinn gemeinsamer Zielsetzungen beruhen.

Die größte Herausforderung für Amerika ist schließlich jedoch grundsätzlicher Natur: Wie wird Ordnung definiert?

Die Geschichte hat bis heute nur zwei Arten der Stabilität hervorgebracht: Vorherrschaft einer Macht oder Gleichgewicht der Kräfte. Die Vereinigten Staaten verfügen weder über die Ressourcen, die für eine Politik der Vorherrschaft nötig sind, noch ist eine derartige Politik mit unseren moralischen Grundwerten zu vereinbaren.

So gelangen wir zum Prinzip des Gleichgewichts der Kräfte. Es ist eine Ironie der Geschichte, daß der Triumph der USA im Kalten Krieg eine Welt hervorgebracht hat, in der wir uns nach Maximen richten müssen, die den Amerikanern historisch betrachtet nie geheuer gewesen sind. Für die meisten Amerikaner ist das Prinzip des Gleichgewichts der Kräfte vor allem deshalb anstößig, weil es mit moralischer Neutralität einhergeht. Der britische Staatsmann Winston Churchill beschrieb das Prinzip folgendermaßen: »Der Politik Englands ist es gleichgültig, welche Nation die Vorherrschaft in Europa anstrebt. Sie befaßt sich nur mit der Frage, wer zur Zeit der Stärkste beziehungsweise der künftig dominierende Tyrann ist. Wir folgen einem Gesetz der allgemeinen Politik und richten uns nicht nach zufälligen Umständen, Vorlieben oder Abneigungen.«

Eine auf solchen Konzepten basierende Politik kennt wenige ständige Freunde und wenige ständige Feinde. In der jetzigen Krise würde sie es vermeiden, den Irak für alle Zeiten zu brandmarken. Statt dessen würde eine Politik dieser Art darauf hinauslaufen, Rivalitäten, die so alt wie die Geschichte sind, gegeneinander auszubalancieren und so ein Gleichgewicht zwischen dem Irak, Iran, Syrien und anderen Regionalmächten zu schaffen. In Nordostasien würde diese Politik anstreben, ein Gleichgewicht zwischen China, Japan und der Sowjetunion aufrechtzuerhalten. In Europa, wo das alte Gleichgewicht zusammengebrochen ist, wird die neue Balance der Kräfte vom Ergebnis der inneren Entwicklungen in der Sowjetunion abhängen, vor allem von der Fähigkeit der Sowjetunion, ihre historische Rolle in Europa fortzuführen.

Die Balance der Kräfte aber erfordert eine Macht, die dafür sorgt, daß die Balance erhalten bleibt. Diese Rolle können die Vereinigten Staaten nicht mehr allein übernehmen. Andererseits ist keine andere Nation in einer besseren Lage, an einer neuen Weltordnung mitzuwirken, als die USA: Sie sind innenpolitisch stabil, die Wirtschaft reagiert nicht allzu empfindlich auf äußere Einflüsse, und die militärische Schlagkraft des Landes wird für die absehbare Zukunft die größte und effektivste der Welt bleiben.

Die Herausforderung, vor der die USA stehen, ist der Preis des Erfolgs: Der Triumph im Kalten Krieg hat zu einer Welt geführt, in der die traditionellen Konzepte überdacht und abgeändert werden müssen. Doch um diesen Preis des Erfolgs beneiden uns die meisten anderen Nationen.

# Die USA
# können sich ein Patt nicht leisten

Die Vereinigten Staaten nähern sich in der Golfkrise einem Punkt, an dem eine Entscheidung unumgänglich wird. Die USA können es sich einfach nicht leisten, daß ihre erste globale Führungsinitiative in der Ära nach dem Kalten Krieg in eine ausweglose Pattsituation abgleitet, an deren Ende nur ein Krieg oder die Aufgabe von Zielen steht, die sowohl George Bush als auch die internationale Völkergemeinschaft vorher unnachgiebig vertreten hatten.

In den verschiedenen UN-Resolutionen ist bekräftigt worden, was die Vereinigten Staaten erreichen wollen: bedingungsloser Rückzug des Irak aus Kuwait; die Wiedereinsetzung der legitimen kuwaitischen Regierung und die bedingungslose Freilassung aller Geiseln.

Und doch hat die US-Regierung bislang seltsam gezögert, wenn es darum ging, zu erklären, in welcher Weise diese Ziele die nationalen Interessen der USA widerspiegeln.

In der amerikanischen Öffentlichkeit darf sicher nicht der Eindruck entstehen, die USA hätten die Pflicht, jedem bösartigen Staatsführer der Welt den Krieg zu erklären und bei jeder Verletzung der internationalen Ordnung sofort einzugreifen. Die Vereinigten Staaten würden so zum Weltpolizisten. Die amerikanische Öffentlichkeit muß jedoch verstehen, warum genau diese spezifische Aggression gegen Kuwait durch genau diesen bestimmten Staatsführer auf lange Sicht ihre eigene Sicherheit bedrohen und die Vereinigten Staaten in Zukunft vor noch schwierigere Entscheidungen stellen würde, wenn man ihr nicht jetzt entgegentritt.

So definierte Präsident Bush in seiner Rede vom 8. August die Stabilität in der Golfregion als »vitales amerikanisches Interesse« und schloß sich damit der Bewertung dieser Region durch seine beiden Amtsvorgänger an. Seither jedoch ist nicht viel geschehen, um deutlich zu machen, warum das so ist. Dem Grad der Abneigung, die nationalen Interessen der Vereinigten Staaten zu definieren, entspricht die Verschwommenheit der Aussagen hinsichtlich der Mittel, die zur Durchsetzung der oben genannten Ziele erforderlich sind.

Offiziellen Erklärungen zufolge sollen die Ziele der Vereinten Nationen mit Hilfe von Sanktionen durchgesetzt werden, die möglichst zu Verhandlungen führen sollen. Militärische Mittel sollen demnach erst in letzter Instanz zur Anwendung kommen. Beides ist so dargestellt worden, als handele es sich um aufeinanderfolgende Phasen ein und derselben Politik. Tatsächlich jedoch wird sich erweisen, daß sie sich gegenseitig ausschließen, denn es wird keine glaubhafte militärische Option mehr existieren, wenn sich erst einmal erwiesen hat, daß Sanktionen allein nicht die notwendige Durchschlagskraft besitzen.

Will man die genannten Ziele mit Hilfe von Sanktionen erreichen, müssen mindestens sechs Bedingungen erfüllt werden:
1. Die Sanktionen müssen greifen. 2. Sie müssen auch während möglicher Verhandlungen aufrechterhalten werden. 3. Es darf keine Kompromisse geben. 4. Nach einer Verwirklichung der UN-Resolutionen muß das Thema Abrüstung auf die Tagesordnung kommen. 5. Die militärische Option muß psychologisch, technisch und diplomatisch im gesamten Verlauf der Verhandlungen aufrechterhalten werden. 6. Es dürfen keine anderen plötzlichen Entwicklungen eintreten, die die Vereinigten Staaten ablenken oder den alliierten Zusammenhalt aufbrechen.

Diese Bedingungen sind praktisch unerfüllbar. Zum einen sind Umbrüche im Nahen Osten ein Teil der Lebensart. Erst vor kurzem wurde innerhalb nur einer Woche der zweithöchste Mann des ägyptischen Staates erschossen, kämpfte Syrien gegen christliche Einheiten in Beirut, kamen in Jerusalem 21 Palästinenser ums Leben.

Sollten die Sanktionen innerhalb des für den politischen Prozeß relevanten Zeitrahmens greifen, ist es wahrscheinlicher, daß der Irak in Verhandlungen einwilligt, als daß er kapituliert. In diesem Fall wird der Druck, der auf eine Erleichterung der Sanktionen zielt, sehr stark werden. Welche Demokratie wird für Hungersnöte im Irak und in Kuwait verantwortlich sein wollen, wenn die Verhandlungen erst einmal laufen?

Das grundlegende Dilemma besteht darin, daß die UN-Resolutionen keinen wirklichen Verhandlungsspielraum lassen – vielleicht mit Ausnahme der Organisation des irakischen Abzugs aus Kuwait. Daher verwässern tatsächlich alle sogenannten diplomatischen Lösungen die UN-Forderungen und bestätigen den Irak in seiner Rolle als Hauptmilitärmacht des Nahen Ostens, weil sie sich überhaupt nicht mit dem gewaltigen irakischen Militärpotential auseinandersetzen.

Ein Beispiel: Auch wenn Saddam sich zu einem Abzug aus Kuwait bereit erklärt, so hat er doch bereits angedeutet – und Gorbatschows Berater Jewgeni M. Primakow hat dies bestätigt –, daß er einen gewissen Teil kuwaitischen Gebiets, auf dem ein bedeutendes Ölfeld liegt, und zwei Inseln, von denen aus man den Zugang zum Schatt el-Arab kontrollieren kann, nun zum irakischen Territorium zählt.

Wären die Vereinigten Staaten oder die UNO bereit, deswegen einen Krieg anzufangen? Diese Frage stellt sich insbesondere angesichts der Andeutungen, die die Vereinigten Staaten Saddam anscheinend kurz vor der Invasion gegeben haben und deren Botschaft lautete, daß seitens der USA kein Interesse an diesem Grenzstreit mit Kuwait bestehe.

Gleichzeitig stößt der Vorschlag Präsident Mitterrands zur Wahl einer legitimen Regierung Kuwaits auf die Tatsache, daß die Hälfte der kuwaitischen Bevölkerung auf der Flucht ist und der Großteil der noch in Kuwait verbliebenen Einwohner des Landes keine kuwaitischen Bürger sind, die somit auch kein besonderes Interesse an einer eigenen kuwaitischen Identität haben.

Die arabischen Nachbarn Saddams werden feststellen, daß keiner der zur Zeit in der Öffentlichkeit diskutierten Vorschläge die militärische Vorherrschaft des Irak zu reduzieren versucht oder die völlige Wiederherstellung Kuwaits zum Ziel hat. Sobald aber diese Länder zu dem Schluß kommen, daß sie dazu verdammt sind, mit einem dominanten Irak zu leben, werden sie ihre eigenen Verhandlungen beginnen. Die jüngsten Bemerkungen des saudi-arabischen Verteidigungsministers Sultan deuten darauf hin, daß das Feilschen bereits begonnen hat. Doch wird auch nach einem monatelangen, unergiebigen Manövrieren die psychologische Basis für eine militärische Option noch existieren? Und wie können die Ziele der Vereinigten Staaten und der Vereinten Nationen ohne eine realistische militärische Drohung durchgesetzt werden?

Viele jener Politiker, die sich für Sanktionen eingesetzt hatten, scheinen inzwischen eingesehen zu haben, daß mit dieser Strategie die genannten Ziele nicht zu verwirklichen sind. Präsident Mitterrand hat angedeutet, daß über irakische Forderungen gegen Kuwait verhandelt werden könne, sobald der Irak sich zum Abzug aus Kuwait bereit erklärte – das würde bedeuten, sogar noch bevor sich Hussein tatsächlich zurückzieht. In Leitartikeln führender Zeitungen wird auf direkte Verhandlungen zwischen dem Irak und Kuwait gedrängt, die mit gewissen verschwommenen Rüstungskontrollgesprächen für die Golf-Region gekoppelt werden sollen.

Eines haben alle diese Pläne gemeinsam: Sie unterminieren die militärische Option, indem sie Zeit aufbrauchen, sie sehen keine Strafen für die begangene Aggression, das Plündern eines Landes und die Geiselnahme vor, und sie lassen als einziges strittiges Thema das Ausmaß des Gewinns für den Aggressor offen. Und nachdem der Irak vor der gesamten Macht der UN-Truppen und der Vereinigten Staaten nicht zurückgewichen ist, gäbe es für ihn kaum Anreize, im Rahmen möglicher folgender Rüstungskontrollgespräche Konzessionen an die Ängste seiner Nachbarn zu machen.

Der Fairneß wegen muß gesagt werden, daß viele Politiker und Diplomaten, die sich für Verhandlungen aussprechen, die durch Sanktionen erzwungen worden sind, sich dieses Dilemmas bewußt sind. Deshalb auch wurde vorgeschlagen, eine Regelung für die Golf-Region durch ein Sicherheitssystem zu schützen, das auf einer bedeutenden amerikanischen Truppenpräsenz in Saudi-Arabien beruht.

Ich halte dies für ein gefährliches Trugbild. Sollten die Vereinigten Staaten nach all ihren markigen Erklärungen und der Entsendung eines riesigen Expeditionskorps nicht in der Lage sein, ihre erklärten Ziele zu erreichen, so würde wohl kein Golfstaat sein Schicksal auf eine amerikanische Präsenz in der Region setzen wollen. Selbst wenn die Verzweiflung einige Golf-Nationen dazu brächte, um die Stationierung amerikanischer Truppen in ihren Ländern zu bitten, wäre das wohl nur vorübergehend. Im schlimmsten Falle würde das Chaos dadurch noch verstärkt.

Das Argument, die Vereinigten Staaten hätten ihre Standhaftigkeit in Korea und Europa unter Beweis gestellt, hat in der Golf-Region keine Gültigkeit. Es geht in Arabien nicht um die Standhaftigkeit der USA, sondern um die innere Stabilität des Gastlandes. Die Verhältnisse am Golf sind auch nicht entfernt mit denen in Nordostasien oder Europa vergleichbar. In diesen Regionen trug die Anwesenheit amerikanischer Truppen zur inneren Stabilität bei, in Saudi-Arabien ist das Gegenteil der Fall. Größere Kontingente amerikanischer Bodentruppen würden schnell zum Ziel radikaler und nationalistischer Agitation werden. Wenn sich der Irak gegen die USA und die Vereinten Nationen durchsetzen würde, wären diese Kontingente früher oder später Geiseln des revolutionären Irak, des fundamentalistischen Iran oder anderer Ereignisse, die sich größtenteils unserer Kontrolle entziehen.

Darüber hinaus gibt es keine arabische Macht, die in der Lage wäre, dem Irak in solchen Fällen entgegenzutreten. Die Unnachgiebigkeit Saddam Husseins spiegelt wahrscheinlich sein Kalkül wider, daß der Einsatz der internationalen Truppen am Golf gegen ihn mit jeder verstreichenden Woche unwahrscheinlicher wird und daß er, sobald wirklich ein Krieg unmittelbar drohen sollte, die Krise immer noch durch Verhandlungen entschärfen könnte. Er wird in seinen Überlegungen wahrscheinlich durch die vielen offiziellen und inoffiziellen Besucher noch bestärkt, die versuchen, Kompromisse auszuhandeln, wo es keine Kompromisse geben kann.

Wenn also die Vereinigten Staaten ohne Schaden aus der Golf-Krise hervorgehen wollen, müssen sie sich für eine ihren Zielen angemessene Strategie entscheiden, oder sie müssen Ziele definieren, die mit den Mitteln, die sie einzusetzen bereit sind, wirklich erreicht werden können.

Wir sollten uns in diesem Punkt keine Illusionen machen. In der Phase direkt nach der irakischen Invasion war es vielleicht möglich, den Schaden durch eine Politik der Stabilisierung der kuwaitisch-saudischen Grenze zu begrenzen. Doch nach der Stationierung einer gewaltigen Expeditionsstreitmacht und der uneingeschränkten Forderung nach bedingungslosem Abzug der Irakis aus Kuwait würde eine Strategie, die sich auf eine Stabilisierung der kuwaitisch-saudischen

Grenze beschränkte, das Ansehen der Vereinigten Staaten unterminieren und die gemäßigten moslemischen Regierungen vom Golf bis Marokko erschüttern. Dies gilt auch für Ägypten und die Türkei.

Die amerikanische Regierung muß entscheiden, von welchem Punkt an die Sanktionen zu einem bloßen Alibi werden und unsere Ziele verwässern.

Die Entscheidung für einen Krieg wird weder einfach noch attraktiv sein. Darin liegt das Dilemma des Präsidenten. Aber aus allen bisherigen Aktionen und Erklärungen der US-Regierung geht hervor, daß die Entscheidung für einen Krieg vielleicht unumgänglich werden könnte. Doch eben weil dieser Beschluß so schwer wiegt und so weitreichende Folgen hat, sollte er nicht aus Verdrossenheit und Frustration entspringen.

Es hat Meldungen gegeben, denen zufolge Washington auf eine geeignete Provokation warte. Es erscheint schwer vorstellbar, was der Irak noch über das hinaus tun muß, was er bereits getan hat, damit militärische Aktionen der Vereinigten Staaten gerechtfertigt sind: Er hat bereits eine brutale Aggression begangen, systematisch die Menschenrechte verletzt, die kuwaitische Nation zerstört und geplündert und tausend amerikanische Geiseln genommen.

Das für militärische Aktionen notwendige diplomatische Umfeld muß besonders gut vorbereitet werden. Es stehen den Vereinigten Staaten zwei Wege offen: eine Ermächtigung durch die Vereinten Nationen oder die einseitige Inanspruchnahme des Artikels 51, der das Recht zur Selbstverteidigung definiert.

Sollten die USA Unterstützung durch die UNO anstreben, werden sie vermutlich die Grenzen der kollektiven Sicherheit kennenlernen. Es ist wahrscheinlich, daß einige Nationen nicht die Verantwortung für Aktionen werden tragen wollen, die sie ansonsten für notwendig halten. Die UN-Debatten über eine militärische Intervention der Großmächte werden sich mit Sicherheit in die Länge ziehen, was dem Irak wiederum Zeit zur Verstärkung seiner Verteidigung und vielleicht sogar zu einem Erstschlag geben wird. Jede Bevollmächtigung durch die Vereinten Nationen wird fast sicher durch eine Vielzahl von Restriktionen stark eingeschränkt und somit für den eigentlichen Zweck nicht geeignet sein.

Wenn die US-Regierung jedoch den Artikel 51 in Anspruch nehmen will, muß sie das amerikanische Volk informieren und den Kongreß einbeziehen. Der Präsident müßte deutlich machen, warum er auf den Bedingungen der UN-Resolution besteht, warum dies zu militärischen Aktionen führen könnte und warum ein wichtiges Ziel einer solchen Maßnahme darin bestehen könnte, in der Golf-Region einen stabilen Machtausgleich zu schaffen. Er muß ganz klar sagen, daß all dies weder einfach noch umsonst zu haben sein wird.

Sollte sich der Präsident für diesen Weg entscheiden, so bleibt zu hoffen, daß der Einsatz militärischer Mittel in einem angemessenen Verhältnis zu realistischen politischen Zielen bleibt. Außenstehende sollten zwar nicht den Feldmarschall spielen. Doch es kann nicht im nationalen Interesse der Vereinigten Staaten liegen, den Irak so weit zu schwächen, daß er zu einem verlockenden Ziel neidischer Nachbarn wird. Es kann den USA nicht daran gelegen sein, andere Mächte in ihren hegemonialen Bestrebungen zu ermuntern. Dies gilt zum Beispiel für Syrien und den Iran. Sollte ein Krieg unvermeidbar werden, darf unser Ziel nicht in der völligen Zerstörung des Irak liegen. Vielmehr muß der Preis, den der Irak für die Invasion Kuwaits zu entrichten hat, auf eine unerschwingliche Höhe geschraubt und zugleich das irakische Potential zur Bedrohung der Nachbarstaaten drastisch reduziert werden.

Berichte über eine weitere Verstärkung der amerikanischen Truppen in der Region um 100 000 Mann lassen die Möglichkeit eines frontalen Angriffs erkennen. Vielleicht bleibt schließlich tatsächlich nur noch ein Angriff auf die Positionen der irakischen Truppen in Kuwait. Doch ein verlustreicher Bodenkampf gegen einen Feind, der über eine achtjährige Kampferfahrung aus einem Zermürbungskrieg mit dem Iran verfügt, sollte die absolut letzte Möglichkeit sein.

Ehe man sich darauf einläßt, sollten andere Optionen in Betracht gezogen werden: Die Zerstörung des militärisch-industriellen Komplexes des Irak, vor allem seiner chemischen und atomaren Einrichtungen, seiner Luftwaffe und Raketenartillerie, würde das militärische Kräfteverhältnis am Golf verbessern und die Wirkungskraft von Sanktionen verstärken. Eine solche Strategie würde hauptsächlich auf dem Einsatz von Luft- und Seestreitkräften basieren und den Bodentruppen eine Schutzfunktion im Falle von Gegenangriffen zukommen lassen.

Als Folge des Verlustes der militärischen Macht könnte die Regierung in Bagdad, die ja schließlich eine Militärdiktatur ist, zu Verhandlungen gebracht werden. Selbst wenn am Ende einer der oben beschriebenen Kompromisse zustande käme – was ich bedauern würde –, wäre der Mißerfolg deshalb nicht so schmerzhaft, weil wenigstens die militärische Bedrohung der Region durch den Irak vermindert worden wäre.

Das Pentagon ist gegen detaillierte politische Richtlinien, wie es sie in der Zeit des Vietnamkrieges auferlegt bekam, allergisch. Doch es gibt mit Sicherheit auch einen Mittelweg. Die taktischen Entscheidungen können den militärischen Befehlshabern am Golf überlassen werden, während der Präsident über die grundlegenden strategischen Fragen entscheidet.

Ohne Zweifel wäre eine militärische Option mit großen Schwierigkeiten verbunden. Sie könnte zu Massendemonstrationen in den moslemischen Ländern führen. Sie könnte die nächste Welle des Terrorismus auslösen. Saddam könnte den Konflikt ausweiten.

Doch diese Risiken müssen gegen die Gefahr eines noch größeren Konflikts in der Zukunft abgewogen werden, der unvermeidlich sein wird, wenn eine Demonstration amerikanischer Ohnmacht zu einem Zusammenbruch der gemäßigten Regierungen, eskalierenden Krisen und zur vollständigen Auflösung der Ordnung in der Region führen würde.

Die US-Regierung verdient Sympathie wegen der unerhört schwierigen Entscheidungen, die vor ihr liegen, und der Standhaftigkeit, mit der sie die Krise bisher bewältigt hat. Es bleibt zu hoffen, daß es ihr gelingt, einen Weg zu finden zwischen einer Strategie der völligen Vernichtung und einer Diplomatie, die auf das Ansammeln von UN-Resolutionen ausgerichtet ist, deren kontinuierliche Nichtbeachtung durch den Irak am Ende nur die Ohnmacht der Vereinten Nationen beweisen wird.

Wie unser Ziel auch aussehen mag: Es ist wichtig, daß wir dort als Ergebnis unserer eigenen Planungen ankommen, nicht als Gefangene der Umstände.

# Präsident Bush darf nicht bis zum nächsten Jahr warten

Vom Aufmarsch amerikanischer Truppen bis zur Organisation der internationalen Unterstützung hat die Bush-Administration die Golfkrise fehlerlos gemeistert. Auf dem Gebiet der Außenpolitik zählen jedoch nicht die Eröffnungszüge, sondern das Endergebnis. Und die schwierigsten Entscheidungen sind noch nicht gefallen.

Viele Kommentatoren des politischen Geschehens reduzieren die Möglichkeiten auf einen raschen militärischen Schlag oder auf einen Erfolg der gegen Irak verhängten Wirtschaftssanktionen. Doch kein ernstzunehmender Politiker favorisiert militärische Aktionen um ihrer selbst willen. Eine Beendigung des Konflikts durch einen Erfolg der Wirtschaftssanktionen wäre selbstverständlich vorzuziehen. Doch dies ist abhängig von der Menge irakischer Vorräte an wichtigen Gütern und von dem Eindruck, den die Sanktionen auf die irakische Moral machen.

Die Frage stellt sich, ob Sanktionen von der internationalen Gemeinschaft aufrechterhalten werden können. Ziel von Sanktionen ist es, gewisse Engpässe und Härten herbeizuführen. Das irakische Volk ist durch ein Jahrzehnt des Konflikts an Härten gewöhnt. So erscheint es möglich, daß nur eine Nahrungsmittelblockade Früchte tragen könnte. Doch wie reagiert die Öffentlichkeit in der westlichen Demokratie, wenn in den Medien hungernde irakische Frauen und Kinder gezeigt werden?

»Humanitäre« Ausnahmen bei Sanktionen, wie sie in der Resolution der Vereinten Nationen vorgesehen sind, sind keine Antwort. Sie wären entweder zuviel oder zuwenig. Jede Lieferung, die wirkliche Erleichterung schafft, würde die Effektivität der Sanktionen unterminieren und so zu einer Patt-Situation beitragen. Ich bezweifle, daß eine Patt-Situation von den Verbündeten der USA wie von den USA selbst über einen Zeitraum von vielen Monaten hingenommen werden würde. Der Anstieg der Ölpreise hat bereits jetzt die Wachstumsprognosen in den industriellen Demokratien um ein Prozent gedrückt und die Gefahr der Inflation verschärft. Je länger der Konflikt dauert, desto schwieriger wird das Problem werden. Ein kalter Winter oder mögliche Sabotageakte in den Ölfeldern der Golf-Region können das Ansteigen der Ölpreise noch verstärken.

Im politischen Bereich würde eine länger andauernde Patt-Situation wahrscheinlich die innenpolitische Stabilität unserer arabischen Verbündeten untergraben. Ungeachtet ihrer guten Absichten muß die Stationierung ausländischer Truppen größeren Umfangs auf saudischem Boden zu Spannungen mit einer Bevölkerung führen, die bisher sorgsam von der Außenwelt abgeschirmt wurde. Belästigungen und Sabotageakte werden zunehmen – genau wie in der Zeit des amerikanischen Engagements in Libanon 1982/83.

Dieselben Zielsetzungen, die zu der schnellen Stationierung amerikanischer Truppen in der Region geführt haben – nämlich die Notwendigkeit, gemäßigte Regierungen am Golf zu unterstützen –, macht es unumgänglich, die Voraussetzungen für einen ebenso schnellen Abzug zu schaffen.

Die wichtigste Entscheidung, vor der die US-Regierung demzufolge steht, ist diese: Sie muß sich darüber klarwerden, welches Ergebnis ihres Engagements am Golf sie hinnehmen würde. Dieser Aspekt allerdings geht in der augenblicklichen Debatte größtenteils unter. Statt dessen wird die Diplomatie als eine Übung betrachtet, die auf das Zustandekommen von Kompromissen und das Bemühen zielt, dem Gegenüber mögliche Demütigungen zu ersparen.

Doch diese Schlagworte, die aus dem Erfahrungsschatz einer Gesellschaft stammen, in der es selten unvereinbare Meinungsgegensätze gibt, sind im Hinblick auf den irakischen Führer Saddam Hussein vollkommen irrelevant. In den letzten zehn Jahren hat der Irak den Iran angegriffen, Kuwait annektiert und zum Heiligen Krieg gegen Saudi-Arabien aufgerufen. Darüber hinaus befindet das Land sich in einem Konflikt auf Leben und Tod mit Syrien. Jordanien ist vor Furcht erstarrt. Innenpolitisch hat Hussein Völkermord an den irakischen Kurden begangen, indem er Giftgas gegen sie einsetzte und sie zur Umsiedlung zwang. Der einzige Nachbar, mit dem der Irak erträgliche Beziehungen hat, ist die ihm überlegene Türkei.

Die irakische Geiselnahme in der augenblicklichen Krise ist ohne Beispiel. Als es vor zwanzig Jahren die ersten Geiselnahmen gab, gingen diese auf das Konto von Gruppen von Verbrechern, die nicht einmal von denjenigen Regierungen öffentlich anerkannt wurden, von denen sie zu ihren Aktionen ermuntert wurden. Saddam betreibt nun den Terrorismus in bisher unbekannten Ausmaßen. Erstmals nimmt ein Staatsführer Tausende unschuldiger Zivilisten aus aller Welt, von denen die meisten nicht einmal im Irak lebten, als Geiseln.

Unter diesen Umständen ist eine Diplomatie, die darauf abzielt, eine mögliche Demütigung des Irak zu verhindern, falsch. Dann wäre Saddam in der Lage, einen Sieg für sich geltend zu machen, während es das Ziel der Golfstrategie sein muß, seine Niederlage in ihrem ganzen Ausmaß offensichtlich zu machen.

Der wirkliche Prüfstein wird sein, wie die tatsächlichen oder potentiellen Opfer das Ergebnis der Krise beurteilen werden. Der Eindruck einer amerikanischen Niederlage würde die internationale Stabilität erschüttern. Jedes gemäßigte Land im Nahen Osten würde durch ein amerikanisches Debakel stark geschwächt werden. Einige Golfstaaten würden es nicht überleben. Ägypten, Marokko und sogar die Türkei würden von einer Welle des Radikalismus und Fundamentalismus erfaßt werden.

Präsident Bush bestand darauf – wie es auch im Kommuniqué von Helsinki zusammen mit Präsident Gorbatschow noch einmal bekräftigt wurde –, daß es keine Abstriche von den UN-Resolutionen geben kann. Dies gilt vor allem für den irakischen Abzug aus Kuwait, die bedingungslose Freilassung aller Geiseln und die Wiedereinsetzung der legitimen kuwaitischen Regierung. Jede Änderung dieser Bedingungen würde auf einen Sieg des Irak und eine Niederlage der Vereinigten Staaten und ihrer Verbündeten hinauslaufen. An dieser Tatsache wird auch das Argument zuschanden, die USA dürften keine Risiken im Namen des Emirs von Kuwait eingehen. Indem sie auf der Wiederherstellung der Verhältnisse bestehen, wie sie vor der irakischen Invasion herrschten, geben weder die Vereinten Nationen noch die USA eine Wertung über die staatsmännischen Qualitäten des Emir ab. Sie beharren lediglich darauf, daß das repressivste Regime der Region nicht das Recht besitzt, über die innenpolitische Legitimierung seiner Nachbarn zu befinden. Natürlich wird auf Dauer die gesellschaftliche Entwicklung auch vor diesen traditionellen Regierungen – von denen jede um ein Vielfaches milder ist als die Regierung in Bagdad – nicht haltmachen.

Vom analytischen Standpunkt aus betrachtet, stellen die Bedingungen der Vereinten Nationen bereits einen Kompromiß dar zwischen dem, was wirklich für einen Frieden in der Region nötig ist, und dem, was den massiven internationalen Militäreinsatz rechtfertigen würde.

Würde Saddam Hussein plötzlich die Bedingungen der UNO akzeptieren, so würde er tatsächlich seine Macht behalten, auch wenn dies mit einem gewaltigen Prestigeverlust verbunden wäre. Vielleicht würde das auch die irakische Führung von der Notwendigkeit der politischen Mäßigung überzeugen – vor allem, wenn Saddam abgelöst werden würde. Doch Überlegungen solcher Art können sich nur allzu leicht als Wunschdenken erweisen. Denn die strategische Ausgangslage, die die irakische Aggression überhaupt ermöglicht hat, würde sich nicht verändern. Der Irak würde immer noch über chemische und nukleare Waffen verfügen. Seine große, kampfbereite Armee könnte immer noch die Region überwältigen.

Viele Nationen im Nahen Osten aber werden der Ansicht sein, daß die Mobilisierung von Kräften aus allen Teilen der Welt nicht beliebig wiederholt werden kann. Deshalb ist eine Reduzierung der übermächtigen irakischen Militärmaschinerie dann besonders wichtig, wenn die amerikanischen Truppen möglichst schnell wieder aus der Region abgezogen werden sollen, was man meiner Ansicht nach tun sollte.

Es ist nichts weiter als eine Wunschvorstellung, wenn man glaubt, daß der Friede in diesem Gebiet durch multilaterale Sicherheitsverträge gewährleistet werden könnte. Die Erfahrungen des gescheiterten Bagdad-Pakts und der SEATO demonstrieren die Zerbrechlichkeit multilateraler Abkommen in Regionen, in denen die beteiligten Nationen keine gemeinsamen Ziele oder die Mittel zur gegenseitigen Unterstützung haben und zudem häufig die Seiten wechseln.

Paradoxerweise wäre es nicht wünschenswert, den Umfang der Streitkräfte des Irak unter eine gewisse Mindestgrenze zu senken, die zur Aufrechterhaltung des Gleichgewichts erforderlich ist. Denn die Vergangenheit hat gezeigt, daß auch die Nachbarn des Irak den Versuchungen eines militärischen Vakuums nur außerordentlich schlecht widerstehen können. Die Unterstützung des Irak durch die westlichen Demokratien während des Krieges gegen den Iran spiegelte ihr Engagement für die territoriale Integrität des Irak wider. Sie stellen sich nun gegen die Gefahr, daß ein größenwahnsinniger Herrscher ihre Volkswirtschaften und ihren Frieden bedroht. Aus diesen Gründen würde ich es begrüßen, wenn die Vereinigten Staaten auf UN-Resolutionen hinarbeiten würden, die es ermöglichen, die militärischen Kapazitäten des Irak unter internationaler Aufsicht zu reduzieren und damit die grundlegende Bedrohung des Friedens am Golf zu beseitigen.

Gibt jedoch Saddam dem Druck der Sanktionen nach, ohne daß es zum Krieg kommt, könnte Präsident Bush zu dem Schluß gelangen, daß er nicht über die existierenden UN-Resolutionen hinausgehen kann, ohne die die Sanktionen überhaupt nicht eingeleitet worden wären. Eine solche Schlußfolgerung wäre ebenso verständlich wie gefährlich.

Läßt man sich überhaupt darauf ein, so muß das in dem Bewußtsein geschehen, daß dann ein höherer Grad ständiger Wachsamkeit und eine stärkere amerikanische Präsenz in der Region unumgänglich wären. Würde es jedoch zu einem militärischen Konflikt kommen, so könnten die Vereinigten Staaten dabei ein Ergebnis anstreben, das der langfristigen Stabilität der Region dient. Daher muß die Bush-Administration an einem gewissen Punkt der Entwicklung die Entscheidung fällen, wie lange sie einerseits auf den Erfolg der Sanktionen warten will und wie weit sie andererseits ohne allgemeine internationale Unterstützung zu gehen bereit ist. Ich weiß nicht, ob diese Entscheidung im Oktober oder im November getroffen werden muß. Es würde mich aber beunruhigen, wenn man diese Entscheidung bis ins nächste Jahr aufschieben würde, denn ich glaube, daß das Engagement am Golf dann die ersten Auflösungserscheinungen zeigen könnte.

Wieviel Internationale Unterstützung ist für militärische Maßnahmen notwendig? Es wird gesagt, daß die Vereinigten Staaten im Falle eines militärischen Zusammenstoßes isoliert sein würden. Ich teile diese Auffassung nicht. Die gemäßigten arabischen Staaten würden eine entschlossene Aktion begrüßen, wenn dies klar erkennbar die einzige Alternative zu einem Erfolg Saddams wäre. Was die Verbündeten der USA betrifft, so sind die Bedingungen für eine amerikanische Initiative ungewöhnlich günstig. Großbritannien würde einem solchen Schritt zustimmen. Frankreich würde Amerikas stabilisierende Rolle im Gleichgewicht Europas angesichts der Vereinigung Deutschlands nicht gefährden wollen. Deutschland hat dasselbe Ziel, wenn auch aus anderen Gründen. Japan wird seine wirtschaftlichen Beziehungen mit den Vereinigten Staaten nicht leichtfertig aufs Spiel setzen. Was Gorbatschow angeht, so verlangt die wirtschaftliche Schwäche der Sowjetunion die Konzentration des Präsidenten auf innenpolitische Belange. Kurz: Würden die Vereinigten Staaten nach einer angemessenen Testphase feststellen, daß Sanktionen nicht den gewünschten Erfolg bringen, werden sie sich keinesfalls isoliert finden.

Tatsächlich ist der wahrscheinlichste Weg in die Isolation eine längere Fortdauer dieser Krise. Die USA dürfen jetzt nicht den Fehler begehen, ihre langfristige Politik einem Internationalismus oder der Taktik des Augenblicks unterzuordnen. Obwohl ich immer wieder auf eine Beteiligung Syriens am Friedensprozeß im Nahen Osten gedrängt habe, kann ich ein Gefühl des Unbehagens nicht unterdrükken, das mich angesichts des Eifers befallen hat, mit dem die Vereinigten Staaten die Verlegung einer syrischen gepanzerten Division nach Saudi-Arabien begrüßt haben.

Wissen wir, wie wir die Syrer wieder zum Abzug bewegen können? Sind wir in Gefahr, den Fehler aus dem Iran-Irak-Krieg zu wiederholen, wo wir uns wie besessen auf den gemeinsamen Feind des Augenblicks konzentrierten? Wäre die syrische Division nicht besser an der syrisch-irakischen Grenze aufgehoben? Ist es wirklich ratsam, die Sowjetunion dazu bringen zu wollen, in der Region eine militärische Rolle zu übernehmen, nachdem wir vierzig Jahre lang versucht haben, die Sowjetarmee hinter ihre eigenen Grenzen zurückzudrängen?

Im Verlauf der Bewältigung der augenblicklichen Krise dürfen die Vereinigten Staaten nicht als eine Macht in Erscheinung treten, die ständig jeden Status quo verteidigt. Doch der Weg zu Frieden und Fortschritt führt über einen Erfolg am Golf. Wenn die Krise beendet ist, können die Vereinigten Staaten zusammen mit ihren arabischen Partnern die vielen positiven Aspekte und Vorteile einer Zusammenarbeit zugunsten des Wohlergehens der arabischen Völker demonstrieren. Ebenfalls sollten die Vereinigten Staaten dann energisch auf einen Fortschritt in der Beilegung des arabisch-israelischen Konflikts drängen. Das drohende Desaster hat vielleicht alle Beteiligten noch einmal zum Nachdenken darüber angeregt, wer an den Friedensverhandlungen teilnehmen und was eine Vereinbarung zum Ziel haben sollte.

# Die Stabilität in Nahost erfordert einen Angriff auf Irak

Die Krise um Kuwait stellt für die Bush-Administration eine Art Wegscheide dar. Eine erfolgreiche Bewältigung dieser Krise wird sich äußerst positiv auf die Weltmoral und die Weltwirtschaft auswirken, und sie wird die innenpolitische Position des Präsidenten stärken. Ein Fehlschlag wird alle weiteren Anstrengungen dieser Administration – seien sie innenpolitischer oder internationaler Natur – auf das nachhaltigste beeinträchtigen.

Bis jetzt hat sich die Administration dieser Herausforderung mit Scharfsinn, Geschicklichkeit und Standhaftigkeit gestellt. Das Spiel hat jedoch gerade erst begonnen. Die dramatische Entscheidung des Präsidenten, größere Truppenkontingente nach Saudi-Arabien zu entsenden, hat nicht nur die Aussichten auf einen Erfolg der amerikanischen Politik erhöht, sie hat gleichzeitig auch das Ausmaß einer möglichen Schlappe um ein Vielfaches gesteigert. Es kann für die USA kein Zurück geben.

Es ist daher entscheidend, Erfolg und Mißerfolg der amerikanischen Politik in der Kuwait-Krise genau zu definieren. Der Sicherheitsrat der Vereinten Nationen hat einstimmig den bedingungslosen Abzug aller irakischen Truppen aus Kuwait und die Wiedereinsetzung der legitimen kuwaitischen Regierung verlangt. Die Vereinigten Staaten haben ihre Seeblockade gegen den Irak mit einer Bitte der kuwaitischen Exilregierung begründet. Unter diesen Umständen kann ein weiteres Verbleiben irakischer Truppen in Kuwait oder die Existenz eines von Bagdads Gnaden regierenden kuwaitischen Marionettenregimes die Demonstration amerikanischer Stärke nur zu einem Debakel werden lassen. Wenn Kuwait am Ende weiter unter irakischer Kontrolle bliebe und amerikanische Truppenkontingente größeren Umfangs in Saudi-Arabien verblieben, dann würde diese

Krise zu einer Manifestation der Irrelevanz Amerikas sowie der Bedeutungslosigkeit der internationalen öffentlichen Meinung.

Auf jeden Fall würde weder die amerikanische noch die arabische Politik eine Truppenstationierung größeren Umfangs in Saudi-Arabien lange durchhalten. Das Argument, daß wir Saudi-Arabien gerettet haben, wird verblassen gegenüber der allgemeinen Ansicht, Amerika hätte eine empfindliche Niederlage erlitten. Das wiederum würde die politische, die wirtschaftliche und die finanzpolitische Stabilität weltweit auf das schwerste erschüttern. Selbst das Durchsetzen der von den Vereinten Nationen gesteckten Ziele könnte am Ende nichts weiter als eine kurze Verschnaufpause darstellen, wenn Saddam Hussein weiter an der Macht bliebe und der Irak seine Aufrüstung im atomaren und im chemischen Bereich fortsetzte.

Die Zeit ist nicht auf unserer Seite. Die Standhaftigkeit der Vereinigten Staaten steht normalerweise angesichts des öffentlichen, regionalen und alliierten Drucks im umgekehrt proportionalen Verhältnis zum Ausmaß unseres Engagements. Wenn sich der Konflikt deshalb nach einiger Zeit zu einer Art Belagerung entwickeln sollte, werden die Vereinigten Staaten gezwungen sein, neue Maßnahmen zu erwägen, um die Krise zu einem Ende zu bringen.

Die Bedeutung der Aktionen Husseins steht außer Frage. Ohne vorherige Provokation oder Warnung hat der Irak Kuwait überrannt, dessen nationale Existenz so alt ist wie die des Irak selber, und er hat die Dynastie der kuwaitischen Herrscherfamilie gestürzt, die dort seit über 250 Jahren regierte. Diese unverhüllte Aggression wurde auf eine Weise gerechtfertigt, die die politische Struktur des Nahen Ostens bedroht. Denn Saddam Hussein argumentierte, daß alle Grenzen der Region künstlich gezogen worden seien, um die arabische Nation zu spalten, und daß für die Herrscher von Bagdad die Zeit gekommen sei, diese Grenzen hinwegzufegen und die arabische Nation mit der Waffe in der Hand zu einigen. Ein irakischer Erfolg in Kuwait wäre der Auftakt einer ganzen Reihe von Umwälzungen im Nahen Osten, an deren Ende ein allgemeiner Nahost-Krieg stünde.

Eine Regierung wie die saudi-arabische, die gegenwärtig für ihre Vorsicht und Neigung zur Anonymität bekannt ist, würde niemals um die Unterstützung durch ausländische Truppen nachgesucht haben, hätte sie nicht um das bloße Überleben des Staates gefürchtet. Ebensowenig hätte der arabische Gipfel ein Bruderland verurteilt. Ebensowenig hätten Syrien, Ägypten und Marokko Hilfstruppen nach Saudi-Arabien entsandt. Und in der Dritten Welt, wo so viele Länder noch umstrittenere und jüngere Grenzen sowie neidische Nachbarn haben, könnte ein Erfolg des Irak eine Zeit der Krisen einläuten.

Am unmittelbarsten sind die Interessen der Industrienationen betroffen. Sollte dem Irak die Annexion Kuwaits gelingen, könnte er den Ölpreis diktieren, indem er die anderen Staaten der arabischen Halbinsel – die zusammen mit Irak und Kuwait 40 Prozent der Welt-Ölreserven kontrollieren – unter Androhung von Gewalt dazu zwingt, die Fördermengen zu senken. Die Folge wäre die Zerstörung des bereits jetzt angegriffenen Gleichgewichts zwischen Angebot und Nachfrage. Die Ölpreise würden rapide steigen, was zu weltweiter Rezession, Arbeitslosigkeit und Inflation führen würde.

Das erklärt auch die ungewohnte Einstimmigkeit der Staaten der Welt in ihrer Verurteilung des Irak – einschließlich der Sowjetunion, die gerade ihre Krise des Kommunismus durchmacht. Die Vereinigten Staaten hatten drei Möglichkeiten, auf diese Krise zu reagieren: Sie hätten den jeweiligen Konsens der Vereinten Nationen passiv unterstützen können; gemeinschaftliche Aktionen der industriellen Demokratien unterstützen können, die allesamt stärker vom arabischen Öl abhängig sind als die USA; die Führung in der Opposition gegen Saddam Hussein übernehmen und versuchen können, internationale Unterstützung für eine Anstrengung zu organisieren, deren Hauptlast die USA tragen würden.

Es gab genügend Entschuldigungen, sich einer klaren Entscheidung zu entziehen. Die modischste ist das Argument, daß die Verteidigung der Region eine arabische Angelegenheit sein sollte. Doch am Ende können Alibis nicht die Konsequenzen einer kraftlosen Politik abwenden. Kein arabischer Staat ist, ob allein oder im Bündnis mit den anderen, stark genug, um diese irakische Armee zu schlagen. Ein anderes Argument zur Vermeidung eines US-Engagements lautet, daß der Irak, auch wenn er das gesamte Öl der Region kontrollieren würde, dieses immer noch auf einem von Angebot und Nachfrage geregelten Weltmarkt verkaufen müßte. Aber wenn der Irak sein strategisches Ziel erreichen würde, könnte er die Fördermenge bestimmen, indem er die Produktion in den dünn besiedelten Scheichtümern der Arabischen Halbinsel drosselt, ohne Nachteile für die eigene Bevölkerung fürchten zu müssen. Die Machtposition, eine weltweite Wirtschaftskrise auszulösen, sollte nicht in der Hand eines Herrschers belassen werden, der schon zwei seiner sechs Nachbarn angegriffen hat, sich in scharfer Konfrontation mit zwei weiteren befindet und Giftgas gegen die einheimische oppositionelle Bevölkerung einsetzt.

Indem er die Vereinigten Staaten auf eine Führungsrolle festlegte, fällte Präsident Bush eine weitere wichtige Entscheidung. Die militärische Rolle der USA hätte sich auf die Durchführung einer Seeblockade des Irak und Kuwaits sowie auf die Stationierung eines eher symbolischen amerikanischen Kontingents von Bodentruppen in Saudi-Arabien beschränken können, um gleichzeitig keinen Zweifel daran zu lassen, daß ein Angriff auf die saudi-arabischen Ölfelder durch den Irak gleichbedeutend mit einer offenen Kriegserklärung an die Vereinigten Staaten wäre.

Präsident Bush und seine Berater entschieden sich indessen für eine massive Truppenstationierung. Sie müssen zu dem Schluß gekommen sein, daß ein militärisches Engagement der Vereinigten Staaten zur schnellen Beendigung der Krise darin besteht, eine überwältigende Streitmacht zusammenzustellen, die eine Bedrohung Saudi-Arabiens abwendet und in der Lage ist, darüber hinauszugehen, falls das nötig erscheinen sollte.

Gegenwärtig verfügt die Bush-Administration über starken Rückhalt in der Öffentlichkeit. Ihre Bewährungsprobe besteht jedoch nicht im Ausmaß, sondern in der Dauerhaftigkeit der Unterstützung. Die US-Regierung muß deshalb aufpassen, daß sie sich nicht auf den Lorbeeren der breiten innenpolitischen und internationalen Unterstützung ausruht, die sie zur Zeit genießt. Denn die sicherlich legitimen Sorgen über die Wahrscheinlichkeit eines Erfolges, wie sie in TV-Talkshows und Zeitungsartikeln ausgedrückt werden, in Verbindung mit den ständigen Versicherungen von Regierungssprechern über seine Wirksamkeit werden die Glaubwürdigkeit des amerikanischen Unternehmens im Lauf der Zeit aushöhlen. Je länger die Aktion dauert, desto mehr werden die eingeschliffenen Verfahrensweisen des Regierens und die Anfragen des Kongresses ihren Tribut fordern. Und irgendwann wird dann die altbekannte Frage nach dem Licht am Ende des Tunnels auftauchen.

Die allgemeine Lage im Nahen Osten wird immer prekärer, je länger die Krise schwelt. Der Einfluß der anti-westlichen Propaganda Bagdads auf die arabische Welt und das geschickte Verknüpfen der beiden Themenkomplexe Kuwait und Palästina dürfen nicht unterschätzt werden. Die gesamte Region ist jetzt polarisiert wie nie zuvor, und der Radikalismus befindet sich auf dem Vormarsch. Ein Staatsstreich in einem der Emirate oder Sabotage in den Ölfeldern würden einen weiteren Schock durch die Region jagen. Dies würde das bereits angeschlagene Gleichgewicht zwischen Angebot und Nachfrage auf den Ölmärkten der Welt zerstören, die Ölpreise hochtreiben, Arbeitslosigkeit und Inflation verursachen sowie die Solidarität in Frage stellen, die die Sanktionen trägt. Die Weigerung Frankreichs, sich mit Marineverbänden an der Seeblockade zu beteiligen, könnte ein Vorgeschmack darauf sein.

Somit ist der Zeitfaktor von ausschlaggebender Bedeutung. Der Zeit, die wir brauchen, bis die Sanktionen wirksam greifen, stehen die Faktoren gegenüber, die den internationalen Zusammenhalt zu unterminieren drohen.

Eine solche Analyse muß berücksichtigen, daß die Nagelprobe für die Wirksamkeit der Sanktionen nicht darin besteht, wie wenig Öl aus dem Irak herauskommt, sondern darin, wie wenig Versorgungsgüter hineingelangen. Iraks Ölexporte sind leicht zu blockieren. Aber die Grenzen des Irak sind lang, und weniger sperrige Güter wie Nahrungsmittel lassen sich leicht einschleusen. Dies wird um so wahrscheinlicher, je länger die Krise dauert und je eher die Nachbarn des Irak zu dem Schluß kommen, daß sie mit dem irakischen Diktator leben müssen, so gefährlich er auch sein mag.

Eine scharfe und kurze Krise liegt viel eher im Interesse aller gemäßigten Kräfte als eine lange Belagerung. Ich weiß nicht, ob Sanktionen innerhalb des dargelegten Zeitrahmens ihre Wirkung zeigen können. Außerdem ist mir klar, daß die Vereinigten Staaten das Risiko in Betracht ziehen müssen, mit einem aggressiven Kurs einiges an internationaler Unterstützung einzubüßen. Doch gleichzeitig ist zu bedenken, daß diese Unterstützung auch eine amerikanische Niederlage nicht überdauern würde. Im Falle eines längeren Belagerungszustands haben die USA am meisten zu verlieren. Nach dem Debakel im Libanon würde jetzt ein schmachvoller Rückzug die stabilisierende Rolle Amerikas im Nahen Osten beenden. Und kein anderes Land könnte an seine Stelle treten. Gleichzeitig würde der einzige Aktivposten der Vereinigten Staaten in den Beziehungen Amerikas zu Japan und Europa unterminiert werden – Amerikas Fähigkeit, zur Sicherheit seiner Verbündeten beizutragen.

Die Vereinigten Staaten können es sich nicht leisten, hereingelegt zu werden, und sie können es sich einfach nicht leisten, zu verlieren. Sollten sich die Sanktionen als zu unsicher und die diplomatischen Bemühungen als unfruchtbar erweisen, werden die Vereinigten Staaten eine zielgenaue und gestaffelte Zerstörung irakischer militärischer Anlagen von zentraler Bedeutung in Erwägung ziehen müssen – insbesondere, da ein Ergebnis, das Saddam Hussein an der Macht und seine Kriegsmaschinerie unbeschädigt ließe, sich lediglich als ein Zwischenspiel vor der nächsten Aggression erweisen könnte.

Es wäre unverantwortlich für einen Außenstehenden, auf Aktionen zu drängen in einer Situation, da so viel von Informationen abhängt, die einem Kiebitz nicht zugänglich sind. Aber es ist wichtig zu begreifen, daß Amerika den Rubikon überschritten hat. All jene, denen an Weltfrieden und einer positiven Weltwirtschaftslage gelegen ist, sollten ihre taktischen Bedenken zurückstellen zugunsten der einzigen Politik, die jetzt Erfolg zeitigen kann.

# Sechster Teil

# Israel/Palästina – Voraussetzungen für einen Frieden im Nahen Osten

# Die USA und die Bedingungen für einen Nahost-Frieden

Das größte Hindernis auf dem Weg zu einem erfolgreichen Abschluß der mit so viel Geschick, Scharfsinn und Entschlossenheit von US-Außenminister James Baker organisierten Nahost-Friedenskonferenz ist die Entfremdung zwischen den Vereinigten Staaten und dem befreundeten Israel.

Drei Problemfelder bergen dabei große Gefahrenpotentiale in sich:

Die arabischen Teilnehmer könnten sich der Illusion hingeben, daß ihr Beitrag zum Friedensprozeß lediglich in dem Wort »Frieden« zu bestehen brauche, während Konzessionen in der Sache ausschließlich von Israel gemacht werden müßten.

Israel könnte in einen Zustand der Lähmung verfallen angesichts der Perspektive, an einer Konferenz teilzunehmen, in deren Rahmen es auf keinen einzigen freundlich gesonnenen Teilnehmer trifft und deren offizielle wie inoffizielle Tagesordnung von keiner einzigen der politischen Führungspersönlichkeiten Israels für vereinbar mit den Sicherheitsansprüchen des Landes gehalten wird.

Die Vereinigten Staaten könnten am Ende vor der Alternative stehen, entweder ihre Ohnmacht anzuerkennen oder den beteiligten Parteien ein Lösungsschema aufzuzwingen, das die Zukunft einer historisch mit den USA befreundeten Nation aufs Spiel setzt.

Wenn die Konferenz tatsächlich erfolgreich werden soll, darf keine Seite ermutigt werden, Frieden mit ihrem eigenen Maximalprogramm gleichzusetzen.

Zwar kann Israel nicht im Besitz aller besetzten Gebiete bleiben. Aber die arabischen Staaten dürfen nicht Grenzen fordern, die unvereinbar mit der Sicherheit Israels sind oder das bloße Wort »Frieden« als ihren wichtigsten Beitrag verstehen.

Ein Schlußabkommen sollte unter anderem folgende Vereinbarung zum Gegenstand haben: Jede Seite sollte über ausreichende Verteidigungskapazitäten verfügen, um vor möglichen Angriffen abschrecken zu können.

Vertrauensbildende Maßnahmen zwischen den Parteien sollten ebenso verabredet werden wie politische und wirtschaftliche Anreize und Sanktionen, um die Einhaltung des Vertrages zu gewährleisten. Schließlich wird wohl auch eine Art Garantie durch die Vereinigten Staaten notwendig sein. Wir dürfen jedoch in militärischen Garantien kein Hilfsmittel sehen, um die Konferenz aus einer Sackgasse herauszuführen; sie können nicht das alleinige Quid Pro Quo in einer ansonsten inakzeptablen Lösung sein.

Denn dies würde zur Folge haben, daß die USA fortan für die Verteidigung Israels verantwortlich wären und in jeden militärischen Konflikt zwischen Israel und einem arabischen Staat verwickelt würden.

Die Aufgabe Amerikas würde darin bestehen, das richtige Verhältnis zu finden zwischen der Verpflichtung, im äußersten Notfall Israel beizustehen, und der tatsächlichen Übernahme der permanenten Verteidigung des Landes.

Auf diesem Hochseil kann Amerika den Abgrund nur dann überqueren, wenn es sich nicht allzuweit in eine Richtung lehnt. Die Vereinigten Staaten dürfen Israel keine unausgewogene Lösung aufzwingen. Auf lange Sicht würde ein solcher Kurs unsere Position in der Region schwächen, paradoxerweise auch unter den Arabern.

Will Amerika die Gemäßigten im arabischen Lager unterstützen, sollte es seine Freundschaft zu beiden Seiten nutzen, um beiden Seiten Konzessionen abzuringen. Unter diesen Umständen können die Gemäßigten im arabischen Lager behaupten, daß es ihre Freundschaft mit Amerika war, die die USA dazu brachte, Israel Konzessionen abzuverlangen. Diese Strategie führte zu drei Zwischenabkommen und einem Friedensabkommen in der Zeit von 1973 bis 1978. Ein Konfrontationskurs mit Israel bringt Amerika eine zeitweilige Popularität in der arabischen Welt und vielleicht auch zu Hause, doch unsere Rolle als Vermittler wird dabei langfristig auf der Strecke bleiben.

Befinden sich die Vereinigten Staaten und Israel im Streit, existiert für Radikale im arabischen Lager kein Grund, die eigenen Forderungen zu mäßigen.

Zunächst sollten die USA den Dialog mit Israel auf eine sachliche Grundlage zurückführen. Mit den wechselseitigen Beschuldigungen muß Schluß sein. Der Beitrag Israels muß darin bestehen, daß es seine Wagenburg-Taktik aufgibt, die darauf abzielt, substantielle Diskussionen zu vermeiden, indem es sich in nervenverzehrende Dispute hinsichtlich der Verfahrensweisen verbeißt.

Amerika, die weitaus stärkste an der Konferenz teilnehmende Macht, schuldet Israel zwar nicht die Zustimmung zu dessen Position, aber eine Haltung des Mitgefühls wegen des Dilemmas, in dem sich das Land befindet. Seit es den israelischen Staat gibt, wird er von seinen bevölkerungsreicheren Nachbarn boykottiert; sie verweigern ihm die Anerkennung und drohen, ihn zu verschlingen.

Das macht es schwierig für Israel, auf Phrasen wie »echter Friede« zu vertrauen, die von Ländern ausgesprochen werden, die einen solchen Zustand selbst untereinander nur selten in die Wirklichkeit umzusetzen wußten. Schließlich befanden sich der Iran und der Irak, ebenso wie der Irak und Kuwait, in einem Zustand des Friedens, ehe die blutigen Kriege ausbrachen.

Die Israelis sind davon überzeugt, daß ihre amerikanischen Verhandlungspartner die Nuancen, von denen das Überleben ihres Landes abhängt, nicht begreifen. Sie sind besorgt, daß auch die kleinste Konzession auf politisches Glatteis führen könnte. Deshalb haben die israelischen Diplomaten meisterliche Fähigkeiten auf dem Gebiet der vollständigen Verwirrung entwickelt. Israel ist ein Land, das selbst einschließlich der besetzten Gebiete nur etwa 80 Kilometer breit ist. Deshalb fällt es den Israelis so unerhört schwer, territoriale Konzessionen zu machen. Jahrzehntelang wurden in diesem Bereich Forderungen gestellt, deren wichtigster Vorzug in den Augen der Israelis in ihrer Unerfüllbarkeit bestand.

Wenn der Friedensprozeß Früchte tragen soll, muß die arabische Seite dahin gebracht werden, dem Wort Frieden einen gewissen konkreten arabischen Inhalt zu geben. Diese Probleme werden in ihrer Komplexität noch verstärkt durch die Natur israelischer Innenpolitik.

Für Staatsführer, die durch ein Verhältniswahlsystem über ihre Parteilisten gewählt werden, existieren sicherlich nur wenige Anreize, sich für eine langfristige politische Strategie oder großzügige Angebote an die Gegenseite einzusetzen. Noch nie in der Geschichte des Landes hat eine Partei über die absolute Mehrheit verfügt. Kabinette stützen sich entweder auf eine Koalition der beiden größten Parteien, von denen jede versucht, die andere zu stürzen, oder aber auf Koalitionen einer der großen mit einer oder mehreren kleinen, extremistischen Parteien.

Unter Rücksichtnahme auf die von einer Mehrheit leidenschaftlich vertretenen Ansichten, wendet sich die regierende Likud-Partei gegen territoriale Konzessionen. Um wenigstens nicht vollkommen unflexibel dazustehen, hat sie Autonomie und freie Wahlen für die besetzten Gebiete angeboten. Doch Wahlen werden mit Sicherheit die Legitimation der israelischen Okkupation untergraben. Israel wird im Endeffekt gezwungen sein, alle Gebiete aufzugeben, in denen es Wahlen zugelassen hat.

Die Erfahrungen aus dem Baltikum und allen anderen nach Unabhängigkeit strebenden Gebieten, in denen freie Wahlen möglich wurden, läßt keinen anderen Schluß zu. Der Vorschlag der israelischen Regierung bewirkt somit genau das Gegenteil der eigentlichen Absicht. Die oppositionelle Arbeiterpartei favorisiert einen »territorialen Kompromiß«, ohne überhaupt zu definieren, was das ist, denn sie weiß, welche Strafe durch die Wähler droht, wenn sie allzu präzise wird.

Diese taktischen Verschwommenheiten haben in den Köpfen einiger amerikanischer Regierungsbeamter die vollkommen unrealistische Erwartung entstehen lassen, die Arbeiterpartei würde eine Rückkehr zu den Grenzen unterstützen, wie sie vor 1967 bestanden. Tatsächlich zeigen alle Meinungsumfragen, daß die israelische Öffentlichkeit in ihrer überwältigenden Mehrheit dagegen ist.

Was die Vereinigten Staaten angeht, so läßt die Standardformel »Land für Frieden« sowohl die Frage offen, welches Land denn genau gemeint ist, als auch die Frage nach dem spezifischen Gehalt des Begriffes »Frieden«. Die arabische Seite hat sich zum Inhalt des Friedens nicht geäußert und nur wenig hinsichtlich zusätzlicher, nichtterritorialer Forderungen, die möglicherweise noch gestellt werden könnten, verlauten lassen.

Sie besteht darauf, daß die Bereiche, bei denen es um arabisch-israelische Zusammenarbeit geht, und die ja immerhin ein wichtiges Motiv für territoriale Konzessionen von israelischer Seite darstellen könnten, von den Gesprächen über die Rückgabe von Gebieten getrennt werden. So besteht nun die Gefahr, daß von Israel Land im Austausch für einen Frieden verlangt wird, der keinen wesentlichen Inhalt hat.

Eine Gruppe in Amerika, die sich immer lauter Gehör zu verschaffen sucht, würde einen Stillstand der Verhandlungen gern zu einer entscheidenden Kraftprobe mit Israel nutzen, indem die USA kaum modifizierte Grenzen von 1967 und einen neuen Status für Jerusalem durchsetzen. Auf lange Sicht wird ein solcher Kurs dem Friedensprozeß entgegenarbeiten. Eine Konfrontationstaktik der USA gegenüber Israel könnte arabische Staatsführer zu dem Fehlschluß verleiten, daß Amerika territoriale Konzessionen durchsetzen wird, ohne dafür auch Gegenleistungen zu verlangen.

Was Israel selbst angeht, so kann es sich keine längere Konfrontation mit seinem einzigen Freund, den USA, leisten. So unwahrscheinlich es jetzt auch noch scheinen mag, das Land könnte sich im Laufe einiger Jahre genauso auflösen wie der Libanon, der andere nicht-islamische Staat in der Region, der von seinen moslemischen Nachbarn als Eindringling angesehen und so lange unerbittlich bekämpft wurde, bis er schließlich darniederlag. Ebenso könnte Israel in seiner Verzweiflung einen Krieg beginnen. Und nicht zuletzt könnten arabische Extremisten zu dem Schluß gelangen, daß das amerikanisch-israelische Zerwürfnis die richtige Gelegenheit für eine endgültige Auseinandersetzung bietet.

Jenen amerikanischen Politikern, die der Ansicht sind, die harte Rhetorik der Regierung sei unvermeidlich, um die Unparteilichkeit Amerikas zu demonstrieren, möchte ich entgegenhalten, daß Israel wahrscheinlich viel eher zu Konzessionen bereit ist, wenn ein gutwilliges Amerika eine Art Sicherheitsnetz darstellt, und daß ein Kurs der Konfrontation wohl eher zu einem Desaster als zu Frieden führt.

In jedem Fall wissen wir erst dann, welche Theorie mit der Wirklichkeit übereinstimmt, wenn ein ernsthafter amerikanisch-israelischer Dialog eingesetzt hat. In einem solchen Dialog muß Israel bereit sein, seine momentane Verhandlungsposition zu modifizieren, vor allem hinsichtlich der besetzten Gebiete. Eine Konferenz über besetzte Gebiete ist sinnlos, wenn eine der teilnehmenden Seiten die Position vertritt, daß niemals auch nur ein Fußbreit Land aufgegeben werden wird.

Israel wird nicht darum herumkommen, sich intensiver mit der Frage nach einem territorialen Kompromiß zu befassen. Es muß definieren, welche Gebiete unentbehrlich für sein Überleben sind, und seine Angebote dieser Wirklichkeit anpassen. Der Versuch, alles behalten zu wollen, wird die internationale Anerkennung der legitimen Sicherheitsinteressen verhindern.

Gleichzeitig darf sich Amerika nicht von verständlichen Irritationen wegen der israelischen Taktiken in eine Position treiben lassen, aus der heraus es auf Ergebnissen besteht, die das Überleben Israels vollständig von verbalen oder legalistischen Zusicherungen abhängig machen, ohne einen Schutz vor radikalen oder fundamentalistischen Umbrüchen zu bieten.

Es wird auch immer wieder Bezug genommen auf UN-Resolutionen wie auf die, die die Rückkehr aller Flüchtlinge vorsieht – ein Vorgang, der den jüdischen Staat erdrücken würde. Die Grenzen von 1967 belassen Haifa und Tel Aviv in Mörserreichweite und Jerusalem in Gewehrschußweite. Es ist bis jetzt noch von keinem anderen Land verlangt worden, seine wichtigsten Städte solchen Bedingungen auszusetzen.

Die Debatte um die Zukunft des Nahen Ostens sollte ihr Gewicht jetzt auf das Praktische verlegen. Die folgenden Themen müssen dabei zur Sprache gebracht werden:

a) Welche territoriale Konzession ist vereinbar mit der Sicherheit Israels und dem staatlichen Zusammenhalt des Landes?

b) Welche konkreten Gegenleistungen und Konzessionen, welche Friedensinhalte sollten von arabischer Seite kommen?

c) Ist es möglich, einen Status für Jerusalem zu definieren, der das israelische Beharren auf einer vereinigten Stadt mit dem Respekt für das religiöse und historische Empfinden der Moslems verbindet?

d) Sollte der Prozeß auf ein umfassendes Abkommen abzielen oder eine Reihe von Zwischenschritten ermöglichen?

Ich halte es nicht für vernünftig, alle Themen zu verbinden. Es scheint jedoch möglich – wenn auch schwierig –, daß ein Zwischenabkommen oder eine Reihe von Abkommen ausgehandelt werden könnten, die vorsehen, daß Israel einen Teil der besetzten Gebiete für etwas weniger als Frieden, wie zum Beispiel ein Ende des Kriegszustandes, eintauscht. Die Größe dieses Territoriums und die Art der arabischen Zugeständnisse müßten im Zentrum der Verhandlungen stehen. Immerhin hält das Interim-Abkommen mit Syrien seit nunmehr 17 Jahren und zeigt keinerlei Anzeichen der Auflösung, während der »Friede« nicht den Krieg zwischen Iran und Irak verhindern konnte und ebensowenig die Besetzung Kuwaits oder die zahlreichen Kriege in der Geschichte, die zwischen Staaten ausbrachen, die sich de jure im Friedenszustand miteinander befanden.

# Das wirkliche Ziel muß heißen: Land für Zeit

Seit dem Sechstagekrieg von 1967 jagte jede amerikanische Regierung der Fata Morgana nach, ein einziger heldenhafter Streich könne dieser Region einen umfassenden Frieden bringen.

All diese Pläne fanden ein enttäuschendes Ende. Die augenblickliche Strategie wird über eine Patt-Situation nicht hinauskommen. Denn eine umfassende Lösung ist zur Zeit nicht möglich.

Doch es gibt noch genug Spielraum, um eine fortschreitende Entspannung der Lage in Stufen einzuleiten. Eine neue Bewertung der Situation muß die durch den Golfkrieg entstandene Realität widerspiegeln. Während des Krieges stand die Sowjetunion abseits, während ein Staat, zu dem sie enge politische Beziehungen unterhalten hatte, gedemütigt wurde. Um nicht vollkommen an Einfluß zu verlieren, mußten die Sowjets am politischen Prozeß der Niederwerfung des Irak sogar teilnehmen. Zur Zeit ist Moskau nicht in der Lage, der Region finanzielle Unterstützung anzubieten.

Die Wirtschaft Syriens steckt in einer tiefen Krise, und der traditionelle Zahlmeister der Region, Saudi-Arabien, mußte zum erstenmal seit zwanzig Jahren auf den internationalen Märkten Kredite aufnehmen.

Irak, der stärkste radikale arabische Staat, ist als militärische Bedrohung für viele Jahre ausgeschaltet.

Die gemäßigten arabischen Staaten haben einen größeren Bewegungsspielraum für Verhandlungen gewonnen, während gleichzeitig vormals radikale Staaten wie Syrien sich amerikanischen Vorstellungen nicht mehr vollständig verschließen. All das unterstreicht eine amerikanische Vormachtstellung, wie sie nie zuvor bestanden hat.

Doch es existieren auch einige gegenläufige Faktoren. Die neue Realität in der Region reduziert die israelische Motivation, Konzessionen zu machen. Sie trägt wenig dazu bei, die Unsicherheit gemäßigter arabischer Regierungen zu beheben.

Wie können die verschiedenen Elemente miteinander in Einklang gebracht werden? Die vorherrschende Meinung geht dahin, daß eine umfassende Lösung durch folgendes Verfahren ermöglicht werden kann: Israel wird in die Grenzen von 1967 gepreßt, ein neuer Status für die Altstadt von Jerusalem gefunden und eine palästinensische Identität geschaffen. Die Gegenleistung besteht in der Anerkennung Israels und internationalen Garantien für Sicherheit und Frieden.

Ich glaube, daß diese Ansicht in der Realität des Nahen Ostens keine Basis hat. Ich kann mich an keinen einzigen Konflikt zwischen arabischen Staaten erinnern, der jemals in einer großen Verhandlungsrunde abschließend geregelt worden wäre. Warum sollte dies dann zwischen Ländern gelingen, die sich bis dato gegenseitig als Todfeinde betrachtet haben? Keine der beteiligten Seiten teilt die amerikanische Auffassung, daß der Friede einen Schlußpunkt bedeute, nach dem alle Spannungen verschwinden. Für alle Parteien im Nahen Osten ist ein Frieden nur eine Stufe in einem fortdauernden Kampf. Das gilt vor allem für Syrien, das zur zentralen Macht der Region geworden ist. Der Irak, Syriens Hauptrivale, ist gebrochen, und Jordanien, der Nachbar Syriens, ist zu zerbrechlich, als daß das Land ohne die Zustimmung Syriens in Verhandlungen eintreten könnte. Syrien, ein Land mit langer Tradition, aber kurzer Geschichte, sieht sich als die Quelle des arabischen Nationalismus. Syrien betrachtet Israel als »illegal«. Als ich das erste Mal Damaskus besuchte, meldeten die Zeitungen, ich käme aus dem »besetzten Gebiet«; ich kam damals aus Tel Aviv, das deutlich innerhalb der Grenzen von 1967 liegt.

Für den syrischen Präsidenten Hafez Assad und seine Mitstreiter in der Baath-Partei genießt die Führungsrolle innerhalb des arabischen Nationalismus Priorität gegenüber solchen Abstraktionen wie einem Friedensprozeß.

Ich bin überzeugt, daß Assad einen Frieden ablehnen würde, bei dem Syrien zwar die Golan-Höhen zurückerhielte, die Palästinenser-Frage jedoch nicht gelöst würde. Und selbst wenn – mittels eines Wunders – dieses Ziel erreicht würde, würde Assad auf der Durchsetzung jener UN-Resolutionen beharren, die die Rückkehr aller arabischen Flüchtlinge in ihre Heimatorte und Häuser vorsehen – ein Prozeß, der Israel unter sich begraben würde.

Auch wird Assad sich wohl kaum allein auf Amerika verlassen, denn – so erklärte er mir einmal – er hält dieses Jahrhundert für eine Geschichte des Verrats von Fremden an Syrien: durch die Türken vor dem Ersten Weltkrieg, durch die Briten und Franzosen in der Periode zwischen den Kriegen und durch die Amerikaner danach.

Als Teilnehmer eines 35tägigen Verhandlungsmarathons mit Assad bin ich sicher, daß er sich nur dann mit den USA arrangieren wird, wenn er darin einen Vorteil sieht. Er kann und wird dann begrenzte Abkommen treffen, die auf der gegebenen Machtverteilung beruhen, wenn er glaubt, daß sie ihn seiner Vision der arabischen Nation näherbringen. (Als ich ihn damals besuchte, zierte ein Bild sein Amtszimmer, das die arabischen Heere zeigte, die die letzten Burgen der Kreuzritter niederbrannten.)

Solange diese Machtverteilung bestehen bleibt, wird er sich genauestens an Abkommen halten, wie er das auch in der Vergangenheit getan hat. Doch eine wirkliche Aussöhnung, wie sie das erklärte Ziel der amerikanischen Friedensinitiative ist, läßt sich nicht in das Arabisch Hafez Assads übersetzen.

Unter allen möglichen Verhandlungspartnern liegt dem jordanischen Herrscher am meisten an einem dauerhaften Abkommen. Doch seine Bevölkerung besteht zu 60 Prozent aus Palästinensern, die das Land westlich des Jordan als ihre Heimat betrachten. Die meisten werden weiterkämpfen für das Land ihrer Vorfahren, dessen größter Teil im Israel der Jahre vor 1967 liegt. Die Gefühle der Palästinenser sollten den Juden verständlich sein. Schließlich haben sie selbst ihre Sehnsucht nach diesem kahlen Territorium über 2000 Jahre am Leben erhalten. Die Schwierigkeit besteht darin, daß die Wünsche der Palästinenser vielleicht nicht mit dem Überleben Israels in Einklang gebracht werden können.

Ägypten hat bereits sein Ziel erreicht – die Wiedererlangung der Gebiete, die es als seine eigenen betrachtet. Andererseits gibt es für Ägypten auch kaum Anreize, sich im Namen eines von Amerika initiierten Friedensprozesses innenpolitische Risiken aufzuladen.

Ein Symptom der amerikanischen Neigung, Prozeduren mit Substanz gleichzusetzen, ist der Druck auf Saudi-Arabien, an einem Verhandlungsprozeß teilzunehmen, zu dem es nicht offen beitragen kann.

Das saudische Königreich besteht aus Stämmen fundamentalistischer Nomaden ebenso wie aus urbanen Stadtpopulationen. Man erweist dem Land keinen Gefallen, wenn man es in das tägliche Geben-und-Nehmen einer fortdauernden Friedenskonferenz zu zwängen versucht – vor allem deshalb nicht, weil es an keinem arabisch-israelischen Krieg teilgenommen hat und wahrscheinlich jedes Ergebnis durch die diskrete Bereitstellung finanzieller Mittel fördern wird, wie es das auch in der Vergangenheit getan hat.

Israel betrachtet das gesamte Verfahren mit bösen Vorahnungen. Es kann sich nicht für den Rückzug in Grenzen erwärmen, von denen aus man seine wichtigsten Städte unter Mörserfeuer nehmen kann und die überdies von den arabischen Staaten auch zu einer Zeit nicht anerkannt wurden, als sie Israels offizielle Grenzen waren. Israel schloß mit Ägypten Frieden entlang der Grenze von 1967, aber das Quid Pro Quo war nicht das Wort »Frieden«, sondern die Realität eines entmilitarisierten Sinai in einer Tiefe von 140 Meilen. Solche Voraussetzungen fehlen an Israels übrigen Grenzen. Für Israel bedeutet das Programm »Land für Frieden« daher den Eintausch des Greifbaren gegen das Widerrufliche. Schließlich haben »Frieden« und »Anerkennung« weder die Plünderung Kuwaits noch den Krieg zwischen Iran und Irak noch die blutigen Konflikte zwischen Indien und Pakistan verhindert.

Aus all diesen Gründen kann das Palästinenser-Problem zum jetzigen Zeitpunkt nicht abschließend geregelt werden.

Möglich jedoch ist eine fortschreitende Entspannung in der Region durch eine Reihe von Teilabkommen. Dafür ist die Entwicklung eines substantiellen Programms unter Einbeziehung der wichtigsten Parteien unumgänglich. Selbst wenn eine Friedenskonferenz zustande kommen wird, wird der Friedensprozeß in seiner jetzigen Form eher früher als später an einem Punkt des Stillstandes anlangen. Die Versuchung wird wachsen, massiven Druck auf Israel auszuüben, um die Ziele der vorherrschenden politischen Meinung in die Realität umzusetzen.

An diesem Punkt wird sich der jüdische Staat zwischen einem Präventivkrieg und dem Zusammenbruch entscheiden müssen.

Es wäre eine Tragödie, wenn der amerikanische Sieg im Golfkrieg zu nichts anderem führen würde als der Rechtfertigung der Worte eines arabischen Staatsführers, der mir 1975 seine Strategie mit folgenden Worten umriß: »Amerika hat Vietnam verraten. Es wird mit Sicherheit Taiwan aufgeben. Und wir werden dasein, wenn es von Israel genug hat.«

Die Geschichte lehrt, daß jedes Abkommen seit der Gründung des Staates Israel durch amerikanischen Druck zustande kam. Wenn Amerika nicht vollkommen unparteiisch ist, wird dies die Araber in Versuchung führen, ihre Forderungen zu erweitern und die Israelis anstiften, ihre Verzweiflung mit Streitsüchtigkeit zu kaschieren.

Die Rolle der Vereinigten Staaten muß darin bestehen, den Arabern die Hoffnung zu vermitteln, daß sie mit Hilfe amerikanischer Bemühungen mehr erreichen können als allein, während den Israelis das Gefühl gegeben werden muß, daß es bei den Risiken, die sie auf sich nehmen sollen, auch ein Sicherheitsnetz geben wird.

Aus diesen Gründen sollten die Vereinigten Staaten mit äußerster Bedachtsamkeit in die nächste Phase des sogenannten Friedensprozesses eintreten. Vorsichtige, substantielle Explorationen mit beiden Seiten sind vonnöten. Sie sollten streng vertraulich geführt werden. Israel muß zu der Einsicht gebracht werden, daß der territoriale Status quo von den USA nicht unterstützt werden wird. Die arabischen Staatsführer müssen akzeptieren, daß die Vereinigten Staaten im Nahen Osten nicht in die Strangulierung eines Verbündeten einwilligen werden. Vielleicht wird sich bei den zukünftigen Verhandlungen herausstellen, daß die Positionen der Parteien dichter beieinander liegen, als dies jetzt möglich erscheint. In diesem Fall wird eine umfassende Lösung möglich. Das wahrscheinlichere Ergebnis allerdings ist eine Reihe von Übergangsvereinbarungen.

Die Vereinigten Staaten sind bisher solchen Explorationen aus dem Weg gegangen, weil sie befürchteten, ein vorzeitiges Aufwerfen substantieller Themen könne den Friedensprozeß gefährden. Doch wenn das Erkunden der Substanz die Prozedur gefährdet, welche Hoffnung kann es dann für eine Konferenz geben? Und warum sollten die USA über den Friedensprozeß in größerer Sorge sein als die am stärksten involvierten Parteien? Solange wir zögern, substantielle Fragen vorzubringen, und die Hauptbeteiligten sich davor scheuen, ihre eigenen Antworten zu geben, droht ein Debakel.

Das wirkliche Ziel sollte »Land für Zeit« heißen, das heißt, Zeit, in der Übergangsvereinbarungen, Abrüstungsklauseln und die Aussicht auf eine friedliche Koexistenz zwischen Arabern und Israelis geprüft werden können.

Eine Übergangslösung könnte damit beginnen, daß der Gaza-Streifen entweder an Jordanien oder an ein Konsortium arabischer Staaten im direkten Austausch für verifizierbare Abrüstungsabkommen abgetreten wird.

Parallel dazu – oder zeitlich versetzt – könnte eine Zwischenlösung für das Westjordanland gefunden werden, in deren Rahmen ein möglichst großer palästinensischer Bevölkerungsteil unter die Kontrolle eines arabischen Konsortiums oder Jordaniens überstellt wird, während gleichzeitig den wesentlichen israelischen Sicherheitsinteressen Rechnung getragen wird.

Es könnte sogar möglich sein, neuartige und wagemutige Pläne auf den Verhandlungstisch zu legen, wie zum Beispiel das Konzept einer geteilten Souveränität über das Westjordanland, in dessen Rahmen die arabischen Länder für die zivile Verwaltung und Polizeiaufgaben zuständig wären, während Israel verantwortlich für die äußere Sicherheit wäre.

Die Rolle Amerikas bei solch einem Ansatz wäre wahrscheinlich im Endeffekt wesentlich lohnender als die Bemühung, alle Themen auf einmal auf dem Weg einer großen Serie von Verhandlungen lösen zu wollen. Sie hätte mit großer Wahrscheinlichkeit auch bessere Erfolgsaussichten und würde zu Ergebnissen führen, die moralisch zu rechtfertigen sind.

# Bedingungen für einen Ausgleich zwischen Israel und der PLO

Mit dem Besuch des israelischen Außenministers Moshe Arens in Washington rückte die Nahostdiplomatie wieder in den Mittelpunkt des politischen Geschehens. Dies sollte die vielerorts geäußerte Befürchtung relativieren, der sowjetische Außenminister Eduard Schewardnadse sei mit seinem Nahostbesuch den USA zuvorgekommen. Denn schließlich zählen nicht Gesten, sondern Substanz.

Der Ruf Schewardnadses nach solch angestaubten Heilmitteln wie einer internationalen Friedenskonferenz, einer Rückkehr Israels in die Grenzen von 1967 und eines palästinensischen Staates definiert die politische Pattsituation, er trägt nicht zu ihrer Lösung bei.

Nicht die Reise Schewardnadses brachte Neues, sondern die in den letzten Tagen der Reagan-Administration getroffene Entscheidung, daß vage Bemerkungen auf einer Pressekonferenz Arafats plötzlich die seit 20 Jahren gültigen Vorbedingungen der USA für den Eintritt in Gespräche mit der PLO erfüllen konnten.

Tatsächlich ging die Reagan-Administration noch weiter, indem sie diesen Zug als einen »Schritt in Richtung auf direkte Verhandlungen zwischen den Parteien« rechtfertigte. Die arabische Partei war eindeutig die PLO, bis jetzt und immer noch eine Israel verhaßte Organisation.

Diese Umkehrung der Politik war um so erstaunlicher, als Arafat noch zwei Wochen zuvor ein Einreisevisum für die USA verweigert worden war mit der Begründung, er sei Mitglied einer terroristischen Vereinigung.

Schließlich wurde die PLO 1964 gegründet, als sich Israel noch in seinen Grenzen von 1967 und die Altstadt Jerusalems noch in arabischer Hand befand. Ihr erklärtes Ziel, das nach wie vor in ihrer Charta ausgedrückt ist, bleibt die Zerstörung des Staates Israel. 1973 teilten die USA der PLO durch geheimdienstliche Kanäle mit, daß eine Aufnahme diplomatischer Kontakte erst nach einer vorherigen Beendigung des Terrorismus möglich sei. 1975 bekräftigten die Vereinigten Staaten die politische Linie dreier Administrationen in einem Memorandum an Israel, das die »existierende« Politik so lange bekräftigte, bis die PLO den Staat Israel und die Resolutionen 242 und 338 des UN-Sicherheitsrates anerkenne, in denen die Rückkehr Israels in sichere Grenzen und direkte Verhandlungen zwischen den Parteien gefordert werden.

Einigen von uns, die damals an der Ausarbeitung dieses Dokuments beteiligt waren, wäre es nie in den Sinn gekommen, daß diese Bedingungen eines Tages durch semantische Formeln statt durch Insistieren auf konkreten Änderungen des Verhaltens erfüllt werden könnten.

Ein deutliches Ergebnis des amerikanischen Schrittes war ein erneuertes Drängen auf genau jene Art von Verhandlungen, die sich bereits seit sechs Jahren als von vornherein aussichtslos erwiesen haben.

In der Europäischen Gemeinschaft, der Sowjetunion und jüngstens auch in der PLO favorisiert man einen palästinensischen Staat auf der Westbank und dem Gazastreifen, beruhend auf den Grenzen von 1967 mit geringfügigen »Berichtigungen«.

Die Leidenschaft und Beharrlichkeit der Vertreter dieses Planes stehen im umgekehrten Verhältnis zu seiner Realisierbarkeit. Zum jetzigen Zeitpunkt ist es unvereinbar mit dem Konzept der direkten Verhandlungen, Arafat zum Gesprächspartner Israels zu machen. Und die substantiellen Schwierigkeiten sind immens.

Schon zwei feindlich gesonnene Staaten in dieses Territorium zu zwängen, wäre schwierig.

Dies jedoch mit zwei Parteien zu tun, die sich als Todfeinde betrachtet haben, ist fast unmöglich mit der Bedingung der Sicherheitsresolution 242 für sichere Grenzen zu vereinbaren.

Mir ist kein führender israelischer Politiker bekannt, der bereit ist, die Altstadt von Jerusalem aufzugeben. Mir ist kein führender arabischer Politiker bekannt, der bereit ist, weniger zu akzeptieren. Israel lehnt die Grenzen von 1967 ab, weil sie Israel einen Korridor von nur 13 Kilometern zwischen Tel Aviv und Haifa und fünf Kilometern zwischen Tel Aviv und Jerusalem beließen.

Doch auch die PLO akzeptiert die Grenzen von 1967 nicht. Arafats Pressekonferenz und andere Statements gründen die zweifelhafte Anerkennung Israels auf die UN-Sicherheitsratsresolution 181, die zwei Punkte beinhaltet, die keine vorhersehbare israelische Regierung akzeptieren kann: Sie bekräftigt die Grenzen von 1947 (ein Gebiet, welches ein Drittel der Größe des heutigen Israels und die Hälfte des Israels vor 1967 ausmacht), und sie verlangt die Rückkehr aller palästinensischen Flüchtlinge in diesen Rumpfstaat, wodurch dessen jüdische Identität zerstört würde.

Was die Vereinigten Staaten anbetrifft, so ist nicht klar, warum sie sich in eine Position manövrieren sollten, von der aus sie sich entweder von einem Verbündeten lösen müssen oder, immer mehr isoliert, Ziel arabischer Enttäuschung, islamisch-fundamentalistischen Zorns, europäischer Entfremdung und sowjetischen Drucks werden.

Daher lautet die kritische Entscheidung für die Vereinigten Staaten, ob es Außenminister James Baker gelingt, die Ziele einer realistischen Diplomatie zu definieren.

Diese verlangt nach Antworten auf drei Fragen:

Welche Gebiete sollen – wenn überhaupt – von Israel aufgegeben werden?

Wer soll dort regieren?

Welche Sicherheitsvereinbarungen werden nach einem israelischen Abzug Bestand haben?

Was die erste Frage betrifft, so täuscht sich Israel, wenn es glaubt, daß Amerika jemals – auf einer Konferenz oder in bilateralen Gesprächen – die permanente israelische Besetzung der gesamten Westbank und Gazas unterstützen wird.

Wenn Israel weiterhin auf dem Status quo besteht, so wird das unweigerlich zu wachsendem Druck seitens der Weltöffentlichkeit führen. Darüber hinaus riskiert Israel eine fatale Erosion der Unterstützung in der amerikanischen Öffentlichkeit und im Kongreß. Israel und Amerika müssen deshalb in Vorgesprächen das Ausmaß wie die Grenzen der israelischen Territorialkonzessionen diskutieren.

Die Vereinigten Staaten können keinen Verhandlungsprozeß zulassen, dessen Ziel es ist, Israel von einem Dilemma ins nächste zu quälen, bis sein Geist gebrochen ist oder es aus Verzweiflung einen Krieg beginnt.

Die USA müssen über die legalistische Art, in der Israel oft seinen Fall darstellt, hinausblicken auf die Realität der israelischen Alpträume. Es erfordert einen Akt exzessiven Vertrauens, das nationale Überleben Israels auf die Annahme zu gründen, Arafat und seine Kollegen, die nun wichtige internationale Figuren sind, die von Königen, Päpsten und Präsidenten empfangen werden, würden sich fortan damit zufriedengeben, die Führer einer demilitarisierten Enklave zu sein, 40 mal 64 Kilometer groß und eingeengt zwischen einem feindlichen Israel und einem argwöhnischen Jordanien.

Jede ernsthafte diplomatische Anstrengung im Nahen Osten muß von zwei Grundvoraussetzungen ausgehen:

Die Bedingungen für eine endgültige Lösung des Konfliktes existieren zur Zeit einfach nicht.

Es kann nicht von Israel verlangt werden, gleichzeitig Gebiete aufzugeben und einen PLO-Staat entstehen zu lassen.

Ein palästinensischer Staat wird erst dann entstehen können, wenn Israelis und Palästinenser gelernt haben, nebeneinander in Würde zu leben. Daher muß eine Periode der Selbstverwaltung – sagen wir über einen Zeitraum von fünf Jahren – politischen Verhandlungen über eine endgültige Lösung vorangehen.

Das war genau die Formel von Camp David. Doch in der Praxis definierte Israel die Autonomie für die Palästinenser, wie sie in der Formel von Camp David gedacht war, so restriktiv, daß daraus ein Vorwand für eine dauernde israelische Okkupation wurde. Trotzdem ruhen die meisten Hoffnungen Israels auf eine Koexistenz mit den Arabern auf den in der Westbank lebenden arabischen Führern: paradoxerweise auf genau jenen Leuten, die den Aufstand gegen die israelische Herrschaft anführen.

Das Verhalten Israels in der besetzten Westbank hat die Würde der dort lebenden Araber verletzt. Doch dies sind jene Palästinenser, die sich entschieden, nicht aus ihrer Heimat zu fliehen, die in nächster Nachbarschaft mit Israelis und im Bereich der israelischen Wirtschaft leben. Von allen Palästinensern sind sie diejenigen, die noch am ehesten die Koexistenz auf der Basis der Selbstregierung verstehen.

Ein solcher Ansatz beinhaltet nicht notwendigerweise einen dauernden Ausschluß der PLO. Zum einen sollten jene Gebiete Gazas und der Westbank, die dem Konzept arabischer Selbstregierung unterliegen, ihre eigenen Führer frei wählen dürfen.

In der Praxis wird dann wahrscheinlich eine Mehrheit für die PLO sein, auch wenn fundamentalistische Gruppen nicht ohne Bedeutung bleiben werden.

Eine Übergangsperiode von fünf Jahren wird zeigen, ob eine Koexistenz zwischen Israel und einer palästinensischen politischen Einheit tatsächlich möglich ist, ehe eine endgültige politische Lösung ausgehandelt wird.

Der Dialog zwischen den USA und der PLO könnte dazu beitragen, die Rahmenbedingungen für einen solchen Übergang zu schaffen.

Die Sowjetunion spielt mit der Idee, möglicherweise Israel anzuerkennen, um somit zum Friedensprozeß beizutragen. Doch eine Anerkennung der anderen Seite ist der Beginn der Diplomatie, nicht ihr Zweck.

Das Kriterium für eine sowjetische Beteiligung wird die Bereitschaft sein, Bedingungen definieren zu helfen, die nicht nur zu einer Friedenskonferenz, sondern auch zu einem konstruktiven Ergebnis einer solchen beitragen. Dies verlangt die Bereitschaft seitens der Sowjets, ihren arabischen Freunden dieselben Opfer abzuverlangen, die Amerika Israel in einem Friedensprozeß abverlangen muß.

# Siebenter Teil

# China und Japan: Eine neue Herausforderung für die Vereinigten Staaten in Asien

# Deng Xiaoping ist kein Tyrann

Der Senat und das Repräsentantenhaus der Vereinigten Staaten haben nach einer höchst oberflächlichen Debatte mit überwältigenden Mehrheiten dafür gestimmt, Sanktionen gegen die Volksrepublik China zu verhängen, die weit über die von Präsident Bush bereits beschlossenen Maßnahmen hinausgehen. Ein derart einseitiges Abstimmungsverhalten in direkter Opposition zu einem populären Präsidenten mit beträchtlichen Erfahrungen in chinesischen Angelegenheiten scheint näherer Betrachtung wert.

Hinzu kommt, daß es sich bei dieser Abstimmung um einen Akt ohne historische Vorbilder gehandelt hat. Ich kenne keinen früheren Fall, in dem der Präsident oder der Kongreß gegen ein wichtiges Land Sanktionen beschlossen hat, um auf Ereignisse zu reagieren, die ganz und gar innere Angelegenheiten dieses fremden Landes darstellen. Im Falle Südafrikas geht es um einen Nebendarsteller auf der Bühne der Weltpolitik. Der einzige vergleichbare Präzedenzfall, das Jackson-Vanik-Amendment, das die Auswanderung von Juden aus der Sowjetunion fördern sollte, erwies sich als Fehlschlag. Und dies, obwohl es nur weitere Vergünstigungen ausschloß, ohne jedoch bestehende Vorteile zurückzuziehen, wie es bei den Sanktionen des Kongresses gegen China der Fall ist. Darüber hinaus legte der Kongreß keine Kriterien für eine spätere Aufhebung der Sanktionen gegen China fest.

Um jedes Mißverständnis auszuschließen, stelle ich meine Ansicht zu den Ereignissen am Tiananmen-Platz klar: Keine Regierung der Welt hätte es toleriert, wenn der wichtigste Platz ihrer Hauptstadt acht Wochen lang von Zehntausenden Demonstranten besetzt worden wäre, die den Zugang zum Hauptregierungsgebäude blockierten. In China mußte eine Demonstration der Ohnmacht der Zentralgewalt den latenten Regionalismus und die Verselbständigungstendenzen der Militärgewaltigen in den Provinzen entfesseln. Ein scharfes Durchgreifen war daher unvermeidlich. Schockierend waren allerdings die Brutalität, mit der dies geschah, und mehr noch in der Folgezeit die Gerichtsverfahren und die Propagandakampagne nach stalinistischem Muster.

Dennoch bleibt China zu wichtig für die nationalen Sicherheitsinteressen Amerikas, um die guten Beziehungen wegen momentaner Emotionen aufs Spiel zu setzen. Die Vereinigten Staaten benötigen China als potentielles Gegengewicht zu sowjetischen Bestrebungen in Asien; außerdem brauchen sie China, um in japanischen Augen weiter eine aktive Rolle im asiatischen Raum spielen zu können. China dagegen braucht die Vereinigten Staaten als Gegengewicht zu vorstellbaren Ambitionen der Sowjetunion und Japans. Dafür ist China bereit, einen mäßigenden Einfluß in Südostasien und Korea auszuüben und Amerika in anderen Regionen der Erde nicht herauszufordern. An diesen Realitäten hat sich durch die Ereignisse um den Tiananmen-Platz nichts geändert. Sollte sich dieses Interessengeflecht auflösen, dann würde die sowjetische Politik zusätzlichen Spielraum gewinnen, und in Japan würden Zweifel an der Rolle der Vereinigten Staaten in Asien aufkommen. Die Position Amerikas im übrigen Asien – insbesondere in Korea – könnte in der Tat höchst ungemütlich werden.

Wer die Geschichte und die Mentalität Chinas kennt, wird daher verstehen, warum Präsident Bush, der doch schließlich ein menschenfreundlicher und auf Ausgleich bedachter Staatsmann ist, davor zurückscheut, die Vereinigten Staaten auf einen Kurs festzulegen, der gefährlich und gleichzeitig nicht klar definierbar ist.

Zwei Fragen stellen sich in diesem Zusammenhang:

Warum stellt der Kongreß die Grundlagen der Beziehungen zu China in Frage, die zwei Jahrzehnte lang auf einem überparteilichen Konsensus beruht hatten?

Welche Ergebnisse kann eine Politik zeitigen, wie sie von der Kongreßmehrheit befürwortet wird?

Die Leidenschaftlichkeiten, die dieser Politik zugrunde liegen, sind zum Teil eine Folge der Fernsehberichterstattung. Die Ereignisse wurden zwar durchaus korrekt dargestellt, aber das Fernsehen kann seiner Natur entsprechend den historischen und politischen Kontext des Geschehens nicht vermitteln.

In Peking spielte sich jedoch nicht einfach eine Tragödie ab. Der Konflikt wurde immer schwerer zu handhaben, weil ernstzunehmende Personen über wichtige Fragen in Konflikt geraten waren. Was als studentischer Protest mit der Forderung nach breiterer Teilnahme am staatlichen Handeln begann, vermengte sich mit einer innerparteilichen Auseinandersetzung zwischen Fraktionen unter der Führung des inzwischen abgesetzten Generalsekretärs Zhao Ziyang und Gruppierungen um Deng Xiaoping über das Tempo der Wirtschaftsreformen und die Notwendigkeit eines politischen Wandels. Ich kenne Zhao Ziyang seit nahezu zehn Jahren. Er ist ein angenehmer Mann und ein überzeugter Reformer, der in seinem letzten Gespräch mit mir ein Programm der Preisreformen skizzierte, das als Schritt in Richtung Marktwirtschaft notwendig, aber politisch riskant war, weil es Preiserhöhungen zur Folge haben mußte.

Aber auch Deng kenne ich als Reformer und Freund der Vereinigten Staaten. Ich erinnere mich daran, wie er sich während meines Besuchs in Peking im Jahre 1975 gegen die Viererbande für Verbindungen zu Amerika aussprach. Obwohl ich über dieses Thema mit Präsident Bush nie gesprochen habe, halte ich die Annahme für gerechtfertigt, daß seine Haltung sehr stark von derselben Erfahrung geprägt ist.

In meinen Augen erscheint daher die in Amerika weitverbreitete karikaturistisch verzerrte Darstellung Dengs als Tyrann, der die chinesische Jugend unterdrückt, als höchst unfair. In den letzten anderthalb Jahrzehnten war Deng der Motor der chinesischen Reformpolitik. Er führte marktwirtschaftliche Elemente ein und versuchte Rechtssicherheit durchzusetzen. Seine Tragödie besteht darin, daß er auf wirtschaftlichem Gebiet zu erfolgreich und im politischen Bereich zu zögernd war. Er war dem Kommunismus zu tief verpflichtet, um anzuerkennen, daß eine freie Marktwirtschaft nicht von einer totalitären kommunistischen Partei durchgesetzt werden kann. Gleichzeitig war er dem Fortschritt zu sehr verpflichtet, um einen Kurs aufzugeben, der letztendlich die Einparteienherrschaft unterminieren mußte.

Angesichts eines ähnlichen Dilemmas hat sich der sowjetische

Präsident Gorbatschow bemüht, insbesondere durch Stärkung des Obersten Sowjets eine Machtbasis außerhalb der kommunistischen Hierarchie zu errichten. Im Gegensatz dazu bemühte sich Deng, ein Überlebender des Langen Marsches, den Niedergang der kommunistischen Macht zu verhindern, indem er sie reformierte. Er versuchte eine Überprüfung sämtlicher Parteimitglieder durchzuführen, und als sich das als unmöglich erwies, beschränkte er die Rolle der Parteihierarchie im wesentlichen auf die Beschäftigung mit konzeptionellen Aufgaben.

Beide Bemühungen schlugen fehl. Die Säuberung von 30 Millionen Parteimitgliedern scheiterte, weil sie von genau den Leuten durchgeführt wurde, die man hätte entfernen müssen. Die Schwächung der Rolle der kommunistischen Partei schuf ein Vakuum, insbesondere nachdem Deng Regierungschef Zhao aus diesem Amt entlassen und ihn zum Generalsekretär der Partei gemacht hatte, wo er Hu Yaobang ersetzte.

Zhao Ziyangs Reformprogramm, das auch unter günstigsten Umständen schwer durchzusetzen gewesen wäre, scheiterte angesichts dieser Rahmenbedingungen. Zhao Ziyang fand sich nun im Niemandsland wieder zwischen einer Regierung, die er nicht kontrollierte, und einer kommunistischen Partei, die seiner Politik mit Gleichgültigkeit begegnete. In dieser Situation wandte er sich Gruppen zu, die über den Kreis der kommunistischen Reformanhänger hinausreichten. Anfang Mai, als der studentische Aufruhr bereits zwei Wochen lang andauerte, widersprach Zhao Deng vor der Asiatischen Entwicklungsbank mit der Behauptung, der Studentenprotest stelle keine ernstzunehmende Angelegenheit dar. Zwei Wochen später bei der Begrüßung Gorbatschows betonte Zhao in einer Fernsehansprache, Deng treffe alle wichtigen Entscheidungen. Dies wurde im allgemeinen so verstanden, als wolle er alle Verantwortung auf Deng abschieben.

Zu diesem Zeitpunkt war bereits deutlich, daß die Demonstranten Unterstützung von Organen erhalten hatten, die normalerweise für Studentengruppen nicht verfügbar sind. Zehntausende Demonstranten hätten nicht tagelang auf dem Hauptplatz der Hauptstadt ohne Nahrungsmittel, sanitäre Anlagen und medizinische Versorgung überleben können. Nahezu alle Journalisten berichteten von vorzüglichen Kommunikationsbedingungen. Der Zugang zum wichtigsten Platz Pekings wurde von der Regierung nicht mehr kontrolliert.

All dies soll die Tatsache nicht in Abrede stellen, daß die meisten Klagen der Protestierenden ihre Gründe hatten. Gleichzeitig war nicht anzunehmen, daß die Regierung ihre eigene Entmachtung betreiben würde. Seit zwei Jahrhunderten besteht das alles beherrschende Problem der chinesischen Innenpolitik in der Erhaltung der nationalen Einheit. Nach chinesischer Vorstellung haben ausländische Mächte seit den Opiumkriegen der vierziger Jahre des 19. Jahrhunderts systematisch die Uneinigkeit unter den Chinesen gefördert, um das Land auszuplündern. Als ich Ministerpräsident Chou En-lai bei meinem Geheimbesuch im Jahre 1971 zum ersten Mal traf, brachte er zu meiner Überraschung die Überzeugung zum Ausdruck, daß die Aufspaltung Chinas das gemeinsame Endziel Japans, der Vereinigten Staaten und der Sowjetunion sei.

Zweifellos sahen Deng und seine Vertrauten in den Demonstrationen auf dem Tiananmen-Platz nicht nur eine Bedrohung für ihre eigene Herrschaft, sondern auch für den Zusammenhalt und letztendlich die Unabhängigkeit Chinas. Sie erinnerten sich daran, daß während der Kulturrevolution aus den von Mao geschaffenen studentischen Roten Garden so viele konkurrierende Gruppen hervorgegangen waren, daß die Armee einschreiten mußte, um den Zersplitterungstendenzen ein Ende zu bereiten. Wenn die Regierung nicht mehr imstande war, den wichtigsten Platz der Hauptstadt zu kontrollieren, dann würde ihre Fähigkeit, den Rest Chinas zu beherrschen, sehr bald zusammenbrechen.

Ich unterstütze durchaus die Appelle zur Mäßigung auf dem Gipfeltreffen der demokratischen Staaten und die Maßnahmen, die Präsident Bush bereits ergriffen hat, um seine Besorgnis zum Ausdruck zu bringen. Aber ich kann nicht einsehen, welchen Sinn es haben soll, in einer derart komplexen Situation noch weiter zu gehen. Will man Peking für Maßnahmen bestrafen, die nicht mehr zurückzunehmen sind? Will man die Kräfte stärken, die in amerikanischen Augen die Reformfraktion darstellen? Wollen sich die Vereinigten Staaten wirklich darauf festlegen, den Sturz der chinesischen Regierung herbeizuführen?

Ein Land für bereits geschehene Handlungen zu bestrafen, muß immer fehlschlagen. Wenn man über die vom Präsidenten schon getanen Schritte hinausgeht, beschwört man eine Demonstration der Ohnmacht herauf. Strafmaßnahmen werden früher oder später scheitern, weil die chinesische Regierung ihre Maßnahmen einfach nicht ungeschehen machen kann und weil die geopolitischen Sachzwänge eine Wiederannäherung zwischen den Vereinigten Staaten und China erforderlich machen. Aber wenn es einmal soweit ist, dann kann möglicherweise ein wesentliches Element der amerikanischen Außenpolitik bereits zerstört worden sein.

Es ist gesagt worden, die Vereinigten Staaten sollten auf die Regierung in Peking Druck ausüben, damit sie die aufstrebenden Kräfte in China nicht bekämpfe. Dagegen ist die Frage zu stellen, ob die Vereinigten Staaten diese Kräfte überhaupt kennen und wissen, wie ihnen zu helfen ist. Hätte ein Erfolg der Studenten zur Demokratie oder zum Bürgerkrieg geführt? Der zweihundertste Jahrestag der Französischen Revolution sollte uns daran erinnern, daß Verlauf und Ergebnis von Revolutionen nicht von den Proklamationen ihrer Schöpfer abhängen. Im letzten Jahrzehnt haben wir erlebt, wie die iranische Revolution ihre demokratischen Protagonisten vernichtet hat.

Während des Übergangsprozesses von Mao über Hua Guofeng zu Deng blühten die amerikanisch-chinesischen Beziehungen trotz der Gegensätze zwischen den chinesischen Führern auf, weil sich Amerika von dem undurchdringlichen Dschungel der chinesischen Innenpolitik fernhielt. Alle streitenden Seiten hielten die Verbesserung der Beziehungen zu den Vereinigten Staaten für vereinbar mit den althergebrachten Zielen Chinas, seine territoriale Integrität zu sichern und den Wohlstand seiner Bevölkerung zu fördern.

Eine derartige Einstellung ist heute um so wichtiger, als der Wandlungsprozeß in China mit den Ereignissen auf den Tiananmen-Platz nicht beendet wurde. Ich halte Dengs Feststellung für glaubhaft, daß er weiterhin für die Wirtschaftsreform eintrete. Diese stellt schließlich das Grundthema seines langen Lebens und die Ursache seines persönlichen Leidensweges dar. Das acht Wochen dauernde Zögern, das dem scharfen Vorgehen vorausging, die Tatsache, daß sogar Li Peng mit Führern der Studenten zusammentraf, der Besuch von Zhao Ziyang und Li Peng bei den Hungerstreikenden im Krankenhaus weisen auf das Zögern der chinesischen Führung hin, bevor sie Maßnahmen ergriff, die möglicherweise das internationale Prestige untergraben konnten, das sie über die letzten anderthalb Jahrzehnte so mühsam aufgebaut hatte.

Die gegenwärtigen chinesischen Führer oder ihre Nachfolger werden erkennen müssen, daß eine Wirtschaftsreform nicht durchführbar ist ohne die gut ausgebildeten Gruppen, die zu den Protagonisten des Aufruhrs zählten, und ohne die Arbeiter, die ihm Nachdruck und Kraft verliehen. Wie so oft in der chinesischen Geschichte werden auch diesmal der Lebensrhythmus und der gesunde Menschenverstand dieses Volkes zu irgendeiner Art von praktischer Lösung führen. Die Vereinigten Staaten verhielten sich außerordentlich unklug, wenn sie sich von China in einem Augenblick scharf distanzieren würden, da die Verhältnisse so sehr in Bewegung sind, und sich zu einer Politik entschlössen, die in Peking so verstanden werden könnte, als habe man sich darauf festgelegt, die chinesische Regierung zu stürzen.

Die Anhänger zusätzlicher Sanktionen behaupten, Chinas Interesse an amerikanischer Hilfe sei so groß, daß die gegenseitigen Beziehungen durch keinerlei Sanktionsmaßnahmen gefährdet werden könnten. Dies kann sich als gefährliche Illusion erweisen. Es kann der Zeitpunkt eintreten, da die chinesische Führung – wenn auch zögernd – zu dem Schluß kommt, der Druck von außen, zu dem Amerika eigentlich das Gegengewicht darstellen soll, sei von geringerer Bedeutung als Amerikas Eingreifen in die inneren Angelegenheiten Chinas. Dann könnte die Führung in Peking die chinesische Fremdenfeindlichkeit zur Abwehr gegen ein angebliches amerikanisches Eingreifen in die inneren Angelegenheiten des Landes mobilisieren.

China stellt also eine Herausforderung dar, die über die Ereignisse auf dem Tiananmen-Platz weit hinausreicht. Präsident Bushs Weigerung, sich von Panikmache beeindrucken zu lassen, liegt langfristig im Interesse der nationalen Sicherheit Amerikas und auch der Werte, an denen Amerika festhält.

# China darf nicht aus dem Gleichgewicht geraten

Ich verfolge die Ereignisse in China mit dem Schmerz eines Zuschauers, der einen Streit in einer Familie erlebt, der er besonders zugetan ist. Ich kenne die meisten der Schlüsselfiguren dieses neuerlichen Dramas. Ich habe zugehört, wie sie ihre Hoffnungen für ihr Land ausdrückten. Und ich finde es besonders pikant, daß ihr Streit nicht um die Reform selbst geht, sondern um deren Folgen. Die erfolgreichen Leistungen der Reform haben diese Leute genauso gespalten wie die Fehlschläge.

Ich habe Deng Xiaoping kennengelernt nach seiner ersten Entlassung aus einem Gefängnis im Jahre 1974. 1979 kam Deng wieder an die Macht.

Ich habe Zhao Ziyang 1981 zum erstenmal kennengelernt, kurz nachdem er zum Premierminister ernannt worden war, um Dengs Reformprogramm zu beschleunigen. Letztes Jahr war ich dabei, als Deng »mehr Mut zur Offenheit und zur Reform« forderte. Bald danach entwarf Zhao ein Programm, bei dem die Preise den realen Kosten angepaßt werden sollten. Tatsächlich ein mutiger Schritt – so mutig und radikal, daß ich ihn fragte, ob das System einer so einschneidenden Maßnahme standhalten könne. Zhao war zuversichtlich. Innerhalb von zwei Monaten mußte das Programm abgesetzt werden, weil es die Inflation beschleunigte, wirtschaftliche Desorientierung hervorrief und Korruption förderte.

Keine Gruppe kommunistischer Führer war bisher mutiger als die Chinesen in dem Versuch, die beiden miteinander verwandten Probleme des gewachsenen Kommunismus anzugehen:

Seine wirtschaftlichen Anreize sind falsch gepolt – sie belohnen Stagnation und verhindern Eigeninitiative.

Die Legitimation des politischen Systems wird immer geringer, weil die Generation, die die Revolution durchführte, abtritt. Es besteht kein Mechanismus, um den Anspruch auf Autorität aufrechtzuerhalten; es gibt nur Parolen über die Unfehlbarkeit einer Partei, die für sich ein Monopol an Macht in Anspruch nimmt mit der Begründung, ihre Funktionäre handelten im Namen der historischen Wahrheit.

In jedem kommunistischen Land wird diese Bürokratie früher oder später von den Kräften herausgefordert, die bei der Modernisierung der Gesellschaft frei werden.

Jede Analyse der Ereignisse in China muß beginnen mit der Feststellung, daß Deng Xiaoping seit zwei Jahrzehnten Symbol und Motor der Reformen in China ist. Die Aufstände der vergangenen Wochen waren eine Folge seiner Politik. Es war seine Reform im Jahre 1979, durch die Zehntausende von chinesischen Studenten zum Studieren in westliche Länder geschickt wurden; er schaffte die landwirtschaftlichen Kommunen ab, wodurch sich China nahezu selbständig mit Lebensmitteln versorgen konnte.

Die Reform verwandelte das triste, graue, verängstigte China der Kulturrevolution in ein Land der bunten Farben, es gab mehr Konsumgüter; es gab einen Aufschwung in der Baubranche und – zum Schluß – Studentenunruhen. Gemessen an den Ländern der freien Marktwirtschaft steht China nach wie vor im Anfangsstadium einer Konsumwirtschaft. Der Fortschritt des letzten Jahrzehnts war jedoch dramatisch; er ist den vergleichbaren Bemühungen der Sowjetunion weit voraus. Tatsächlich ist China das einzige kommunistische Land, das an einer überhitzten Wirtschaft leidet.

An der politischen Front versuchte Deng Xiaoping die typischen Säuberungsaktionen, mit denen kommunistische Länder ihre Führungsprobleme lösen, zu vermeiden. Ihm allein unter den kommunistischen Führern gelang es, drei Erben zu etablieren, und er selbst zog sich – zumindest formell – von seinen Staatsämtern zurück.

Aber die Geschichte hat ihre eigene Dynamik. Historiker haben oft auf das Paradoxon der Französischen Revolution hingewiesen, daß nämlich die Revolution im reichsten und nicht im ärmsten Land Europas stattfand. Ähnlich ereignete sich ausgerechnet in dem kommunistischen Land ein Aufruhr, in dem die Wirtschaftsreform am weitesten fortgeschritten ist.

Die wirtschaftliche Herausforderung war schwierig genug. Es gibt kaum eine kompliziertere Aufgabe als den Übergang von einer Planwirtschaft zu einer Marktwirtschaft. In einer Planwirtschaft werden Waren und Dienstleistungen durch bürokratische Entscheidungen verteilt. Mit der Zeit verlieren Preise, die durch Verordnungen festgesetzt sind, ihre Beziehung zu den Kosten.

Der Kommunismus ist nicht in der Lage, die Gesetze der Ökonomie abzuschaffen. Jemand muß die wirklichen Kosten bezahlen; zum Beispiel wurde mir in China im letzten Jahr erzählt, daß die wirklichen Kosten für den Bau von Wohnungen zehnmal höher sind, als durch Mieten eingenommen wird. Die Folgen für die zentrale Planung und subventionierten Preise sind schlechte Instandhaltung, Mangel an Innovation und Überbeschäftigung. Mit anderen Worten: Stagnation und sinkendes Pro-Kopf-Einkommen.

Die enormen Machtbefugnisse in den Händen von Funktionären müssen zwangsläufig zur Korruption führen. Arbeitsplätze, Ausbildung und die meisten Nebeneinkünfte hängen letztlich von persönlichen Beziehungen ab. Es ist historisch sehr ironisch, daß der Kommunismus, der für eine klassenlose Gesellschaft stehen will, dazu neigt, eine privilegierte Klasse heranzubilden. Gerade um eine solche neue privilegierte Klasse zu zerstören und um sich noch mehr Macht zu verschaffen, hat Mao einst die Kulturrevolution initiiert.

Deng wählte einen menschlicheren und weniger chaotischen Kurs, um die in einem solchen System immer vorhandene Stagnation zu überwinden. Er brachte China auf den Weg zu einer Marktwirtschaft und zu dezentralen Entscheidungsformen. Aber die frühen Stadien eines solchen Prozesses neigen dazu, die politischen Schwierigkeiten zu verstärken. Eine Preisreform, in der die Preise die realen Kosten widerspiegeln sollen, führt unvermeidlich zu Preissteigerungen – zumindest kurzfristig. Inflation ist praktisch unvermeidlich und nährt sich durch sich selbst.

Die Preisreform in China führte im vergangenen Jahr dazu, daß die Menschen ihre Ersparnisse von der Bank holten, um Waren aufzukaufen, bevor die Preise noch weiter stiegen. Dies führte zum Horten von Waren – und zu noch höherer Inflation. China hat einen ungeheuren Preis dafür bezahlt, daß es das einzige kommunistische Land ist, das den Mut hatte, seine Überzeugung in die Tat umzusetzen.

Paradoxerweise vergrößert die Öffnung zur Marktwirtschaft die Gelegenheit zur Korruption. Es wird zumindest am Anfang zwei Wirtschaftssektoren geben: einen sich verringernden, aber noch riesigen öffentlichen Sektor und eine wachsende Marktwirtschaft. Dies führt zu zwei verschiedenen Preissystemen: Skrupellose Bürokraten und Unternehmer sind dann in der Lage, aus persönlicher Gewinnsucht Waren zwischen den beiden Sektoren hin- und herzuschieben. Außerdem führt eine Marktwirtschaft zur Unzufriedenheit: Einer muß verlieren, einer muß gewinnen.

In den frühen Stadien einer Marktwirtschaft pflegen die Gewinne unverhältnismäßig hoch zu sein, wie uns der Kapitalismus des 19. Jahrhunderts lehrt. Und die Verlierer sind versucht, eher dem »System« die Schuld zu geben als ihrer eigenen Unfähigkeit. Oft haben sie auch recht. Ohne Zweifel waren manche Gewinne im privaten Sektor in China das Ergebnis von weit verbreiteter Korruption und Nepotismus.

Es ist unwahrscheinlich, daß die chinesischen Führer sehr verschiedene Meinungen über die Ursachen der Unruhen haben. Der Streit betrifft den Weg, der zur Behebung der Ursachen nötig ist. Deng Xiaoping glaubt an die Ausübung der Autorität, was Tradition der chinesischen Regierung ist. Seine Kritiker haben dafür plädiert, auch Gruppen, die anderer Meinung sind, in Gespräche einzubeziehen.

Für Deng Xiaoping waren die Studentendemonstrationen zweifellos eine Erinnerung an die Kulturrevolution, als Massen von Studenten versuchten, die Orthodoxie durchzusetzen. Die Revolution führte zu seiner Inhaftierung, machte aus seinem Sohn einen Querschnittgelähmten und zerstörte das Leben von zehn Millionen Menschen.

Gleich, welcher Theorie über die Ursachen der neuerlichen Unruhen man folgt – ob sie durch einen Coup oder spontan entstanden sind, oder, was wahrscheinlicher ist, durch eine Kombination beider Ursachen: Die neuen Kräfte, die aus den Erfolgen der chinesischen Reform hervorgingen, sind Wirklichkeit. Letztendlich müssen sie eine Rolle erhalten, die ihrem neuen Status und ihrer Verantwortlichkeit entspricht. Eine moderne Wirtschaft benötigt einen gewissen Informationsaustausch und eine Beziehung zu den Wirtschaften anderer technologisch fortgeschrittener Länder; sonst hören die Investitionen auf, und die am höchsten gebildeten Gruppen im Lande werden passiv.

Ich muß davon ausgehen, daß Deng dies alles begreift. Ich kann mir nicht vorstellen, daß Deng seine Laufbahn beendet, indem er zu Praktiken der Kulturrevolution zurückkehrt. Bisher ist er einer der großen Reformatoren der chinesischen Geschichte gewesen.

Chinas Freunde können nur hoffen, daß sich der Modernisierungsprozeß fortsetzen wird. Die Geschichte lehrt, daß ein schwaches und geteiltes China zu Unruhen in ganz Asien führt. China ist so riesig, seine Bevölkerung so zahlreich, die Menschen sind so begabt. Sollte dieses Land aus dem Gleichgewicht geraten, besteht die Gefahr, daß seine Bewohner zu Extremen neigen.

Die Amerikaner sollten immer daran denken, daß die Öffnung Chinas die vitalen Interessen dieser beiden großen Länder widerspiegelte und nicht die persönlichen Launen ihrer Führer. Diese Öffnung fand in der Zeit Maos statt, und zu diesem China empfanden die Amerikaner weder eine moralische noch eine politische Verwandtschaft. Während vier US-Präsidentschaften – ob republikanisch oder demokratisch – war man immer der Meinung, daß eine enge Beziehung zwischen China und den USA für beide Länder vorteilhaft ist.

Die Vereinigten Staaten müssen berücksichtigen, daß alle chinesischen Führer extrem empfindlich auf eine Einmischung in Chinas Angelegenheiten reagieren.

Mir scheint, daß Präsident Bush genau den richtigen Weg eingeschlagen hat. Amerika sollte mit Mitgefühl, mit Respekt und mit dem Empfinden, daß es teilweise um ein gemeinsames Schicksal geht, das dramatische Schauspiel beobachten, in dem eine Milliarde Menschen einer besseren Zukunft entgegenstreben.

# Japan – Verbündeter und Herausforderer

Während Washington gänzlich von der Iran-Contra-Affäre in Anspruch genommen wird, hat sich in Asien etwas ereignet, das sehr viel tiefer reichende Auswirkungen auf die Zukunft haben wird: die Entscheidung Japans, die bisherige Obergrenze für die Verteidigungsausgaben in Höhe von einem Prozent des Bruttosozialproduktes zu durchbrechen.

Die Aufhebung dieser bislang stillschweigend beachteten Etatbarriere in Verbindung mit einem Anstieg der Verteidigungsausgaben, der sich aus dem Wachstum des japanischen Bruttosozialproduktes ergibt, macht es unausweichlich, daß Japan in nicht allzu ferner Zukunft als eine militärische Großmacht hervortreten wird.

Gleichzeitig schreitet die Modernisierung der chinesischen Volkswirtschaft fort, wenn auch stoßweise.

All das erlegt den Vereinigten Staaten die Notwendigkeit auf, eine schon lange fällige Neubewertung ihrer Sicherheitsinteressen in Asien vorzunehmen.

Länger als eine Generation lang haben die Vereinigten Staaten zwar danach gestrebt, der Macht der Sowjets in Europa Paroli zu bieten. Gleichzeitig jedoch akzeptierten sie eine ständige Verschlechterung der regionalen Machtbalance in Asien.

Der sowjetische Aufmarsch in Asien entlang der Küsten Indochinas und in den Südpazifik hinein fällt in eine Zeit, da amerikanische Streitkräfte aus Südostasien abgezogen und in Korea wie in Japan sogar ausgedünnt wurden. Daß Amerika auf dem asiatischen Festland militärisch nicht gebunden sein dürfe, ist seit dem Vietnamkrieg zu einem Axiom der amerikanischen Außenpolitik geworden.

Es ist dies ein befremdliches Konzept.

Jedes rationale Kalkül weist aus, daß die Vereinigten Staaten ein ebenso vitales Interesse am Gleichgewicht in Europa haben. Eine feindliche Hegemonie über Asien würde mindestens genauso gravierende Konsequenzen für Amerika haben wie eine Besetzung Westeuropas.

Selbstverständlich unterscheiden sich die Realitäten Asiens von jenen in Europa. In Europa beginnt die Sicherheit mit zwei gegeneinander stehenden Bündnissystemen. Die Sowjetunion wird als der potentielle Aggressor aufgefaßt. Eine große amerikanische Militärpräsenz, ein integriertes militärisches Oberkommando und ein NATO-Rat von Botschaftern unterstreichen Amerikas Entschlossenheit, seine Verbündeten zu unterstützen.

Im Gegensatz dazu erkennen die Nationen Asiens eine gemeinsame Bedrohung nicht an. Einige Länder – zum Beispiel Japan und China – fürchten die Sowjetunion; andere – wie Indonesien oder Malaysia – sind beunruhigt wegen China; wieder andere – wie Korea oder China – sind besorgt wegen eines wiederauferstandenen Japan. Einige Nationen Südostasiens halten Vietnam für die Hauptbedrohung. Indien und Pakistan fühlen sich jeweils voneinander bedroht.

Die in Asien existierenden Allianzen unterscheiden sich gründlich von der NATO.

Die Allianz der Vereinigten Staaten mit Japan, die nicht von einer formalen Maschinerie gestützt wird, besteht in der Form einer einseitigen Garantie.

Die Existenz amerikanischer Militärbasen auf den Philippinen schloß die Mitgliedschaft dieses Landes bei den Blockfreien nicht aus.

Lediglich in Südkorea verlaufen die Linien ähnlich wie in Europa, allerdings stützt man sich dort sehr viel mehr auf bodenständige, konventionelle Streitkräfte.

Vom Standpunkt der Sicherheit aus betrachtet, leben die Nationen Asiens in zwei verschiedenen Welten. Unter dem Aspekt der globalen Machtbalance befinden sie sich im Nuklearzeitalter, und im Namen der Blockfreiheit verlassen sie sich auf ein Gleichgewicht, das durch die Sowjetunion aufrechterhalten wird.

Bei regionalen Streitfragen sind die Nationen Asiens eher bereit, Gewalt anzuwenden, als die Nationen Europas, die durch zwei Weltkriege ernüchtert worden sind. Daher führt jedes Anwachsen der

Stärke eines asiatischen Landes zu einer fast automatischen Angleichung aller anderen Nationen, die in der Lage sind, für ihre eigene Sicherheit zu sorgen. Insoweit besteht hinsichtlich der Gestaltung der internationalen Beziehungen unter den asiatischen Nationen eine Analogie zur Machtbalance Europas im 18. und 19. Jahrhundert.

Was Japan angeht, so scheinen amerikanische Führer zu glauben, dessen wachsende militärische Stärke werde Amerikas Verteidigungsbürde vermindern. Sie neigen ferner zu der Ansicht, eine größere japanische Verteidigungsanstrengung werde Japans kommerziellen Wettbewerbsvorteil schwächen.

Doch Enthusiasmus für gedankliche Schnellschüsse ist ein gefährlicher Ratgeber für Außenpolitik. Japan, mit einer Geschichte der Selbstregierung, die beinahe so lang ist wie diejenige Chinas, wird für seine eigenen Zwecke aufrüsten.

Eine japanische Aufrüstung im großen Rahmen aber würde Entwicklungen und Versuchungen in Gang setzen, die sich nicht aus zeitgenössischen Erklärungen herleiten lassen und die – weit davon entfernt, zu einem ökonomischen Abschwung zu führen – im Gegenteil neue Technologien beschleunigen und den Druck zugunsten protektionistischer Märkte unter Berufung auf Interessen der nationalen Sicherheit eher verstärken. Zumindest könnte sie zu destabilisierenden Kompensationsmaßnahmen anderer asiatischer Nationen führen.

Mit Sicherheit können die Vereinigten Staaten nicht einen ihrer Hauptverbündeten davon abhalten, seine eigenen nationalen Ziele zu verfolgen. Aber sie müssen sich hüten, das Tempo zu forcieren.

Ein wachsender militärischer Beitrag Japans ist weitgehend unnötig zur Aufrechterhaltung des globalen Gleichgewichts. Schon bescheidene Selbstverteidigungskräfte können einen sowjetischen Angriff auf Japan extrem teuer machen, und ein derartiger Angriff würde den amerikanischen Verbündeten ins Spiel bringen.

Würde Japan seine Hilfe für Entwicklungsländer steigern, so könnte das Land einen weit bedeutenderen Beitrag zum Weltfrieden leisten als mit einem umfangreichen Militärprogramm. Japans Wiederaufrüstung wird daher unausweichlich von Erwägungen über Japans Rolle in Asien angetrieben werden. In dem Maße, in dem die Modernisierung Chinas und Indiens vorankommt, wird Japan darauf bestehen, mit seinen eigenen Streitkräften zumindest eine regionale Rolle zu spielen.

Es wird einen großen Unterschied machen, ob Japan seine Verteidigungsanstrengungen schrittweise oder rapide vergrößert, ob es die Verteidigung als Ausfluß eines neuen Nationalismus sowohl politisch als auch merkantil begründet oder als einen Beitrag zu einer kooperativen Weltordnung.

Daher sollte es ein zentrales Operationsziel amerikanischer Außenpolitik sein, Japan in umfänglichere politische Beziehungen einzubinden, bevor seine militärische Macht ihre eigenen Beschleunigungskräfte entwickelt.

Die Evolution japanischer Macht wird nirgendwo intensiver beobachtet werden als in China. Die längste Zeit seiner Geschichte sicherte dieses Land das Gleichgewicht Asiens. Es wäre verwegen zu vergessen, daß in einem wichtigen Sinne der Zweite Weltkrieg mit der japanischen Invasion der Mandschurei 1932 begann.

Heute würde die Unterwerfung Chinas oder selbst seine Demütigung abermals Folgen für das globale Gleichgewicht haben, die nur schwer von einem Kollaps Europas zu unterscheiden wären.

Die stolzen chinesischen Führer verkünden zwar des öfteren, daß keinerlei derartige Gefahr bestehe. Doch muß langfristige Planung Möglichkeiten, nicht Gewißheiten bedenken.

Eine der zu bedenkenden Eventualitäten ist mit Sicherheit die sowjetische Reaktion, sobald die Modernisierung Chinas selbstverstärkend und irreversibel wird. Der Kreml könnte dann zu dem Schluß gelangen, daß er nicht die Entfaltung einer Großmacht entlang einer strittigen Grenze zulassen kann, wo eine Milliarde Chinesen 40 Millionen Sowjets gegenüberstehen. Er könnte danach trachten, Chinas Industrialisierung zu zerstören und entlang seiner asiatischen Grenze nach dem Modell der Äußeren Mongolei oder der Satelliten Osteuropas eine Pufferzone zu schaffen.

Ob dies mehr oder weniger wahrscheinlich ist als ein Angriff auf Europa, bleibt Ansichtssache. Jedenfalls hat in Europa das Risiko – wie klein auch immer – eines sowjetischen Angriffs die Aufstellung ansehnlicher Armeen hervorgerufen.

Ist es von westlichen Politikstrategen zuviel verlangt, einmal über ihre Verhaltensweisen im Falle von Bedrohungen der territorialen Unversehrtheit und der politischen Handlungsfreiheit Chinas nachzudenken? Amerikanische Politikplaner müssen begreifen, daß die Vereinigten Staaten in einem derartigen Falle unmöglich außen vor bleiben können.

Selbstverständlich können die Vereinigten Staaten kein Interesse daran haben, durch provokative Handlungen oder Erklärungen die Gefahren für China zu vergrößern. Es ist zwar sowohl für Washington als auch für Peking weder notwendig noch wünschenswert, daß Einvernehmen in den Fragen der Tagespolitik besteht. Doch in ihrer letzten Konsequenz müssen die Politikstrategien sowohl Washingtons als auch Pekings zwingend bestimmt sein durch das Wissen, daß sie ein gemeinsames Interesse haben, »hegemonialen« Entwürfen im asiatisch-pazifischen Raum Widerstand entgegenzusetzen. Von daher müssen beide Seiten darauf achten, Unstimmigkeiten nicht bis zu einem Punkt voranzutreiben, da der andere den Eindruck gewinnen muß, bestehe die Absicht, ihn vorsätzlich und fortwährend zu schwächen.

Eine kluge amerikanische Politik wird zu verstehen haben, daß China die längste ununterbrochene Geschichte der Selbstregierung vor allem kraft eines hochentwickelten Verständnisses für sein nationales Interesse zustande gebracht hat. Chinas Führer benötigen keinerlei Instruktionen nach der Maxime, daß ein Wandel in der Atmosphäre oder selbst beschränkte Vereinbarungen mit Moskau die gemeinsame Grenze mit der Sowjetunion nicht verkürzen werden. Sie werden nicht leichtfertig ihr amerikanisches Sicherheitsnetz aufs Spiel setzen, indem sie das Überleben Chinas vollkommen auf den andauernden guten Willen der Sowjets setzen.

Solange sowohl Peking als auch Washington die objektiven Beschränkungen ihrer Beziehungen mit Moskau begreifen, können sie beide aus Spannungen Nutzen ziehen. Wenn jedoch eine der beiden Seiten es sich erlaubt, sich zu einem Rennen um die Gunst Moskaus verlocken zu lassen, werden alle Hemmungen der anderen Seite ausgehöhlt. Auf diese Weise wird sowohl die Sicherheit der Vereinigten Staaten als auch diejenige Chinas geschmälert werden.

Sollte China den Kurs in die Modernisierung ohne sowjetische

Aggression oder internen Aufruhr durchhalten können, dann wird eine neue Situation entstehen. Ein derart grundlegender Wandel in der Balance der Macht wird aller Voraussicht nach eine substantielle Neubewertung der sowjetischen Politik mit sich bringen.

Er wird ferner das Sicherheitsproblem Südostasiens transformieren. Vietnam würde dermaßen umfängliche Streitkräfte an seiner Grenze zu China benötigen, daß es gezwungen wäre, seine expansionistischen Ambitionen zu modifizieren.

Nationen wie Indonesien, argwöhnisch gegenüber chinesischen Absichten, würden sich nach zusätzlichen Rückversicherungen umsehen.

Sehr leicht könnte sich in Asien ein Dreieckswettbewerb zwischen Japan, Indien und China entwickeln.

Denn es ist wahrscheinlich, daß zu diesem Zeitpunkt auch Indien große Fortschritte in Richtung Modernisierung zurückgelegt haben wird. Es wird dann in Versuchung geraten, die alte britische Politik östlich von Suez weiterzuverfolgen. Seine Hauptsorge, eine russische Vorherrschaft über Iran sowie jede Hegemonie über Südostasien zu verhindern, wird sich wahrscheinlich nicht anders darstellen als im Neu-Delhi von heute, denn sie war immer angetrieben durch die geographischen Bedingungen der indischen, nicht der britischen Sicherheit.

Diese Entwicklung wird Indiens Verhältnis zu den Vereinigten Staaten aller Voraussicht nach verbessern. Denn es wäre unnatürlich für Indien, die Supermacht USA, die am weitesten entfernt ist, als unmittelbarste Bedrohung für die Unabhängigkeit Süd- und Südostasiens zu betrachten. Auf lange Sicht scheint es wahrscheinlicher, daß Washington in Neu-Delhi als ein Gegengewicht zu den expansionistischen Tendenzen nähergelegener Staaten aufgefaßt wird.

Daraus ergeben sich zwei Schlußfolgerungen:

Im Hinblick auf Aggressionen, die das globale Gleichgewicht bedrohen können, rechnen die meisten Nationen Asiens mit Unterstützung durch die USA. Sie gehen allerdings davon aus, daß amerikanischer Beistand sich herleitet von einer Einschätzung gemeinsamer Interessen, nicht aus formellen Verpflichtungen oder Truppenstationierungen. Daher sind Kontinuität und Partnerschaft bei der Ausarbeitung amerikanischer Außenpolitik essentiell. Ständige Positionsänderungen sind im atlantischen Bereich, wo ein Sicherheitsnetz von Institutionen besteht, das über die Jahrzehnte hinweg ausgearbeitet wurde, gefährlich genug. In Asien, wo nur wenige formelle Verpflichtungen existieren und wo die Nationen ihre Politik in Übereinstimmung bringen müssen mit Amerikas Fähigkeit, seine permanenten Interessen zu definieren, wirken sie noch ungleich demoralisierender.

In ihrem Streben nach dem globalen Gleichgewicht müssen die Vereinigten Staaten extrem sensibel dafür sein, wie individuelle asiatische Nationen das lokale Gleichgewicht der Kräfte und ihre eigene Rolle darin auffassen. Es kann nicht im Interesse Amerikas liegen, es mit einer asiatischen Macht oder einer Gruppe von Mächten zu tun zu haben, die so stark ist, daß sie den Rest beherrscht. Das Gewicht der Vereinigten Staaten sollte auf der schwächeren Seite liegen, besonders im Blick auf Vorgänge, die langfristig die globale Balance der Macht beeinflussen können.

Von daher hängt sehr viel vom Verständnis Amerikas für die Unwägbarkeiten Asiens ab. Niemand hat dem besser Ausdruck verliehen als Japans Premierminister Nakasone, als er in einem Gespräch vor einigen Monaten den Kontrast zwischen den Auffassungsweisen Europas und Asiens von der Sicherheit verdeutlichte: »In einem europäischen Gemälde ist jedes Detail ausgeführt, und es wird sehr wenig der Imagination überlassen. In einem japanischen Gemälde sind es die leeren Stellen, die die Gestalt des Designs bestimmen. Den Ausschlag gibt deshalb die Art der Wahrnehmung.«

# Quellenverzeichnis

Die in diesem Band abgedruckten Kolumnen erschienen in den USA in *The Washington Post, Los Angeles Times, The New York Post, Newsweek* und parallel dazu in deutscher Sprache in der *Welt am Sonntag* in den folgenden Ausgaben:

*Erster Teil*
Die Weltordnung ruht künftig auf sechs Säulen: WamS, 1. Dez. 1991
Die Diplomatie wird flexibler werden: WamS, 31. März 1991
Die Fehler des Westens in den Jahren vor dem Zweiten Weltkrieg: WamS, 27. Aug. 1989
Mythen und Realitäten amerikanischer Außenpolitik: WamS, 22. Nov. 1987

*Zweiter Teil*
Die Einigung Europas darf nicht auf Kosten der NATO erfolgen: WamS, 1. März 1992
Erleben wir den Anfang vom Ende des westlichen Bündnisses?: WamS, 22. Juli 1990
Die Europäer wollen atomaren Schutz ohne atomares Risiko: WamS, 27. Mai 1990
Abrüstungstrend beschleunigt die Erosion der NATO: WamS, 16. April 1989

*Dritter Teil*
Demokratie in Rußland? Noch nicht: WamS, 29. März 1992
Die alte Kommunisten-Garde nutzt die Krise: WamS, 9. Feb. 1992
Warnung vor einer Rezentralisierung der GUS: WamS, 12. Jan. 1992
Der Putsch ist vorbei – lang lebe der Putsch!: WamS, 15. Sept. 1991
Der Westen muß in der UdSSR Prinzipien unterstützen, nicht Personen: WamS, 1. Sept. 1991
Dem Westen kann an einer Auflösung der Sowjetunion so wenig gelegen sein wie an ihrer Expansion: WamS, 4. März 1990
Die Zeit für Gorbatschows Reformen verrinnt: WamS, 5. Feb. 1989

*Vierter Teil*

Deutschlands großer Baumeister – Das Ende der Ära Genscher: WamS, 31. Mai 1992

Die Bundesrepublik hat es nicht verdient, von ihren Freunden als besiegtes Land behandelt zu werden: Wams, 15. April 1990

Alte Befürchtungen und das neue Deutschland: WamS, 14. Jan. 1990

Auch ein vereinigtes Deutschland muß NATO-Mitglied sein: WamS, 10. Dez. 1989

Die deutsche Frage kann nicht länger ausgeklammert werden: WamS, 8. Okt. 1989

Gorbatschow ist zu einer Art Volksheld der Deutschen geworden: WamS, 23. April 1989

*Fünfter Teil*

Es darf keine Unklarheit darüber geben, wer den Krieg gewonnen hat: WamS, 24. Febr. 1991

Die USA können sich ein Patt nicht leisten: WamS, 4. Nov. 1990

Präsident Bush darf nicht bis zum nächsten Jahr warten: WamS, 23. Sept. 1990

Die Stabilität in Nahost erfordert einen Angriff auf Irak: WamS, 19. Aug. 1990

*Sechster Teil*

Die USA und die Bedingungen für einen Nahost-Frieden: WamS, 27. Okt. 1991

Das wirkliche Ziel muß heißen: Land für Zeit: WamS, 2. Juni 1991

Bedingungen für einen Ausgleich zwischen Israel und der PLO: WamS, 26. März 1989

*Siebenter Teil*

Deng Xiaoping ist kein Tyrann: Washington Post, 1. Aug. 1989

China darf nicht aus dem Gleichgewicht geraten: WamS, 4. Juni 1989

Japan – Verbündeter und Herausforderer: WamS, 25. Jan. 1987

*CIP-Kurztitelaufnahme der Deutschen Bibliothek*

Kissinger, Henry A:
Die sechs Säulen der Weltordnung / Henry A. Kissinger
[Aus dem Amerik. von Guido Geist und Klaus Kochmann].–
1. Aufl. – Berlin: Siedler, 1992
ISBN 3-88680-358-9

Aus dem Amerikanischen von Guido Geist und Klaus Kochmann



Der Siedler Verlag ist ein gemeinsames Unternehmen
der Verlagsgruppe Bertelsmann und von Wolf Jobst Siedler.


Schutzumschlag: Werner Rebhuhn, Guxhaven
Satz: Bongé + Partner, Berlin
Druck und Buchbinder: Mohndruck, Gütersloh
Printed in Germany 1992
ISBN 3-88680-358-9